湛庐 CHEERS

与最聪明的人共同进化

HERE COMES EVERYBODY

CHEERS
湛庐

明星员工的思维模型
IMPACT PLAYERS

[美] 莉兹·怀斯曼 Liz Wiseman　著

靳婷婷　译

浙江教育出版社·杭州

测一测

你了解如何成为明星员工吗?

扫码加入书架
领取阅读激励

扫码获取全部测试题及答案,
一起学习明星员工的
思维模型

- 明星员工与普通员工的根本区别在于什么? (单选题)

    A. 个人能力

    B. 工作经验

    C. 思维方式

    D. 教育背景

- 以下哪个信号能够帮助你判断自己是否偏离了工作目标? (单选题)

    A. 工作压力增大

    B. 受关注度提高

    C. 同事对你的工作反馈变少

    D. 协助你工作的同事越来越多

- 以下哪个方法可以让他人巧妙地注意到你的贡献? (单选题)

    A. 推销自己,而非推销工作

    B. 独占荣誉,不与他人分享成就

    C. 培养声援者,建立相互支持关系

    D. 只将成功的消息与直接上级分享

扫描左侧二维码查看本书更多测试题

Liz Wiseman

莉兹 · 怀斯曼

世界知名领导力思想家

Liz
Wiseman

全球 10 大领导力思想家
最具影响力的女性领导者

　　莉兹·怀斯曼是全球知名的领导力专家，她以卓越的洞察力和实践智慧被 Thinkers50 评为全球 10 大领导力思想家之一。她的名字不仅代表着领导力领域的权威，更是女性领导力的杰出代表。她曾在世界 500 强企业甲骨文公司（Oracle Corporation）担任高管长达 17 年，并在此期间担任甲骨文大学副校长及全球人力资源开发负责人。如今，作为怀斯曼集团（The Wiseman Group）的 CEO，怀斯曼将她的领导力智慧带到了硅谷，为苹果、谷歌、微软、Facebook、耐克、Twitter、迪士尼、eBay/PayPal、GAP 等全球顶级公司提供人力资源培训和咨询服务，她的工作不仅推动了这些企业的成长，也让她在全球领导力发展领域的影响力日益扩大。

　　怀斯曼的研究不仅深入人才发展领域，更触及集体智慧的核心，对现代领导力的理论与实践产生了深远的影响。Thinkers50 两位创始人斯图尔特·克莱纳（Stuart Crainer）和德斯·迪尔洛夫（Des Dearlove）曾表示，在他们遇到的众多领导者中，怀斯曼的思想和方法被认为是解决实际领导力挑战的最有效工具。《华尔街日报》更是将她评为"全球最具影响力的 50 位女性领导者"之一，这是对她在领导力领域所做出的贡献的最好证明。

拥有新手智慧才能在变化的世界中驾驭领导力

怀斯曼的职业生涯开始于甲骨文公司，在刚入职约一年后，她接到了创建甲骨文大学的任务，这是一所用于培训员工的企业大学。当时她 24 岁，尽管怀斯曼缺乏经营企业大学的经验，但在一年后成功地将甲骨文大学扩展到公司业务覆盖的 120 个国家和地区，并被任命为甲骨文大学的副校长及人力资源开发领域的全球领导者。这段经历让她深刻认识到，作为新人，她最大的优势在于没有先入为主的想法，这使她能够自由地提出新问题，领导重大全球计划，并走出舒适区去扩展、创新和克服障碍。

怀斯曼认为，未来的领导者应该是具备"新手智慧"的新型领导者。在快速变化的商业环境中，当下的大部分知识可能在几年内就不再适用，保持对新知识的渴望和对挑战的敏感性更加重要。她强调，即使领导者拥有多年经验且取得成功，也应保持"新手智慧"，在"知道"和"不知道"的状态之间切换，以不断适应变化，引领组织走向创新和变革，这才是在变化的世界中驾驭领导力的要义。她本人也正是依靠这种智慧，从 24 岁创建企业大学，到成为领导力思想家，再到巧妙地平衡工作和生活，在各个方面都取得了不俗的成绩。

成为乘法领导者，点燃并释放所有人的智慧

为什么有些领导者会成为团队中的能量消耗者，而有些领导者会利用自己的智慧来激发周围人的能量？在甲骨文公司担任高管期间，怀斯曼化身"天才观察家"，她发现领导者之间的智力水平差异并不显著，但在领导方式上却存在明显差异。

在传统观念中，领导者应该是团队中能力最强的个体，他们独自承担所有责任和决策，依靠个人的智慧和能力来解决问题和领导团队。但怀斯曼认为领导者不应该单打独斗，而应该运用自己的智慧去激发周围人的最大潜

能。这就像在球场上，教练的角色是在场边指挥，而非亲自下场。她通过与150 多位世界知名企业高管交谈，结合自身 22 年担任世界 500 强高管的管理经验，区分了能够赋能团队的"乘法领导者"和限制团队发展的"除法领导者"，从而颠覆了人们对传统领导力的认知。

为了给更多的人提供帮助，怀斯曼将她的洞察和经验凝结成文字，通过著作和文章广泛传播给世界各地的读者。作为一位多产的领导力专家，她的多部作品曾登上《纽约时报》和《华尔街日报》畅销书榜单。同时，她还为《哈佛商业评论》《财富》等商业和领导力期刊撰写文章。她不仅为个人提供了成长和发展的路径，也为组织提供了培养和吸引人才的策略。

怀斯曼坚信，天才不是智力等级的顶端，天才的创造者才是。当我们处于知识的边缘，当我们尝试新的事物，当我们在挑战中成长时，我们往往能够发挥出最佳水平。这不仅是我们做得最好的地方，也是我们通常能够找到最大快乐的地方。

作者相关演讲洽谈，请联系
BD@cheerspublishing.com

更多相关资讯，请关注

湛庐文化微信订阅号

湛庐CHEERS 特别制作

如何成为人生主场中的"明星球员"？

宋春涛
李宁（中国）体育用品有限公司集团副总裁及首席人力资源官

在北美冰球联盟的历史上，韦恩·格雷茨基（Wayne Gretzky）是一个传奇人物，他以其卓越的冰上技巧、智慧、战略思维和非凡成就，被誉为有史以来最伟大的冰球运动员之一。

韦恩有一句名言："一个优秀的冰球运动员会去冰球所在的地方。一个伟大的冰球运动员会去冰球将要到达的地方。"这句话完美地诠释了两者之间的区别。优秀的冰球运动员能够识别冰球的当前位置，并相应地调整自己的位置应对比赛。他们对即时情况做出反应，利用敏捷性和技能快速适应。伟大的冰球运动员则更进一步。他们不仅评估现在，还分析整个比赛，预测对手的动作和冰球的轨迹。通过这样做，他们提前定位自己，拦截冰球或在冰球到达时处于理想位置，从而破门得分并最终赢得比赛。

现在，让我们来探讨这句名言背后的深层含义。作为一个普通人，驰骋在自己的人生赛场上，如何成为像韦恩那样的明星球员，滑向冰球要去的地方？莉兹·怀斯曼在《明星员工的思维模型》（*Impact Players*）一书中给出了答案。

在我看来，这本书不仅是一本关于个人成长的书，更是一把钥匙，帮助我们打开成为自己领域"明星球员"的大门。书中的核心亮点之一是它的实用性，书中介绍了将一个普通员工转变为明星员工的 5 大关键要素。这些要素不仅适用于职场，也适用于我们的日常生活。它们教会我们如何在家庭、社区乃至社会中引领和激励他人。怀斯曼通过丰富的案例和相关研究，展示了这些行为如何在不同的行业和环境中发挥作用。这些案例不仅仅是灵感的源泉，也是行动的蓝图，激励我们在自己的职业生涯和个人生活中历练践行。

本书另一个核心亮点是对于"主人翁精神"的强调。怀斯曼认为，每个人都有成为明星员工的潜力，关键在于是否愿意承担起责任，主动寻找机会，而不是等待机会降临。这种主人翁精神是推动个人成长和团队成功的关键因素。对于企业的高层管理者而言，如何构建能够激发员工主人翁精神的文化就成了关键。怀斯曼在书中有一个生动的案例是关于谷歌的内部创业文化的。谷歌鼓励员工将一部分时间投入能够改进工作流程或对企业产生积极影响的项目中，这种做法被称为"20% 时间"政策。员工可以利用 20% 的工作时间去探索自己的创新想法，这些想法往往超出了他们的日常工作范围。这种文化不仅增强了员工对工作的归属感，而且激发了他们的创造力和主人翁意识：员工不仅仅执行任务，还主动寻找机会，创新和改进，以公司主人的身份去思考和行动。通过这样的实践，谷歌成功地培养了一支具有高度主人翁精神的团队，这些员工不仅推动了公司的成功，也实现了个人的职业成长。

这本书吸引我的地方，还在于它提供了关于如何识别和培养明星员工的方法。对于领导者来说，这是一份宝贵的指南，它指导领导者如何创造一个环境，让每个人都能发挥最大的潜力，成长为团队中的明星。

回到韦恩，对他成长帮助最大的人，是他的父亲沃尔特·格雷茨基（Walter Gretzky）。他父亲堪称他的人生教练。在韦恩的自传中，他回忆了与父亲之间的一段对话，这段对话深刻地体现了沃尔特如何引导韦恩思考冰球比赛中的前瞻性和策略性：

沃尔特问："你滑向哪里？"

韦恩回答："滑向冰球将要到达的地方，而不是它已经去过的地方。"

沃尔特继续问："一个人传球前最后看的地方是哪里？"

韦恩回答："他要传给的那个人。"

沃尔特接着问："这意味着……"

韦恩回答："滑到那里去拦截。"

沃尔特又问："如果你被挡住了，你会怎么做？"

韦恩回答："我会转身。"

沃尔特问："向哪个方向？"

韦恩回答："背离那个人，而不是朝向他。"

怀斯曼在书中提到，领导者应该成为"场外教练"，通过提出挑战性的问题而非直接给出答案，来提升员工的独立思考能力和主人翁意识，从而培养能够独立解决问题并推动团队前进的明星员工，进而打造一支"全明星团队"。这与沃尔特通过提问来引导韦恩思考的苏格拉底式教学法有着异曲同工之妙。

这是一本为那些渴望在生活和事业中留下深刻印记的人准备的书。它不仅提供了深刻的见解，更提供了实用的工具和方法。让我们一起走进这本书创造的世界，学习成为自己人生主场中的"明星球员"！

在不确定中寻求成长

周　雪
福迪威集团亚太区人力资源副总裁

2024 年初春，在我们公司的全球领导力大会上，怀斯曼走上讲台，发表了名为"打造明星员工"的主题演讲。她提出了一个令人瞩目的观点：明星员工的效能是普通员工的 3.5 倍。这一数据不仅激起了一阵轰动，更激发了人们深刻的思考。在这个充满不确定性和挑战的时代，企业如何识别和培养能够在动荡中成长的明星员工？在职场中，领导力的发展有哪些变化？

怀斯曼观察到会场的反应后，以平和的语气娓娓道来，分享了多个实际案例。她展示了明星员工如何在项目推进的关键时刻挺身而出，解决了一个个看似不可能的任务。她引导我们重新审视那些曾经被认为非同寻常的挑战，比如棘手的问题、职能不明确、未预见的障碍、不断变化的目标和严苛的需求，这些如今已成为人们在职场中每日要应对的常态。传统意义上的"普通员工表现好"，往往与个人的成绩和贡献挂钩。但是，现在看来，这种定义过于狭隘。企业需要的是那些能够超越职责、在关键时刻挺身而出的明星员工。他们像体育竞技场上的明星运动员一样，以其卓越表现和关键时刻的决定性作用而闻名。他们不仅具备出色的个人能力，更在团队中发挥着核心作用，推动组织向着共同的目标前进。这种对体育精神的迁移，为我们提供了一个全新的视角，重新定义了"好表现"的内涵。

当下，每个个体都需要成为自己工作的主宰者，明星员工正是这种自主性的典范。他们不仅具备敏锐的洞察力，能够快速识别问题和机遇，还更愿意主动承担责任，而不是等待上级的指示。怀斯曼在书中强调："明星员工的个人判断力和承担责任的能力至关重要。在快速变化的工作环境中，每个人都需要成为决策者，有能力在复杂的情况下做出明智的选择。"这种自我驱动的行为模式，使他们能够在组织中发挥更大的影响力，成为推动变革和创新的关键力量。

对于管理者而言，这本书提供了一个重要的启示：在不确定面前，管理者不应急于用自己过去的经验给员工提供解决方案，而应该鼓励员工通过机遇镜头看待和解决问题，从而使他在团队中脱颖而出。管理者的角色要从指挥者转变为教练和导师，他们不仅需要帮助员工发现自身的价值，激发他们的潜能；还要建立一种文化，鼓励员工超越自我，追求卓越。管理者需要具备慧眼，识别那些具有潜力的员工，并为他们提供成长和发挥才能的舞台。这意味着，我们不能仅仅依赖于传统的招聘和培训方法，而应该更加注重激发员工的潜力和他们对工作的热爱。

在国内职场中，面对当今形势，管理者同样需要思考如何在工作角色中取得成功，发挥最大的价值，并在团队中建立积极影响力。怀斯曼提出的明星员工的 5 大关键要素："超越职责，关注需求""挺身而出，适时退后""预见问题，坚持到底""寻求反馈，做出调整""共同担责，轻松工作"，这正是职场生存与成功的关键所在。

我非常认同怀斯曼分享的理念和方法，回国后便在高层领导力论坛和领导力发展工作坊中推广和传播这些理念。这些理念不仅在高层管理者中引起了共鸣，而且逐渐渗透到了组织的日常运营和员工行为中。我开始注意到，这些领导力原则正在逐步转化为组织文化的一部分，深刻影响着员工的思维方式和工作方法。有个员工曾分享自己如何面对意外挑战，主动尝试找出解决方案，交付任务。她风趣地引用了书中的话："不要把死耗子扔在老板的办公室门前！"我欣喜地看到员工在面对挑战时展现出的积极态度，以及他们在解决问题时所表现出的与以往不同的创造性和主动性。我们的员工用自己的经历和发生在身边的案例与书中的观点产生共鸣，这也进一步证明了这本书的实际效用。

我强烈推荐《明星员工的思维模型》这本书，作者不仅为我们搭建了理论框架，还通过实际案例和策略帮助我们理解和实践明星员工的思维模型。这本书对于管理者和普通职场人都极具价值，它不仅为管理者提供了识别和培养明星员工的方法，也为普通职场人提供了一种思维模式，帮助他们更好地理解如何在组织中发挥最大影响力。通过培养这种思维方式，我们不仅能提升个人表现力，还能为组织的成功做出更大的贡献。正如爱因斯坦所说："生活就像骑自行车，要想保持平衡，你必须不断前进。"

引爆职场影响力，揭开明星员工的成长密码

面对最困难的情况，有些人反而会有非常优秀的表现，这是因为他们能在正确的时机采取正确的行动，从而获得不同凡响的效果。这些人总会被赋予领导责任，尤其是在关键时刻。

大家可能在体育比赛中见过这种情形：一场重大比赛进行到千钧一发的时刻，情况岌岌可危。教练必须决定派谁上场。身体健壮、水平高超的运动员有许多，但教练只挑选了其中一位。被选中的或许并不是身体最壮硕或水平最高超的，却是在关键时刻能够脱颖而出的。他深知局势的严峻，他能够挺身而出，完成任务，是个值得信赖的人。

每天，这种情形都在职场中上演。我们来看看这个例子：贾马尔·爱德华兹（Jamal Edwards）是美国零售公司塔吉特百货公司（Target

Corporation）的区域经理，他得知首席执行官要来视察自己所负责区域内的一家门店。不巧的是，这家门店的负责人那时正好在度假，不在店里。因此，他需要选一个人来主持这次高层视察。这个任务的难度在于，他选中的这个人既要展示这家门店的成就，又要坦诚汇报门店存在的问题，最好是一个风度和自信兼备，但又不会趁机自我推销的人。爱德华兹选中了乔娅·刘易斯（Joya Lewis），不出所料，刘易斯表现得很出色。这是爱德华兹的成功，也是整个团队的成功。刘易斯从小缺少支持，因此深知能够代表集体意味着什么。她表示："我站在店外等待迎接首席执行官的时候，心怦怦直跳。但我还是让自己平静下来，因为今天的重头戏是尽我所能展示这家门店。"

有些人似乎深知如何让自己变得更有价值。他们会细心观察，寻找最有效的渠道发挥自己的能力。他们推动工作顺利进行，即使面对艰难的任务，也照样能够完成。他们不仅能及时交付成果，还能在整个团队和组织中产生积极影响。在面对高风险时，管理者会信任他们，并在危急情况下依赖他们。在其他人只是敷衍了事时，他们会寻找突破口，进而发挥影响力。

能力的获得比培训的过程更重要

在职业生涯的前半段时间里，我曾担任一所企业大学[①]的管理人员，并在甲骨文公司负责人才发展事宜。当时，大多数企业在培训时普遍秉持着"多即好"的理念。也就是说，一遇到问题，企业就会加大力度培训员工，希望问题能得到解决。因此，我们开设了大量培训项目，向高层管理者发送报告，汇报进行了多少场培训。这些报告大多没有得到回应，高层管理者并没有积极地参与进来，这让培训主管愈发失落。虽然培训项目激增，每个人都很忙碌，但并非每个人或每个项目都能产生有效的影响力。

---

① 企业大学是由企业出资建立的新型教培机构，授课老师多为企业高层管理者、商学院教授和专业培训师。——译者注

本·帕特曼（Ben Putterman）是我的管理团队中的培训主管之一，他对此采取了和其他主管不同的策略。当时，甲骨文公司要推出一款新产品，帕特曼和几位同事在进行准备工作，打算向管理团队简要介绍对现场员工进行产品培训的情况。他们知道过去的培训报告并没有引起高层管理者太多的重视，于是便反思：高层管理者真正关心的是什么？站在部门主管的角度考虑问题时，帕特曼意识到，部门主管并不关心员工参加了多少场培训，只关心他们是否掌握了知识和技能，以及是否做好了配合客户销售新品、提供支持的准备。

他重新调整了汇报的方式，将重心放在提高员工能力，而不是培训上。他和他的团队引入了认证测试，鼓励那些通过自学和测试能够更快胜任工作的人不必参加培训。他们将汇报内容集中于认证和能力，而不是培训的出勤率。高层管理者开始关注这些报告，指出其中存在数据不完整的问题，并与团队合作，确保数据的准确性。现在，高层管理者也积极参与培训，因为帕特曼和他的团队让高层管理者得以更加轻松地完成任务：做出正确的投资，提供客户所需的服务，以及让组织和个体承担起应尽的责任。

这种方式虽然在现在很常见，但在当时很新颖，甚至颠覆了整个行业。当其他人都在埋头苦干时，帕特曼却专注于发挥影响力。

然而，这并非帕特曼昙花一现的天才之举。他泰然自若地面对挫折，将问题视为机遇，华丽转身，投身于更有价值的事情中，这让人们喜欢将最具挑战性和最重要的工作交给他处理。帕特曼在我的团队里工作了10年，给我取了两个绰号：一个是"老板"，另一个是"不得闲的莉兹"。后者可真是恰到好处，常常让我想到：我到底是在走过场应付工作，还是真的发挥了影响力？为何人们有时能在工作中发挥影响力，有时却在忙乱中白费力气？对于这个问题，或许你也曾思考过。抑或，某个晋升的契机曾与你擦肩而过，你想知道为什么同事总是能够捷足先登吗？

人们会将能力和智慧运用在自己的工作中，但就像打牌一样，有些人似乎更加懂得出牌的技巧。这些人在组织中拥有"明星员工"的称号。管理者知道这些明星员工是谁，也了解他们的价值。管理者开始依赖这些明星员工，不断将抢手的任务和难得的机会交到他们手中。同事们也同样对这些明星员工的价值心知肚明。每个人都明白明星员工贡献的价值，能看到他们在工作中产生的积极影响。明星员工仿佛保持着影响力和使命感，在职业生涯中披荆斩棘。

与众不同的工作方式是成为明星员工的关键

在担任企业高层管理者的这些年里，我有幸与许多明星员工一起工作，见证了他们为团队和组织带来的积极影响。另外，我也看到他们如何通过工作使自己拥有更有意义、更加充实的工作经历。然而，天资聪颖、才华横溢的人未能充分发挥潜力的案例，也同样屡见不鲜。看到那些本应打出本垒打和赢得总冠军的优秀人物站在场边，实在让人惋惜。

大多数人见过这样的场景：两个能力相当的人，同样拥有天赋和干劲，其工作产生的影响力却有天壤之别。然而，并非每个人都清楚导致这种差异的因素是什么。你可能会发现，自己就置身于这样的场景之中，想要知道什么样的思维和行动使两个能力相当的人产生差距。

企业管理者能够感受到这些差距，但往往无法说清其中的原委。他们通常知道谁是明星员工，也想要更多这样的人才，却很难解释清楚到底是什么让这些人如此与众不同。通常情况下，经理们能够清楚地说明表现最好和最差的员工之间较为明显的差异；然而，那些具有强大影响力的明星员工，似乎有一种不可言说的特质。他们处理工作的方式有一种难以言传的独到之处，贡献力量的方式也如艺术一般值得深挖。

企业人力资源和人才发展专员尝试了各种工具，想要捕捉、理解并传达明星员工的独特之处，例如，一些绩效管理系统旨在将员工划分为不同的绩效类别，并通过提供反馈来促使员工提高技能；一些能力素质模型会定义出明星员工具备的关键技能；而一些企业价值宣言则会划定企业重视的行为。然而，大多数企业的价值宣言过于抽象，无法描述出仅仅是文化上可接受的行为和真正具有影响力的行为之间的细微差别。与抽象的价值宣言相反，能力素质模型的内容往往过于详细。毕竟，很少有人能将几十种关键技能熟记于心，更别说在这些技能过时之前进行针对性学习了。这些工具忽略了普通和卓越之间的微妙区别，也往往忽略了技能背后的强大理念。

　　与此同时，专业人士渴望发挥影响力。他们不仅想获得一份好工作，还希望做出有意义的贡献，使自己的工作有价值，对世界产生影响。他们想要积极投身于工作，并因自己的贡献得到尊重。但是由于缺乏正确的指导，很多人选择接受他人发布在社交媒体上的职业建议，或是毕业典礼演讲中的只言片语。这些建议听起来或许很诱人，却往往像垃圾食品一样：经过预先包装，过度加工，并且缺乏营养价值。

　　我也曾寻求过这个问题的答案：为什么有些人能将自己的潜力发挥得淋漓尽致，有些人却不能？在过去 10 年里，我一直以为管理者是这些问题的根源。我很清楚，管理者的做法会增强或削弱员工做出贡献的能力，这也正是我在《成为乘法领导者：如何帮助员工成就卓越》（*Multipliers: How the Best Leaders Make Everyone Smarter*）一书中表明的观点。很多管理者忽视了身边人的才能与智慧。虽然领导力是解决这一问题必不可少的因素，而且是值得深入探究的因素，但并不是唯一的因素。**管理者当然有责任创造一个包容的环境，并为员工提供正确的方向和指导，但员工的工作方式也很重要**。正如一位经理所说："零与其他数字相乘还是零。"他并没有贬低个人能力的意思，而是说，想要领导一个没有正确思维和行动的员工是很困难的。他的观点在理，算法也没错。管理者或许是乘数，但员工也是等式中的一个变量，后者的工作方式决定了他们的贡献、作用以及最终产生的影响。

　　随着职场等级制度的弱化和工作复杂程度的提高，包括我在内的许多研究人员提出了新的领导模式，然而，又有几个人研究过新的工作方式呢？讲述如何成为一名优秀管理者的书成千上万，然而，我们又该如何成为一名优秀的员工呢？尚未解决的问题有很多：是什么因素让一个人在组织内发挥作用？是怎样的思维和行动，让明星员工脱颖而出？在没有获得权威地位的情况下，普通员工如何影响管理者，并为自己的想法和计划争取组织的支持？普通员工可以通过学习获得这些技能吗？

现在，是时候换个角度了，我们应该积极审视明星员工的工作方式，探索他们如何创造非凡价值，以及此举如何增强他们的话语权，使其发挥出更大的作用。

为了找到答案，我们需要了解明星员工得以发挥作用和创造价值的因素，尤其要通过利益相关者的视角加以审视。我在研究最优秀的管理者时，不会让这些管理者讲出自己的领导哲学，而是会去询问为这些管理者工作的人。他们知道管理者的哪些工作最有效，清楚管理者的这些做法与别人有什么不同之处。同样，要想了解最有影响力的专业人士的做事方式，我们首先需要听取管理者的意见，因为他们是亲眼见证这些有效行为的人，也是从结果中受益的利益相关者。我们需要理解员工的贡献中存在的细微差别，发掘隐藏其中的思维，从而理解行为上的微小不同如何产生巨大的差距。

我组建了一支研究团队，由我在怀斯曼集团的两位同事担任负责人。她们分别是研究主管卡琳娜·威廉姆斯（Karina Wilhelms）以及行为经济学家兼数据科学家劳伦·汉考克（Lauren Hancock）。我们总共与 170 位来自享有盛名的企业的管理者交谈，这些企业包括 Adobe、谷歌、领英、美国国家航空航天局（NASA）、Salesforce[①]、思爱普（SAP）[②]、Splunk[③]、斯

---

① 美国客户关系管理软件服务提供商，总部位于美国旧金山。——译者注
② 提供企业管理解决方案的德国软件公司，总部位于德国瓦尔多夫市。——译者注
③ 美国软件公司，总部位于美国旧金山。——译者注

坦福医疗中心和塔吉特百货公司 ①。这些管理者的工作区域横跨数十个不同的国家。我们要求每位管理者在团队中找出一位明星员工，然后对这个人的思维和行动进行描述：他如何对待自己的工作？如何看待自己的角色？采取了哪些行动？规避了哪些行动？他的工作为什么会如此有价值？

我们的研究对象并没有止步于明星员工，我们还要求管理者在团队中找出一个贡献程度一般的人，以及一个贡献程度低于其能力水平的人。然后，我们又针对这些人提出了同样的问题。管理者挑选出的 3 位员工都是聪明能干的人。由此，我们找到了将明星员工与普通员工区分开来的 5 大关键要素和实践方法，以及妨碍聪明能干的人发挥潜力的心态。

我们在调查中更进一步询问管理者，在一般情况下，员工的哪些做法最能得到他们青睐，哪些做法最让他们反感。大家的反应极其相似，有的人回答问题时甚至难掩兴奋。通过这项研究，我们明白了管理者最需要从员工那里得到什么，他们为什么更倾向于将重要任务委托给某些人，以及为什么不愿对其他人的工作给予全力支持。

通过这些调查，我深刻了解到了置身于不确定环境中的来自各个领域的管理者在管理员工时所面临的挑战，以及团队成员如何帮助管理者调节这种挑战所带来的压力。听完几百位满怀感激之情的管理者的故事后，我逐渐意识到，与能够充分发挥潜力的才俊一起共事是多么让人有成就感，而看到原本聪明能干的人未能达到目标且难以发挥潜力时，又是多么令人沮丧和惋惜。

为了获得全面的视角，我与贡献者进行了交谈。我以研究中被挑选出的 25 位明星员工作为起点，希望更好地了解他们的思维和行动。除此之外，我还补充了数百人的观点。这些人虽然努力工作，但有些看不到自己的努力

---

① 美国连锁超市，总部位于美国明尼苏达州明尼阿波利斯市。——译者注

所产生的价值，还有一些想要做出贡献，但因各种因素而感到被忽视、被冷落或遭人排挤。很明显，职场中充满了想要调动自己的最大潜力做出贡献的人。高敬业度和高影响力，不仅仅是企业管理者追求的目标，也是所有人都想要追求的。每个人都希望通过有意义的方式做出贡献和产生影响，然而并非所有人都明白该如何做。

通过探索管理者的想法，我开始明白明星员工与众不同的特质是什么，以及在我们的思维和行动中，那些看似无足轻重的微小差异如何产生巨大的影响。这本书讲述的就是这些差异。当你逐渐了解了这些差异，你就可以采用高贡献、高回报的工作方式，加入明星员工的行列，在工作中找到更深的意义和更大的成就感。

掌握领导力，向明星管理者进阶

想要成为明星员工并非易事。天赋或能力并非必要条件，但是，对于让明星员工脱颖而出的思维和行动，你必须有所了解。只需接受适度的指导，所有想要脱颖而出、充分调动能力做出贡献的人都能够掌握这种思维，关于其中原因，本书将会加以阐述。

这本书是为胸怀大志的管理者和努力工作的专业人士所创作的。他们希望在工作中更加成功，发挥更大的作用，并扩大自己的影响力。对于一些人来说，掌握领导力意味着拥有更多的话语权，为世界做出贡献。对于另一些人来说，掌握领导力则意味着承担管理职责，以便给予他人指导。拥有明星员工思维，你便能成为管理者的天然人选。你将会成为他人眼中的管理者，并通过潜移默化和携手合作的方式实践领导力，提升与你共事的人员的能力。

这本书也适合想要在团队中更有效地培养明星员工的管理者。对于管理者而言，你会找到一套能让组织更上一层楼的实践方法。你还会发现，这套实践方法也能够助力自己提高影响力。因此，我鼓励所有类型的团队和所有级别的企业管理者将这本书分成两部分来读。第一部分为第 1 章到第 5 章，可以帮助你提高个人效率和贡献度；毕竟，即使你是首席执行官，也有自己的"老板"，即董事会、客户或其他服务对象。在阅读本书的同时，你或许会反思自己作为普通员工的岁月。你可能开始理解自己的工作效率为何很高，何以获得晋升，以及如何跻身管理者之位。第二部分为第 6 章和第 7 章，这部分内容将帮助你成为一名更优秀的管理者，为你招募更多明星员工，并将明星员工思维植入整个团队，让整个团队做出更大的贡献提供策略。简而言之，请自行使用这些方法，但不要忽视你作为团队管理者的主要职责：提升整个团队的贡献值及影响力。请管理者不要只是立志成为一位明星员工，也要立志领导一支"全明星"团队。

这本书也是为组织的人才发展专员创作的。他们是组织内部人才的开发者和组织文化的管理者，旨在全面开发人才的能力。书中提供的工具将帮助人才发展专员在各个层面发挥领导力，提高员工敬业度，培养员工形成与企业文化价值观相符的思维模式，如责任心、协作、包容、能动性、创新和学习。另外，对于包括父母、老师和职场顾问在内的人而言，这本书也可以作为一本指南，用以帮助自己的子女、学生和学员在瞬息万变的世界中培养宝贵的思维方式，斩获职业上的成功。

事不宜迟，让我们踏上旅程吧。是时候去探索那些在职场中运筹帷幄的明星员工的秘密，并提升整个团队的应战水平了。

IMPACT PLAYERS

目　录

IMPACT PLAYERS

How to Take the Lead, Play Bigger, and Multiply Your Impact

引　言

明星员工的4个特征

天赋无处不在，制胜的心态却并非人皆有之。

——丹·盖布尔（Dan Gable）[①]

大学毕业时，莫妮卡·帕德曼（Monica Padman）获得了两个学位，一个是戏剧专业学位，另一个是公共关系专业学位。帕德曼真正喜欢的专业是戏剧，学公共关系只是为了让父母满意。毕业后，她搬到好莱坞，追寻成为喜剧演员的梦想。她想为人们带来欢笑，并希望通过自己的表演引发人们的思考。像大多数努力的演员一样，她一边参加试镜和出演小角色，一边做着各种兼职工作来养活自己。

帕德曼在美国娱乐时间电视网的《谎言屋》（*House of Lies*）中得到了一个小角色，扮演女演员克里斯汀·贝尔（Kristen Bell）的助理。随着合作关系的深入，两人的关系越来越好。当帕德曼发现贝尔有一个小女儿需要照顾时，便主动提出她可以帮忙照看孩子。贝尔和她同为演员的丈夫达克斯·谢泼德（Dax Shepard）接受了帕德曼的好意。成为贝尔家庭中值得信赖的一

[①] 美国摔跤手和教练，被视为有史以来最伟大的摔跤手之一，1972 年慕尼黑奥运会金牌获得者。——译者注

员之后，帕德曼看到身兼演员和制片人的贝尔分身乏术，便提议帮贝尔安排时间表，提高工作效率。对于有志成为有一定影响力的女演员的帕德曼来说，她时常会想要请贝尔这位好莱坞一线明星介绍演出机会，但她并没有这么做，而是坚守岗位继续工作。机缘巧合之下，她后来成为贝尔的助理。

当贝尔和谢泼德邀请帕德曼为两人全职工作时，她并不情愿。这也不难理解，因为，这样一来，她哪还有时间参加试镜？毕竟，这份新工作可能会让她偏离原先的职业规划。尽管如此，她最终还是决定接受这份工作。随着时间的推移，她不仅成为一位值得信赖的员工，也成为贝尔和谢泼德两人的朋友和创意合伙人。无论两人在哪方面需要她，她都会满腔热情地投身进去。很快，她便开始审查剧本，并参与到相关项目之中。"无论做什么，她都会全力以赴，"贝尔谈到帕德曼时说，"但她从不宣扬自己的付出，她绝不会虚张声势。"没过多久，帕德曼就成为一个不可或缺的角色。这让贝尔感到难以置信："没有帕德曼的时候，这些工作我都是怎么完成的？"

在为贝尔夫妇工作期间，帕德曼时常会在门廊边与以特立独行著称的谢泼德辩论。他俩的争论有趣而激烈。因此，当谢泼德建议把两人的插科打诨制作成一档播客时，帕德曼欣然接受。于是，《半吊子专家》（*Armchair Expert*）便应运而生。在这档播客里，谢泼德和帕德曼作为主持人，邀请专家和名人一起探讨人生。这档播客妙趣横生、内容深刻而发人深省，成为2018 年下载量最高的新播客之一，人气节节攀升。

在两年的时间里，录制了大约 200 集播客之后，帕德曼反思道："人们极其容易落入'隧道视觉'的泥沼，尤其是在娱乐行业中。我觉得，这种现象对于任何工作来说都很普遍。人们会把目光集中在某个目标上，除了这个目标之外，对其他事情一概视而不见。但是按照我的经验，最好不要太拘泥于目标。"

帕德曼本可以找到一条直通爱好的道路。然而，她选择了一心一意在自己能够发挥最大作用的领域工作。她充满激情地投身于最需要自己的地方，不仅得到了更多的机会，也发现了自己真正的热爱与使命。

各行各业中像帕德曼这样的优秀人才，堪称职场中的全明星。他们无论在哪里或做什么，都能充分发挥自己的能力。在职场中，无论被安排到什么岗位，他们都能获得成功。这些人是组织中举足轻重的人才，即使在经济困难和变革时期也能获得发展。他们带着使命感和激情工作，但他们有明确目标，专注于自己所在的组织和当今社会最重要的事情以及时代的核心问题。这些优秀人才往往以其独特的能力和广泛的影响力为人所知。

这些人，就是明星员工。对个人而言，他们能够做出重大的贡献；对整个团队而言，他们能够产生巨大的积极影响。与体育运动中的明星运动员一样，职场中的明星员工也有自己的厉害之处。他们聪明、有才，还有高尚的职业道德。但是，使他们出类拔萃的不仅仅是天赋和职业道德，还有思维，包括如何看待自己的角色、如何配合管理者、如何处理逆境和不确定的情况，以及自己对成功的渴望。

接下来，我会将研究明星员工得出的结论分享给大家，并向大家介绍哪些思维和行动使他们的工作成果产生强大的影响力，也使他们与其他人区分开来。在分享之前，我要先给出一些定义。在研究中，我和团队对以下 3 种不同类型的贡献者进行了研究：

- 顶级贡献者：具有特殊价值和影响力的人。
- 典型贡献者：聪明、有才华，但工作表现中规中矩，不太出色的人。
- 贡献不足者：虽然聪明、有才华，但工作表现低于自身能力的人。

本书将主要关注前两种贡献者之间的区别，探究其思维模式中微妙且难以察觉的差异，正是这些差异，拉开了二者影响力的差距。我会将这两种贡献者称为明星员工和普通员工^①。

明星员工存在于各行各业，分布在各种职业类型的各个职级之中。他们中的有些人像帕德曼一样担任着抛头露面的角色，有些像医学研究员贝丝·里普莉（Beth Ripley）博士一样受到公众的赞誉。里普莉博士由于在3D打印领域贡献突出，被非营利性组织"公共服务伙伴"（Partnership for Public Service）授予了2020年的"服务美国奖章"。

然而，像圣克拉拉谷医疗中心的手术助理阿诺德·"乔乔"·米拉多尔（Arnold "Jojo" Mirador）一样，还有一些人从事着不那么显眼的工作。与米拉多尔合作过的外科医生都认为，只要走进他所在的手术室，手术就一定能顺利进行。在为手术做准备时，米拉多尔不仅会把所需的器械摆放好，还会按照使用顺序排列。当外科医生需要某种器械时，米拉多尔不仅会把他们要求的器械拿出来，同时还会拿出对方接下来会用到的器械，因为他清楚地知道对方真正需要哪些器械。他的这种工作方式包含着一种温柔的提醒。

除此之外，我们还得出了一个非常明确的结论：那些被视为普通员工的典型贡献者不是等闲之辈。他们都是能干、勤奋、努力的专业人士，能够很好地完成工作，听从指挥，勇于担责，保持专注，不负使命。从很多方面而言，他们是所有管理者都想拥有的那种员工。

然而，通过分析明星员工和普通员工之间的差异，我们发现了这两种人在思维和行动上的5个关键差异。首先，让我们来看看他们在面对日常挑战时的差异。

---

① 大家可以在我们的官方网站上找到完整的研究过程，包括我们对来自9个国家、9家公司170位管理者的采访和针对更广泛行业中350位管理者的访谈，以及针对25位明星员工的深度对谈。

将挑战视为机遇

明星员工与普通员工的工作方式存在天壤之别，造成差别的原因在于他们面对失控的情况时的表现。普通员工在日常情况下表现出色，但容易被不确定性所迷惑，在遇到模棱两可的情况时容易失去方向。当其他人惊慌失措或拱手放弃时，明星员工却会一头扎进混乱的局面中，像一位经验丰富的游泳者一样游过迎面而来的巨浪，而不是不知所措地被卷入海浪之中。

无论在什么行业，明星员工都需要持续不断地处理模棱两可的情况。这些情况包括人人都能看到却无人愿意承担的挑战，比如棘手的问题、职能不明确、未预见的障碍、不断变化的目标和严苛的需求。这些曾经被视为非同寻常的挑战，已经成为现代职场人士每天都要面对且长期存在的现实，而明星员工看待和应对这些日常挑战的方式，正是突显他们价值的核心所在（见图 0-1 ）。

1	棘手的问题	在明确的工作范围之内，面临的错综复杂的跨领域问题
2	职能不明确	对工作职责划定不清
3	未预见的障碍	前所未有的挑战和无法预见的问题
4	不断变化的目标	不断变化的需求或环境，致使当前实践方法失效或打折扣
5	严苛的需求	个人能力提高的速度赶不上工作需求的变化

图 0-1 日常挑战

注：在工作中，明星员工会用不同的方式对待持续存在的压力和挑战。

身处复杂的组织或瞬息万变的环境中，挑战自然不可避免。尽管如此，我们中的许多人还是会拼命回避挑战。然而，如果人们试图回避这些挑战，会产生什么影响？美国职业橄榄球大联盟（NFL）前职业橄榄球外接手埃里克·博尔斯（Eric Boles）告诉我们，在刚刚加入纽约巨人队的一年中，他曾经是个懦夫。作为一名外接手，他的职责是跑动、接球、继续跑动。因此，对他而言，目标就是避免被球击中。除了担任外接手之外，他还在特勤组担任回攻手。开球时，他的任务是冲向对方球员，打破对方球员的"楔形"进攻阵型。这堵"人墙"由个头高大的阻挡球员组成，他们会跑在开球回攻手的前面，防止接球手被拦截。在第一个赛季的一场比赛中，在强大的障碍面前，博尔斯躲避冲撞的本能占了上风。他没有正面冲撞"楔形"队伍，而是从左侧夺路绕了过去。然后，他成功地从后方进行擒抱，但位置是在 45 码线①，而不是 20 码线。这相差 25 码的进攻最终让巨人队输掉了比赛，失去了进入季后赛的机会。正如博尔斯所说："恐惧的代价是高昂的。"

我们的研究表明，在面对挑战时，普通员工会把挑战当成棘手的问题。这不仅降低了工作效率，还加大了工作的难度。他们将这些情况视为可以绕过和规避的问题，而不是选择迎头解决。值得一提的是，贡献不足者不仅将这些挑战视为对工作效率的威胁，甚至视为对他们个人的威胁，认为这样的挑战会危及其职位或在组织中的地位。在其他人因为看到一只蜜蜂而惧怕整个蜂群时，明星员工却在埋头研究如何建造蜂房、收获蜂蜜。

明星员工会将日常挑战视为机遇，不明确的方向和不断变化的优先事项正是他们创造价值的机会。那些对于别人来说是耗费精力或有挫败感的棘手的问题，却会让他们干劲十足。不确定性不会让他们手足无措，反而激发了他们的斗志。充满变化的机会让他们跃跃欲试，而不是望而生畏。**他们或许并不把问题看作是工作上的阻碍；相反，他们认为这些问题就是工作本身，解决这些问题不仅仅是他们的职责，更是每个人的职责。**

①1 码等于 3 英尺，约为 0.9144 米，45 码约为 41 米。——译者注

当别人看到威胁时，明星员工往往会看到机遇（见图 0-2）。

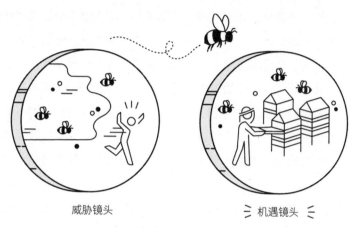

威胁镜头　　　　　　　机遇镜头

图 0-2　威胁镜头与机遇镜头

例如，在应聘阿拉斯加州费尔班克斯塔纳纳初中校长一职时，杰思罗·琼斯（Jethro Jones）得知，由于入学人数下降，学校正面临关闭的风险。未来一两年，这所学校会继续运营，但如果不出现重大转机和入学人数显著增加的情况，关闭是迟早的事。不难理解，这里的教职工看不到希望，对学校的未来相当悲观。

但是，琼斯还是接受了这份工作。他觉得，这是一个为学生利益创新服务的机会。在第一次教职工会议上，他坦言挑战确实存在，但也告诉教职工："我们正处在一个难得的关口。人人都断言这所学校一定会关闭。我们一无所有，也不会有什么损失，因此这是一个得天独厚的机会，让我们去大胆冒险，尽情尝试用不同的方式做事。"为了响应新校长的号召，教职工开始思考如何为每位学生打造个性化的学习体验。作为支持，琼斯提供了员工培训等资源。教师没有因为学校可能关门而惶恐不安，反而变得干劲十足，同时让学生也参与进来。学生与教师一起上阵，建造冰球场，修理教学设备，并搭建了密室玩密室逃脱游戏。他们陆续开发了各种课程，开设了俱乐部，很快就组建了一支舞蹈队，开办了一家服务机构，还开设了手语、自杀预防教育和防止霸凌的课程。

塔纳纳初中的教职工团队将学校面临关闭的威胁视为改造提升的机会，改变了学校的发展轨迹。他们没有想到，在这个过程中，他们建立了一种个性化的学习模式，日后引得整个区域内的学校效仿。时至今日，塔纳纳初中仍在运营，并在新一任校长的带领下蓬勃发展。虽然威胁已经消失，但学校教职工积极争取机遇的心态保留了下来。琼斯的继任者表示："当新冠疫情来袭时，我们的教师丝毫没有掉链子。基础已经打好，大家已经练就了强大的心态。新冠疫情和线上授课只是我们需要应对的新挑战而已。"

普通员工会通过威胁镜头看待每天出现的挑战，明星员工则会通过机遇镜头看待同样的挑战。这种思维上的根本差异，使明星员工在人群中脱颖而出。

在不确定性中游刃有余

明星员工将充满不确定性和模棱两可的情况视为贡献价值的机遇，因此，他们的态度与其他人完全不同。当其他人手足无措时，明星员工会拥抱混乱。他们的视野中会存在一条"分水岭"，功能就如美洲大陆，也就是由落基山和安第斯山主要山脉的高耸山峰组成的山脊线，将两大洲的流域系统分隔开来。在分水岭的西面，水流汇入太平洋；在东面，水流则汇入大西洋。与此类似，在他们眼里，位于视野分水岭一侧的行为只能汇入乏善可陈的贡献之中，而位于另一侧的行为，则会汇入非凡的贡献和影响力之中。

下列 5 大关键要素，是我们在明星员工与普通员工之间发现的关键区别。明星员工的每一种行为都源于一种信念：我能够从不确定性和挑战中发掘机遇。

要素 1：超越职责，关注需求

明星员工会观察周围的情况，关注组织的需求，敢于超越自己的职责，去完成组织需要做的工作。明星员工具有服务意识，这种意识促使他们与利益相关者共情。他们善于寻找未得到满足的需求，并专注于最能突显自己价值的领域。这样一来，他们不但增加了组织的反应灵敏度，而且能创造出一种具有服务精神的敏捷文化，同时建立起声誉，成为可以在各种角色中发挥作用的能攻善守型灵活人才。相比之下，普通员工则秉承着责任导向的原则，对自己的角色和职责持有狭隘的看法。**普通员工只完成分内工作，明星员工则会完成组织需要他们做的工作。**

要素 2：挺身而出，适时后退

当有工作需要处理，但又不清楚该由谁负责的时候，明星员工会挺身而出。即使自己并不是项目正式的负责人，他们也不会等待别人给出指示，而会立刻开始行动，并调动其他人参与进来。他们会采用一种灵活的领导模式，也就是按需带头工作，而不是等候命令。他们会从周围环境中挖掘信号，在需要的时候站出来。在工作完成后，他们则会后退一步，以轻松自如的态度跟随其他人的脚步。他们这种既愿意带头又愿意跟随的意识，在组织内打造出一种勇敢、主动而敏捷的文化。相比之下，遇到职能不明确的情况，普通员工只会从旁观察。他们认为会有其他人承担责任，而自己会被告知何时被需要、该怎么做。**普通员工等待指示，明星员工则会站出来，承担起领导责任。**

要素 3：预见问题，坚持到底

明星员工往往被称为偏执狂，即使工作中充满困难和不可预见的障碍，他们也会坚持不懈，直到完成所有工作。他们在工作中注入了强大的能动性，充分调动个人力量，使自己在没有外界持续监督的情况下承担责任、解决问题和完成工作。他们并不局限于跨越障碍，而是能够即兴发挥、允许自己以不同的方式做事，寻求更好的工作方式。挫折当前，他们仍能取得成果，在此过程中巩固问责文化，并建立能够在关键时刻扭转局势的声誉。相比之下，普通员工则会对困难采取回避态度。他们会采取行动，但在严峻的形势下，会将问题交给上级处理，而不是自己承担责任；有的人甚至会感到茫然、气馁，甚至完全"停转"。**普通员工将问题交给上级处理，明星员工则会努力解决问题，并在过程中锻炼自己的能力。**

要素 4：寻求反馈，做出调整

明星员工会将新规则和新目标视为学习和成长的机会，因此往往能够比其他人更快地适应环境。明星员工当然喜欢肯定和正面的反馈，但也会主动寻找纠正性反馈和相反的观点，并利用这些信息来重新校准和调整自己的工作。在这个过程中，他们持续学习和创新，帮助组织与时俱进，建立声誉，不仅提高了自身能力，也提高了团队成员的水平。相比之下，大多数普通员工将变化视为棘手、不公或是破坏工作环境稳定性的威胁。面对不确定的情况，他们倾向于守着自己最了解的东西不放，并继续遵循能够验证自己当前专业知识的游戏规则。**普通员工固守自己熟悉的方式，明星员工则在学习和适应变化。**

要素 5：共同担责，轻松工作

当团队面对压力和严苛的要求时，明星员工会让艰难的工作变得比较轻松。他们会让人感觉如沐春风，所用的方法并不是去承担别人的职责，而是与他人轻松愉快地共事。他们会制造一种轻松平和的氛围，减少事端、权谋和压力，增加工作的乐趣。他们为每个人创造出积极且高效的工作环境，巩固了一种合作包容的文化，建立起一种高绩效、低维护成本的工作方式，让人人都渴望与他们共事。相比之下，在压力、工作量达到顶峰时，普通员工倾向于寻求帮助，而不是主动伸出援手。一旦这种方式成为默认反应，他们便会在困难时期为本已不堪重负的团队增加负担，也可能成为领导和同事的累赘。**普通员工为团队增加负荷，明星员工则会为团队减少负荷。**

这5大关键要素及其背后的驱动理念，构成了明星员工的思维模型，为我们提供了一套打造高价值贡献的准则（见图0-3）。

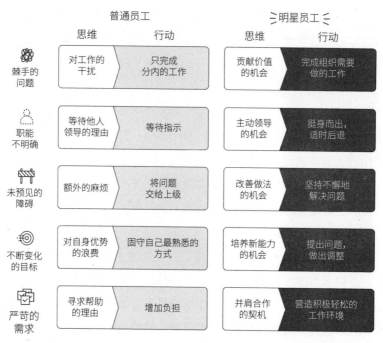

图 0-3　普通员工眼中的 5 大障碍 vs. 明星员工眼中的 5 大机遇

让我们来看看 Adobe 数据分析主管曼宁德·梭尼（Maninder Sawhney）处理日常挑战的方法。他所展现出来的就是让明星员工脱颖而出的关键要素。

"数据孤岛"是指彼此间互不联通的独立信息系统，数据孤岛的形成是很多大型企业都不陌生的问题。Adobe 正在努力解决这个问题，想要建立一个全面视角，了解客户如何通过各种营销活动和产品体验与 Adobe 进行互动，但没有一项措施能够真正向前推进目标。与此同时，首席执行官山塔努·纳拉延（Shantanu Narayen）不断强调要通过一种精简的方式来准确地了解端到端客户旅程的商业表现。一支主要由高层管理者组成的 25 人团队聚集在董事会会议室，用一整天的时间对 Adobe 的季度业务进行评估。

作为参与会议的成员之一，梭尼要作两场报告：一场概述控制客户流失的方法，另一场则针对销售、营销、产品、财务和其他数据集进行整体介绍。自称"数据专家"的梭尼在参与会议的人里资历最浅，但他对行业的认知一向高远。众所周知，他善于将棘手的大问题分解成容易理解的小问题，经常会一跃而起冲向白板，提炼出一群人探讨了好几个小时的问题的本质。

会议讨论了许多提高客户保留率^①和客户终身价值^②的方法。一些人主张增加可视化面板，以便查看业务的各个部分；另一些人则提供了有可能立即产生改善效果的临时解决方案。面对这次挑战，大家的意见无法达成一致。不仅如此，大家对问题是什么都没有形成统一意见。但是，寻找解决方案的任务已迫在眉睫，大家对这一点都心知肚明。

梭尼进行第一场报告的时间到了。报告的主题是控制客户流失的方法。他介绍了当前的数据结构，概述了一种与当前截然不同的方法，他认为 Adobe 可以采用这种方法衡量与分析客户流失的原因。与会高层管理者深入研究了他的报告，试图理解他的理论基础、战略及可能产生的结果。梭尼在挑战面前保持冷静，他表示仅靠可视化面板无法解决问题，且通过孤立数据得出结论可能导致糟糕的决策。到了下午休息时间，梭尼接到了一项更重要的任务：首席执行官表示，梭尼现在不仅要管理客户数据，而且要成为客户保留策略的负责人。

休息片刻之后，梭尼开始了他的第二场报告。这场报告围绕营销和销售的全套数据结构进行概述。在报告开始几分钟后，他意识到自己提供的信息

---

① 客户保留率指在某一特定时期企业能够保留的客户比例。——译者注
② 客户终身价值指客户与企业产生联系期间对企业的总价值。——译者注

偏离了主题。他更加清晰地认识到首席执行官对运营模式的愿景。按照要求，梭尼针对特定流程进行了简要的技术说明，但这并不是首席执行官当下需要的信息。梭尼暂停了报告，问首席执行官能不能两周后再继续，并承诺届时会针对首席执行官想要处理的问题提出解决方案。

终止当前的报告、主动请缨处理更大的问题，这是一个大胆的举动。会议室里负责把控解决方案的高层管理者本可以对梭尼的大胆举动提出质疑，但梭尼已赢得了他们的信任，成为大家乐于支持的领导者。梭尼的同事们表示，他从不在工作中掺入"小我"的执念，从不参与明争暗斗，也不记仇。他有一件 T 恤，上面的文字把他的心态总结得淋漓尽致：公司的晋升阶梯，让别人去爬吧。

两周后，梭尼提出了一个新的框架，在其中整合了公司各利益相关方的意见。当一名高层管理者问这个浩大的系统工程该由谁带头时，纳拉延和其他人心中已经有了共同的人选。这个为数字业务建立数据驱动运营模型的跨职能项目，最终交由梭尼领导。

历时不到 6 个月，由梭尼牵头开发的系统便投入使用，这个系统从根本上改变了 Adobe 的运营方式。新的运营方式是 Adobe 多个团队共同努力的结果，为公司增加了数亿美元的收入。在领导完成该系统的开发后，梭尼受命负责管理美洲地区的数字媒体业务（Adobe 最大的业务之一，每年可带来数十亿美元的收入），现在则负责推动长期客户成功 ① 事业。

那么，让梭尼从负责处理数据一路发展至负责公司最大业务的关键要素到底是什么呢？

---

① 客户成功是确保客户在使用公司产品或服务时达到预期结果的方法。客户成功策略包括参与购买决策、产品或服务的实施、使用和客户支持。——译者注

梭尼之所以成功，是因为他看到了组织当前需要做的工作，也愿意站出来扛起领导者的责任。在他这样的明星员工眼中，复杂的问题无异于机会，解决问题等同于提供服务并发挥影响力。

善于总结不成文规则

经过研究，我们得出一个主要结论：**明星员工比普通员工更加了解职场规则**。他们能总结出不成文的规则手册，即一个人在特定的工作或组织中应该遵守的行为标准。他们关注组织的需求，并能洞察身边同事所重视的事情；他们清楚自己需要完成的工作，并能找到完成工作的正确方法。

这份规则手册之所以不成文，并不是因为管理者行事隐秘，或是没人费心去集结发表，而是因为大多数管理者对这些规则也是心照不宣的。我们采访的许多管理者，都谈到了他们本人在接受采访的过程中收获良多。通过回答我们提出的问题，他们第一次清晰地列举出了明星员工与普通员工之间细微的差别，以及创造价值和制造摩擦的行为之间微妙的不同。许多管理者意识到，他们从未与团队成员分享过这一重要信息，因此许多人决定进行补救。补救的关键在于，大多数人对这些规则闭口不谈，只有努力挖掘并与他人分享这些规则的人才会明确地表达出来。

那么，组织的管理者最看重的是什么呢？管理者希望员工能使他们的工作更加轻松，也就是协助管理团队，尽可能地进行自我管理。他们需要的是能够独立思考并敢于迎接挑战的人。他们不像成功学书籍所宣传的那样重视员工的服从性，却比企业官方声明的价值观更加注重合作。总之，管理者想要的是那些能够帮助他们寻找解决方案并具有团队合作精神的人。

挖掘出这些不成文的规则并理解利益相关者关注的重点后，明星员工便会随之建立起自己的信誉。管理者乐于为明星员工提供支持，让他们的影响力不断扩大。让我们来看一看以下这些管理者如何描述团队中的明星员工：

- 领英销售主管斯科特·法拉奇（Scott Faraci）心目中的明星员工，是业务执行人员阿曼达·罗斯特（Amanda Rost），她刚刚轻松而出色地主持了一场重要的销售会议。"我兴奋得跳了起来。心想，'太不可思议了。我刚刚雇用的这位员工是何方神圣呀？'如果我能为她建一尊雕像，树立在销售楼层的中央，像一座灯塔一样为大家照亮晋升销售主管的道路，我肯定愿意这么做。"法拉奇说。
- 思爱普巴西分公司的开发经理罗伯托·库普里奇（Roberto Kuplich）举的例子是保罗·巴特本德（Paulo Büttenbender），他是团队中一位备受尊敬的软件架构师。"炒我鱿鱼没关系，但别解雇巴特本德。"库普里奇说。
- 在高级人力资源主管朱莉娅·阿纳斯（Julia Anas）口中，人力资源业务合作伙伴乔纳森·莫迪卡（Jonathon Modica）"总是第一个主动解决棘手问题的人"。她还表示："我很期待与他一对一面谈，因为我能从他那里获得能量。"阿纳斯的这种心情与另一家公司主管形成了鲜明对比，在得知要与团队里沟通能力低下的成员开会时，这位主管表示："我的心情就像那个咬牙切齿的表情符号。"

我在本书中列举了管理者重视的员工特质。请利用这些见解来帮助你建立声誉，并与利益相关者达成一致。这是因为，一旦了解了组织内部所关注和管理者所重视的员工特质，你就掌握了成为明星员工的秘诀。此外，如果管理者能够分享自己的规则手册，团队中的每位成员都能够发挥出更高的价值。

虽然管理者已将不成文的规则明确地总结出来，但许多有能力的人仍然总是错失目标，这种情况令人担忧。这些聪明、有才华而勤奋的人，似乎对管理者关注的重点有所误解，且未能掌握不成文的职场规则。普通员工虽然往往有不错的表现，但有时会被忽视或工作达不到预期效果，就像在提交作业前没有阅读评分标准的学生，或是在编排舞蹈动作前没有参考评判标准的舞者。

只按要求做事而没有仔细考虑应该做什么，因此错失目标，这样的事情在我身上也发生过几次。一次，一家大公司邀请我去参加一场关于领导力的研讨会，解决管理者面临的一系列具体挑战。我的客户概述了公司目前面临的挑战，与我进行了多次讨论。然后，我准备了一个自认为最能解决问题的方案，并与大家达成了共识。一个月后，我按计划参加了研讨会，确保方案涉及管理者职能范围内的每一个关键点。这场研讨会虽然还算顺利，但我知道自己没有发挥出应有的影响力。因为在从计划制订到项目实施的一个月里，新冠疫情开始席卷全球，几乎扰乱了所有行业的工作。管理者现在面临的是一系列全新的挑战：管理不确定性，暂停业务，以及居家办公。我的确完成了分内的工作，却没有意识到需要完成的工作内容已经发生了变化。

像我一样，那些错失目标的专业人士也满怀期待，却偏离了方向。他们做的事情似乎很有价值，要么是曾经有重要的意义，要么被普遍视为未来的趋势。然而，他们的许多工作方法是一种看似有价值、实则缺乏内涵的伪方法。我把这称为价值陷阱，即看似有用、受人追捧的职业习惯或信念，实际侵蚀掉的价值却比创造的价值更多。这些价值陷阱分散了我们本应用来做出有效贡献的精力。

我们看到，一些人之所以出现失误，是因为他们将已经过时的规则奉为标准。有些人非常勤奋地投身分内的工作，以至于忽略了组织真正需要完成的工作，也就是那些没有正式分配给任何人、却急需完成的工作。人们总被教导在职场中要勤奋、谨慎和镇定。但随着周围环境的变化，如果仅仅停留在自己的车道上可能会让我们边缘化。一部分专业人士囿于旧规，而另一部分专业人士则对现代职场文化中的新规有所误解。他们认识到游戏规则正在改变，也明白当今职场重视创新、敏捷、参与和包容。然而，他们忽略了规则中隐含的微妙信息和潜台词。例如，他们并不知道，"勇敢尝试和冒险"并不意味着把生产数据库搞崩溃，"做真实的自己"并不意味着把自己生活中发生的一切全都展示给同事。这些人之所以会错过重要的信号，是因为他们过于焦虑，对团队过度投入，对工作过度热情，以至于令人讨厌。简而言之，他们的投入和贡献都过了头。

过度贡献有时等于贡献不足。即使拼命努力，我们做出的贡献可能还是微不足道。无论是因新规矩的模棱两可而茫然失措，还是因旧规矩的神圣不可侵犯而无所适从，我们都可能把精力错误地投在了无关紧要的工作上。我们或许付出了巨大的努力，但努力的方向偏离了目标。

明星员工更容易看穿这些幻象，不会妄自判断对自己有价值的东西也必定对别人有价值。他们将眼光投向自身之外，从利益相关者的角度定义价值。他们了解管理者、客户或合作者重视的特质，也将这些特质作为自己关注的重点。他们将努力的目标对准受益人数最多的领域，从而增加自己的影响力和感召力。当普通员工忙于经营自己时，明星员工却注重在团队中建立声誉，成为大家眼中容易合作、能在紧要关头挺身而出的可靠队友。普通员工或许会把改变世界作为努力的目标，明星员工却会脚踏实地投身于实际工作。他们从改变自己开始，不断寻求反馈和努力适应变化，以确保能达成目标。有明星员工思维加持，他们摆脱了旧思维的陷阱，同时也避开了新思维的弯路。

吸引他人"投资"自己

明星员工思考和应对不确定性和模棱两可的情况的方式，使他们能够很好地应对现代职场中的挑战。他们灵活、快速、坚强、敏捷、有协作精神，当团队陷入混乱或出现差错时，他们就是你想要的团队成员。当其他员工抱怨工作出了问题时，明星员工则会帮你找到解决方案。一位管理者说得好：明星员工是"我愿意和他一起被困荒岛的人"，而普通员工则是"我不得不出手相救的人"。**遇到暴风雨，其他人或许会搭建避难所躲在其中，明星员工却会建造风车来发电。**在充满挑战的环境中，明星员工是一种会随着时间推移而增值的资产。

我们要求管理者将明星员工相对于普通员工所贡献的价值进行量化，他们估计，团队中明星员工所贡献的价值平均为普通员工的 3 倍。他们还指出，明星员工贡献的价值几乎是贡献不足者的 10 倍。美国国家航空航天局一位高级工程经理的回答让我印象深刻。他将一位前部门副手贡献的价值与这位副手的同级进行对比，并表示："保守来说，她贡献的价值是别人的 20 到 30 倍。"

明星员工的价值被视为普通员工的 3 倍以上，这一点，就是他们获取内部（如参与优势项目）和外部（如晋升和报酬）奖励多少的决定性因素。在人才培养方面，明星员工不仅能获得更多的指导，而且会接到更多富有挑战性的任务。他们为别人提供的有形价值就像一笔存款，能够促进互惠投资，形成一个互利的循环。

自我的价值构建

明星员工倾向于自我管理，并让管理者安心，能够坚信他们在无须嘱咐和提醒的条件下也一定能将工作全部完成。他们不仅能完成工作，还能以正确的方式完成；他们远离钩心斗角，营造出积极的团队氛围。他们能出色地完成工作，为团队积累积极经验，让管理者看到效果。他们具有说服力的价值主张，正是管理者所欣赏的。

当管理者意识到只需投入些许领导力就能获得大量的价值回报时，便会不断对这些明星员工进行投资和再投资。通常来说，管理者会把更多的责任和资源交给明星员工。鉴于明星员工的高效，管理者不惜将最宝贵的资源——时间和声誉交给他们。明星员工大多会因额外的指导而受益，经常受命在组织内外作为管理者的代表。然而在我们的研究中，明星员工并非从一开始就能得到信任和资源，这些是靠他们的努力一点点赚来的。他们中最有智慧的人很早就向同事证明，自己值得受到百分之百的信赖。面对他人的投资，明星员工往往能够提供快速回报，并在做事方法上始终如一、正直诚信，从而加速投资周期内的价值构建（见图 0-4）。

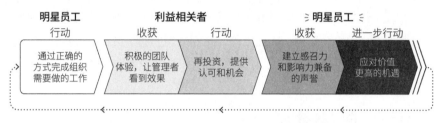

图 0-4　明星员工在一个投资周期内的价值构建

作为回报，明星员工会建立起良好的声誉，并赢得更多信誉，从而迎接接踵而来的价值更高的机会。这样一来，他们便可以在更广阔的舞台上做出贡献。于是，明星员工能够做出更多的贡献，行动也更有分量，这个循环就这样持续运转下去。他们被视为能够体现组织价值观的领导者，并迅速成为组织文化的典范。作为推动主流价值观和塑造职场文化的影响者，他们会得到同事的尊重，成为普通员工争相效仿的榜样。

在投资周期的循环中不断积累

随着投资周期继续发展，利益相关者的投资增加，明星员工的能力和"秘密武器"的储备也在呈指数级增长，从而得以通过更高效的方式做出贡献。然而，这并不是一个无限循环，明星员工并非只需重复同一个成功公式就能高枕无忧。他们在每一个投资周期中都需要学习，不断适应环境的变化，从而更加熟练地将利益相关者的资源转化为有形的价值。这种简单而有效的循环会不断积累，如持续复利一般，随着时间的推移，小的、持续的各种评估和调整会带来显著的效果。

通过采访，我们发现明星员工明显要比普通员工进步得更快，他们获得提拔的频率更高，并能获得更具影响力的机会。然而，他们不仅是在攀登职业的阶梯，更准确地说，他们是在积累自己在组织中的价值，并通过别出心裁的方式对其加以利用。有些人野心勃勃，利用自己日益增长的影响力在组织中迅速晋升；有些人满足于当前的职位，利用自己当前已有的资源选择项目、管理工作日程，或继续投身于自己真心享受的工作中。无论如何，他们都被驱使着，但不会焦虑。除此之外，我们遇到的明星员工还表示，他们对工作和生活的满意度都相当高。

让自己的才能"被看见"

想要理解为什么明星员工会在特定的组织或环境中极具影响力，我们就不能忽视无意识偏见的影响。无意识偏见是指人们在无意识情况下对特定群体持有刻板印象。这种偏见在人类认知中根深蒂固，因此，不符合主流形象的个人可能被忽视，即使他们没有被忽视，个人价值也得不到充分的利用和重视。

即使在得到有效管理的组织中，也隐藏着有志成为领导者和明星员工的人才，但他们没有得到关注或机会，不易获取与明星员工同等水平的投资与再投资。在职场中，很多员工的作用和贡献没有得到充分挖掘。希望这本书能够帮助组织打造公平的竞争环境，加强人才和管理层之间的伙伴关系，为普通员工提供工具，帮助他们突显自身的感召力，同时也为管理者提供理论和实践方法，有助于他们创建更加多元共融的职场。

针对领导力的研究让我明白了一个关于贡献的现实：初入职场的人大多

希望尽最大努力做出贡献。如果无法实现这一点，他们便会备受折磨。他们希望在一个能够让自己最大限度发挥聪明才干的组织中工作，在这里，他们积极投身工作，快速成长，并做出贡献。在这样的组织里，员工能力利用不充分的问题可以避免，只需管理者引导员工将最好的一面发挥出来，而且员工具备全身心投入的心态。我在《成为乘法领导者：如何帮助员工成就卓越》一书中探讨了如何通过领导模式来激发员工的积极性并提高他们的效率，而本书则从人才因素方面来审视普通员工可以通过什么方法将自己的影响力最大化，以及管理者可以通过什么方法帮助员工充分发挥能力。本书是《成为乘法领导者：如何帮助员工成就卓越》的配套图书，因为一旦普通员工成为明星员工，随之而来的乘法效应便是巨大的。

本书将为你提供基于由数据分析得出的结论和实用的工具，助你主动带头领导团队、打开格局、加倍实现影响力。第 1 章到第 5 章，我们将详细探讨成为明星员工的 5 大关键要素，帮助大家领会他们成功的秘诀。每一章的结尾都附有一个专栏，包含一套"锦囊妙计"，帮助有志成为管理者的员工科学地加以实践，为他人创造真正的价值，并增加自己的影响力。第 6 章的内容，为有志成为管理者的员工以及需要教练和导师辅导的管理者提供全面的培训计划。第 7 章专为管理者创作，为想要建立明星团队的管理者和人才发展专业人士提供指导。

在整本书中，我们还将讨论"被忽视的明星员工"，以及无意识偏见和其他根深蒂固的歧视如何成为障碍，削弱特定人群的贡献、受到的关注和影响力。具体来说，在第 6 章中，我们将探讨如何使别人看到自己贡献的独特价值。在第 7 章中，我们将介绍管理者的实践方法，确保所有类型的人才都能够得到重视。

本书的结语则启发各位读者思考全身心投入工作的可能性，这并非一种让人们精疲力竭、不留余地的工作形式，而是一种让人们在工作和生活中获得双丰收的工作形式，可以让所有团队成员都能受到重视并做出有价值的贡献。

在接下来的内容中，我们将会遇到一批在世界各地贡献卓越价值的专业人士。为了保证内容条理清晰，我们将主要关注这些人士的个人贡献，而不是展示所有团队成员的努力。请各位读者知悉，书中描述的每一位明星员工都觉得自己得到的赞赏是种过誉，他们没有忽视同事们所做的贡献。最终，他们大方地允许我将聚光灯投射在他们的身上。这些人遍布各行各业，有些是普通员工，有些是高层管理者。其中大多数人，都是我们通过调查发现的。还有一些是家喻户晓的名人，包括顶级运动员、奥斯卡奖获奖演员和诺贝尔奖得主。有些案例是我发现的，有些案例是我的前任和现任同事（或他们的配偶）发现的。其中一个难能可贵的案例，是我们在调查中发现的一位明星员工的母亲。当这位谷歌的工作人员给我讲起他的"无敌老妈"时，我就下定决心，非要见她一面不可。她本人是一位非凡的领导者，如果各位读者有机会与她见面，一定会受益匪浅。书中这些明星员工如像素块一般拼凑出一幅肖像，向我们展示出各种值得模仿和借鉴的卓越品质。希望大家能在他们身上看到自己的影子，无论是现实中的自己，还是未来更好的自己。

我们将深入挖掘数十位管理者的观点，这些人涵盖从项目负责人到首席执行官的各个层级的管理者。这些管理者的言论，全都是我们在采访中真实听到的。[①] 除了有关顶级贡献者的内容，你还能在本书中找到一些关于典型贡献者和贡献不足者的案例。通过他们的故事，我们将揭露和探索那些阻碍他们前进的陷阱，以及让他们偏离方向的弯路。这些也是我自己曾经掉进过的陷阱。我会分享一些自己的经历，比如因过于自信而导致贡献不足，或是因固执己见对最重要的东西视而不见。或许大家会发现，自己有时也会因为对价值的误解而落入陷阱。希望这些案例能帮助大家找到突破口。

让我们先厘清本书中的一些重要信息。我们不仅要明确一些定义，还要

---

① 为了保证内容简洁清晰，这些引用经过轻微删减改动。案例中的人名涉及隐私，已采用化名。

明确这些定义之外的内容：

1. 明星员工的概念并不局限于特定的领域。尽管体育运动中有"明星运动员"的概念，但本书的主角并不是某个高水平的运动员或教练。我之所以在书中借用一些体育术语和比喻，并从体育界援引一些例子，是因为运动员向我们生动地展示了何为优秀，也让我们看到了明确的成果。但是，明星员工不只存在于特定的领域，各种组织和社群中几乎都有明星员工的身影。

2. 明星员工与普通员工的对比不是赢家和输家之间的对比。我们的关注点更加细致入微。我们会探讨明星员工与普通员工的思维有何不同，以及他们在思维和行动上的细微差别如何产生截然不同的效果。

3. 明星员工和普通员工之间的区别不是能力的差异，而是思维方式的不同。想要让本书最大限度地发挥价值，你就应该把明星员工思维和普通员工思维视为两种思维模型，人们会在这两种思维模型之间不断摇摆，你需要不时问问自己："我现在使用的是哪种思维模型？"

4. 成为明星员工的过程不是一场赢者通吃的博弈。整体而言，本书的思维模型是人们可以通过学习和接受指导获取的，因此人人都可以使用。明星员工虽然表现卓越，但并不一定独一无二，就如一座城市可能有多家五星级酒店或餐厅一样，这些酒店或餐厅也各具特色。因此，管理者也可以利用明星员工思维来培养整支团队。

5. "成为明星员工"不是让你加倍努力工作的战斗口号。明星员工思维的重点，并不是当你想要休息时强迫自己努力。我们所研究的明星员工在工作时并不一定比他身边的同事更努力，但他们的确更具目的性且更加专注。他们的专注力和影响力，使他们免于陷入过劳的陷阱。

6. 本书的目的不是为人们提供权宜之计。书中提到的 5 大关键要素，全都得到了明星员工长期的实践证明。如果你能深入理解并实践，明星员工的思维模型也能为你所用。如果你想找的是帮助你快速晋升的职场捷径，本书可能并不适合你。

美国天体物理学家尼尔·德格拉斯·泰森（Neil deGrasse Tyson）曾明确表示："知道得多不如懂得思考重要。"如果你渴望发挥更大的作用，首先要像明星员工一样思考。希望你不要一味遵守"明星员工自我修炼"专栏中的方法，而要将明星员工的思维模型纳入自己的价值观之中。这一思维模型非常有效，能帮助你做出最有价值的贡献，收获由此带来的回报，并帮助其他人也斩获同样的成果。有些做法或许并不适用于你当前的处境，但是做法背后的思维模型，将会超越界限，延续下去。

本书不仅针对当下，也是未来工作的指南。"明星员工自我修炼"专栏是我们研究开发出的成果，这项研究通过一批顶尖管理者的视角，对一流组织中的明星员工进行审视。因此，这套方法适用于当下。同时，对于一些人来说，想要成为明星员工，或许需要先找到值得自己为之全身心付出的组织或事业。通过研究和效仿口碑最佳的组织的实践方法，现有的组织也会与时俱进、跟上步伐。因此，这套方法也可能成为你未来的一部分。无论你的情况属于哪种，都请借鉴韦恩·格雷茨基的这条箴言："朝着冰球前进的方向滑行。"

拥有明星员工思维模型，你将在新时代的职场中获得认可，跻身全明星阵容；认清成功路上的陷阱，你就能够避免沦为贡献不足者。除此之外，你还可以帮助别人，让他们摆脱束缚，避开那些阻碍前进的陷阱，建立一支人人都想加入的团队。但最重要的是，如果你能在做每件事时都表现出最佳状态，便能体验到贡献带来的兴奋感，成为所有团队都想吸纳的人才。

**从普通到卓越的
进阶指南**
IMPACT
PLAYERS

明星员工

产生高价值贡献
发挥巨大影响力

视挑战为贡献价值的机会
在不确定性中游刃有余
善于总结不成文的规则
能够吸引他人"投资"

普通员工

完成工作并贡献
价值

没有充分发挥潜力
和影响力

心态 ▶

视挑战为威胁

容易在不确定性中
迷失自己

特质 ▶

难以明确意识到不
成文的规则

容易被他人忽视

IMPACT PLAYERS

How to Take the Lead, Play Bigger, and Multiply Your Impact

第一部分

明星员工思维模型的 5大关键要素

IMPACT PLAYERS

How to Take the Lead, Play Bigger, and Multiply Your Impact

第 1 章

超越职责，关注需求

管理者眼中的普通员工	VS	管理者眼中的明星员工
他等着别人提要求，而不是自己找出组织所需的工作并立即采取行动。		我不需要告诉他应该做什么，他自己会主动行动。
如果我让他完成一个项目，他会想知道这件事对他有什么好处。		他把功劳归于别人，不会把所有的成果都据为己有。
他一心只想着不要惹麻烦，维持现状。他似乎认为不要把事情搞砸才是最重要的。		有了他，一切都变得更好。

大多数人总是无法发现机遇，因为机遇总是穿着厚厚的外套，看起来和大多数工作没有区别。

——爱迪生

我在甲骨文公司的职业生涯始于一个星期日的晚上，地点在加利福尼亚州圣马特奥县一家不起眼的酒店。60 名刚入职的大学毕业生兴奋地来到"88届"新员工训练营报到，我也是其中一员。这是一个为期 3 周的培训课程，我们将学习甲骨文公司的技术和工作所需的基础知识，以便在这家快速发展的初创软件公司大展身手。培训课程从报到的第二天早上开始，前一晚只是用来让大家交际和互相认识的。参与者全都是刚从各个名校毕业的学生，大多来自计算机科学和工程专业。有几位像我一样上过商学院，还有一些则是人文学科出身。

新员工训练营的负责人向我们简单介绍了严格的培训时间表，培训中的高潮部分是大家需要完成一个竞争性极强的团队项目：每个团队要用甲骨文公司的软件构建一个商业应用程序并进行展示。负责人强调每个团队都要确保成员技能均衡，然后便出人意料地宣布："好了，技术人员到房间的这一边，人文学科的到房间另一边。"大批程序员和工程师走到房间的左边，我们这些自我认知"模糊"的人则走到右边，人群中响起"咯咯"的笑声。大家心里猜想，我们这些人文学科出身的对技术一窍不通，所以只能分散在各个团队之中。正式的培训还没有开始，我就已经学到了重要的一课：在甲骨文公司，掌握一项专业技术颇受重视，但我并没有掌握。

我把这个想法藏在心里。新员工训练营结束后，我开始在咨询部门担任教育协调员。但仅仅一年后，我所在的部门就在一次部门重组中被解散了。因此，我需要在公司里找一个新的岗位。我把目光投向了新员工训练营的新员工培训小组。我一直希望新员工的培训课程能得到扩充，将领导力开发囊括其中，这也是我非常感兴趣的一个领域。我与部门经理会面，接下来又与她的上级、行政副总裁鲍勃·谢弗（Bob Shaver）会面。回答完对方提的问题之后，我谈到了自己的一个担忧。我看到，年轻的专业人士几乎没有受过什么培训就被"扔"进管理层，也目睹过他们对团队造成的严重破坏。我坚定地告诉他，甲骨文公司需要一个管理领域的新员工训练营，而我很愿意为这个训练营的创立出一分力。

我永远也不会忘记谢弗的反应。他开口道："怀斯曼，你的话很有说服力，但你的上级面前摆着另一个问题。今年，她需要让2 000名新员工熟悉甲骨文公司的技术。"他的解释再次证实，在这个时期，专业技术比管理技能更加重要。他继续说："如果你能帮她找到这个问题的解决方案，那就再好不过了。"他温和的引导传达出一条响亮的信息："怀斯曼，让你自己派上用场。"

我怅然若失。我知道，公司需要有人教授编程技术，我也确实想教，但我对关联查询的细枝末节和数据库索引技术的优点提不起热情。更糟糕的是，我的相关资历严重不足，这肯定逃不过拥有麻省理工学院和加州理工学院高等学位的技术人员的双眼。我想做的是培养管理者，但现在，谢弗却希望我去教一群电脑狂人如何编程。这不是我想做的工作，却是我不得不做的。

意识到谢弗提议的合理性和前景，我加入了培训小组，自愿成为一名产品培训讲师，把一腔热血注入能够产生最大影响的领域。我一头扎进工作中，订购了全套产品文档，很快就与技术高超的同事莱斯莉·斯特恩（Leslie Stern）展开了协作（在入职的第一天，斯特恩曾站在技术人员的队伍里）。在她的帮助下，我学会了程序员的思考模式。这并不是一项容易掌握的技能，但在她的指导下，以及熬过数个通宵之后，我终于掌握了这项技能。作为回报，我也分享了一些关于教学的想法，和她一起斩获了几项杰出技术培训奖，辅导了许多现在已成为硅谷先锋的人物。时至今日，我仍然对这件事引以为傲。

我并未成为一位真正的技术专家。但由于愿意深入研究技术，我建立了良好的声誉，让大家知道我了解业务、能够致力于最重要的工作，这种声誉在日后为我带来了诸多机遇。不到一年，我就被提升为部门经理。但奇怪的是，那时的我已对管理职位失去了兴趣，转而享受培训程序员的工作。当然，当谢弗向我说明公司为什么需要我接手部门经理的工作后，我又一次放弃了自己热爱的岗位，投身到公司所需的工作之中。

像许多目光短浅的专业人士一样，在初入职场时，我寻求的也是自己感兴趣的工作。但若能将目光投射到理想工作之外，去关注组织需要做的工作，我们便能让自己派上用场，变得更有价值，从而扩大自己的影响力。你想为迎合个人兴趣而调整工作，还是想为发挥最大作用而调整自己？

明星员工并不满足于完成分内工作，而是投身组织需要做的工作之中。他们冒险走出职业的舒适区，投身于解决各类问题的第一线。读完本章，你会明白，为什么有些人总是冲在前线，而有些人却总在纠结是否应该出手帮助别人。你会明白，为什么职位描述无关紧要，为什么上级不想操心劳神，以及为什么像修理一台出故障的复印机这样简单的行为，就能让你走上领导者之路。

本章的主要内容，就是向你展示如何让自己派上用场，即如何找到工作的重点，然后通过完成重要事项来有效推进自己的职业发展。在开始阅读之前，我要提醒大家：请做好心理准备，你可能要告别定义清晰的工作模式，投身到界限模糊的工作中去。

只完成分内工作，还是关注组织需求

在全球化和科技进步的共同影响下，当今职场环境正变得越来越复杂，越来越无序。太多未知纷繁的因素、无法用规则和流程归纳的复杂问题，正在不断加剧。这些问题同时也可以被视作一种挑战，包括：在全球范围内对客户体验进行标准化规范、应对具有颠覆性的创新挑战、为所有学生打造个性化的学习体验、控制医疗保健成本和文化转型。各类组织都在尝试打造跨学科团队或矩阵式结构，以应对这些复杂的问题。尽管如此，那些最重要的工作虽然让我们觉得"人人有责"，但我们又认为不必"从我做起"。太多的专业人士被困在与实际工作不匹配的组织结构中。薪酬等级、职位头衔和职位描述的复杂分类通常反映的是过去的优先事项，很少能够反映现在需要完成的工作。这也是现代组织的核心问题之一：如果你做的是今天的工作，那就很可能是在处理昨天的优先事项。换句话说，你现在所做的工作，可能是基于之前确定的优先事项而做的。

当问题变得更加复杂、变化的速度超过组织的反应能力时，敏捷性就必须依靠组织文化来建立。也就是说，敏捷性依靠的是人员的日常决策和行动，而不是组织结构。这就给专业人士带来一个棘手的问题：我是该留在自己的舒适区做好本职工作，还是偶尔离开自己的工作岗位、投身于无主之地？如果是后者，我该如何确保自己在新的岗位中仍然表现出色呢？

我们来看一看，面对这些复杂的问题和新机遇，大多数专业人士会如何应对。

詹姆斯被一家大型电子游戏公司聘用，该公司数十亿美元的业务主要包括游戏销售和离线游戏制作。作为在线游戏体验总监，詹姆斯带领团队为公司为数不多的几款在线游戏提供支持。他很聪明，学习新技术的速度很快，也是网络游戏系统领域的专家。他是非常值得信赖的专业人士，总能在预算内按时完成工作。负责监管游戏体验的管理者阿米卡，依赖詹姆斯来确保工作室的一小批在线产品始终保持高速且正常的运行。

这一小批在线游戏的工作，詹姆斯和团队成员做得很优秀，然而，世界正在发生变化。互联网游戏是未来的潮流，公司也开始将更多的游戏迁移至线上。在首席执行官的压力下，阿米卡要求将公司的所有游戏都迁移至线上。

这个转变并不容易，涉及许多团队之间的协调，每个团队都需要对推广、交付和技术支持流程进行重新设计。詹姆斯比任何人都了解这些挑战，但并不认为这些是他需要解决的问题。他帮助团队为即将到来的一批要迁移至线上的游戏做好准备，然后便等待其他团队将产品发送过来。然而，其他团队需要的却是有人能够协助他们将游戏迁移至线上。

詹姆斯有实力接受这个挑战，但他太过专注于自己既定的角色，以至于没有看到更大的机会。阿米卡不理解詹姆斯为何没有采取行动，因此到他的办公室与他讨论这个问题。詹姆斯承认了事实但反应冷淡，只是向阿米卡保证，即使在线游戏增多，他的团队也有能力处理。之后，阿米卡又来找了他几次。阿米卡连续一个星期每日登门，才让詹姆斯终于意识到问题所在：他一直专注于自己的工作，却错过了发挥更大影响力、真正为公司发展做出贡献的机会。

普通员工总是将自己围于固定职位。他们能完成公司分配给自己的工作，但同时也会变得目光短浅，以至于忽视公司的整体战略，从而偏离正轨。

相反，明星员工将自己视为解决问题的人。他们不会囿于过时的组织结构，也不过分囿于自己的职位。他们不仅会完成自己的工作，而且会找到能发挥自己最大价值的工作。我们来看看斯科特·奥尼尔（Scott O'Neil）的例子，他是一名22岁的大学毕业生，梦想在体育管理行业就职。

那是1992年夏天一个星期六的早晨，奥尼尔正坐在体育场的大厅里，等同事打开办公室的门。他刚刚在美国职业篮球联赛（NBA）的新泽西篮网队[1]得到了一份营销助理的工作。这份工作薪水很低，但这是他迈入职业生涯的第一步。他的日常工作乏善可陈，只是记录口述内容、装信封、复印和跑腿，但他乐此不疲。每天早早上班，等别人开门，开展一天的工作，这已经成了他的习惯。

在一个特别的星期六，奥尼尔来到办公室，发现复印机出了故障。在那个时代，复印机是办公室里必不可少的工具，卡纸问题会使整个组织的运行停滞。当在复印机上看到晦涩难懂的错误信息时，大多数员工会到另一层楼找一台能正常运行的机器。但奥尼尔以前帮父母修理过家里的复印机，于是他想要贡献自己的力量。

办公室里空荡荡的，只有几位高层管理者。公司的总裁乔恩·斯波尔斯特拉（Jon Spoelstra）发现奥尼尔躺在地板上拆卸那台巨大的机器，半条胳膊沾满了复印机的墨粉。他注意到奥尼尔是一名新雇员，于是问道："孩子，你叫什么名字？"

奥尼尔抬头看去。

"斯科特·奥尼尔。"

---

[1] 现布鲁克林篮网队前身。——译者注

"你在干什么呢？"

"修复印机。"

"为什么？"

"因为复印机坏了。"

斯波尔斯特拉请奥尼尔到自己的办公室，问了他一大堆问题，诸如"你在这家公司做什么工作""你认为这个部门效率高吗"等。最后他问道："你想在这家公司做什么工作？"奥尼尔告诉他，自己想拉赞助。斯波尔斯特拉回答道："恭喜你，你升职了。"

奥尼尔大吃一惊："我什么时候开始工作？"

"今天怎么样？那间办公室归你。"斯波尔斯特拉一边补充，一边指着大厅对面的一间空办公室。

"哇，我居然有自己的办公室了！"奥尼尔又惊又喜。

奥尼尔找了一本按行业划分公司的标准产业分类电话簿，把美国每家公司的电话都打了个遍。他想了各种方法来跟踪工作进度，并把推销词背得滚瓜烂熟。他犯了一个又一个错误，却很少在同一个地方跌倒两次。他学得很快，运气好的时候，甚至在摸索中做成了几笔生意。

然而，奥尼尔的目标是拉到大单赞助。他知道，以他目前掌握的销售技巧无法达到这个目标，于是他便问一位高级销售主管，能否在他身边坐一个星期，旁听他打销售电话。那位高级销售主管认为这个想法很荒谬。奥尼尔反驳道："我对电话销售一窍不通。如果你不让我坐在你的办公室里，我就干脆坐在你办公室外面，到那时，所有人脸上都挂不住。"奥尼尔说服了对方，花了一个星期聆听和学习高级销售主管的电话销售技巧。之后，他调整了自己的方法，在几个月内就完成了几笔大单赞助。

从此以后，奥尼尔把这种招牌式的干劲和心态注入了每一份工作之中。秉承着这种状态，他担任了麦迪逊广场花园体育公司（Madison Square Garden Sports）的总裁，负责纽约尼克斯队和纽约游骑兵队的管理工作。他对一家标志性球馆进行改造，促成了美国职业篮球协会历史上几笔大规模的销售生意，创造了门票销售纪录。在担任费城 76 人队的首席执行官期间，他仍秉承这种工作方式。

在 2013—2014 赛季，这支业绩不佳的球队的战绩为 19 胜 63 负，通过奥尼尔扭转颓势，球队在 2017—2018 赛季斩获了 52 胜 30 负的战绩，在东部联盟排名第三。在奥尼尔刚接手这支球队时，球队赞助的货币价值在 30 支球队的联盟中排名倒数第一。76 人队的品牌效应太弱，以至于一家当地的小餐馆都声称，76 人队应该倒贴钱，让餐馆挂出球队标志，因为餐馆的品牌效应要强过球队的品牌效应。然而 6 年之后，这支球队在上座率、季票会员数和电视转播收视率方面领跑美国职业篮球协会的其他球队，赞助费起价也实现了 7 倍的增长。

另外，奥尼尔还领导了美国职业篮球协会著名的球队营销和商业运营部门，建立了一支由全明星阵容组建的执行团队（其中许多人在后来成为体育界的领袖）。日后，他担任哈里斯－布利泽体育和娱乐公司（Harris Blitzer Sports & Entertainment）的首席执行官，管理费城地区的 12 支球队和数项资产。

通过完成组织需要做的工作，为组织发挥重要作用，我们能让自己的影响力更上一层楼。

哪里有需要，就到哪里去

　　管理者不是都希望员工按要求做事吗？他们理想中的员工不就是那些努力完成分内工作的人吗？这种说法在过去可能行得通，但现在的管理者已不再需要更多的依赖型员工，他们需要的是拓展型员工，需要更多发现机会的眼睛，更多倾听需求的耳朵，以及更多解决问题的双手。当我们向管理者询问他们眼中会折损员工声誉的因素时，最常见的两个回答是"忽略大局"和"等待上级安排工作"。

　　我们往往将管理者视为渴望权力的独裁者，但事实上，绝大多数管理者并不愿意指导员工，告诉他们该做什么。我们让同一组管理者回答"最欣赏员工的哪些行为"这个问题。最常见的回答是"无须要求就主动做事"（见表1-1）。**最高效的专业人士懂得将目光投射到职位之外，超越职责的界限，完成真正有意义的工作。**我们将探索明星员工是如何做到这一点的。

表 1-1　面对棘手的问题时折损声誉和积累声誉的因素

因素	具体做法
折损声誉的因素	等待上级安排工作 忽略大局 告知上级某件事不属于你的工作范围
积累声誉的因素	无须要求就主动做事 预见问题并制定解决方案

　　我们在采访管理者时，他们一致将明星员工描述为解决问题的人。这些管理者告诉我们，有些人会专挑难题，从宏观策略到具体细节对难题进行彻底解决。他们这样评价明星员工，"他会解决那种特别难办的事情""任何事情交给他，我都很放心""我在工作困难时，就会求助她""她会接手棘手的项目，并扭转局势""他会利用空闲时间，主动解决问题"。

明星员工将棘手的问题视为机遇，在最需要他们的领域贡献力量。无人处理的问题就像拥挤的机场里无人看管的行李，让他们焦躁不安。他们将自己视为先遣急救员，是拥有同理心且技术高超的英雄，甘愿帮助他人、牺牲自己。

明星员工在工作中似乎有一个贯穿一切的总体意识，那就是：我要服务他人，解决问题。这种明星员工招牌式的服务意识，被凯撒沙土砾石公司（Kaiser Sand & Gravel Company）表现得淋漓尽致。他们在自家的混凝土搅拌车车身上喷上了这样的口号：找到需求，满足需求。

单靠服务意识，还不足以解决最棘手的问题，其他底层意识也在发挥作用。以服务意识为基础，再加入强烈的能动性（"我能够自主行动，做出决定"）和自控内核（"把控事件结果的是我自己，而不是外部力量"），这样一来，我们就得出了一个制胜公式，用来解决那些无法敷衍了事的棘手的问题。

拥有服务意识的人善于解决问题，他们可以自主采取行动，预设结果，并投身于自己能够贡献力量的领域之中。明星员工明白，只有在做最重要的事情时，自己才能发挥出最大价值。他们不做受人差遣的支持性人员，而是成为工作的关键参与者和共同受益者，反过来，他们的同事与上级也会用同样的眼光看待他们。

3 个习惯，解决棘手的问题

明星员工之所以能够在危急时刻挺身而出，是因为他们相信自己能够有所作为。有 3 个最能将明星员工与普通员工区分开来的习惯，这些习惯不仅能够为组织创造价值，同时还能凸显明星员工对组织的重要性。

习惯 1：深谙游戏规则

想要在一家组织中发挥最大价值，也就是为他人贡献力量，你首先需要认清什么才是有价值的，要知道自己置身于什么游戏中。你对组织最重视的技能是否有清晰的了解？你知道最高优先事项是什么吗？你知道自己需要具备哪些特质才能吸引关注吗？你的管理者、客户和合作伙伴看重什么？

认清目标

甲壳虫乐队背后的传奇制作人乔治·马丁（George Martin）曾说："大多数音乐人在录音时并不会听完整段作品……回放作品的时候，他们只会听自己创作的部分。而音乐制作人必须抽离出来，以正确的视角看待全局，并理解作品。"明星员工应懂得从音乐制作人而非音乐人的角度进行思考。最有分量的专业人士首先是思想家，然后才是实干家。

一位足球教练曾经告诉过我，最好的球员不会盯着自己的双脚，而是睁大双眼，观察球场上发生了什么。如果你在公司工作，可能需要对商业模式有所了解，懂得什么模式能带来增长。如果你在非营利性组织工作，可能需要了解什么样的成果能够吸引资金。无论你是在公司还是在非营利性组织工作，无论你从事的是开发还是销售类工作，都应该对组织的业务持有一个广泛的视角，并找到其成功背后的原因。为了帮助读者了解全局，请参见本章"锦囊妙计"中的问题。

确定了需要解决的基本问题，你就能厘清自己的工作与要解决的问题之间的关联，并寻找提供帮助的机会。如果你想要做得更好，还需要对与职场环境相关的文化有所了解。

了解文化

每个组织都有自己独一无二的文化，以及一套规范日常行为和决策的价值观。然而，只需细心观察组织，你就会意识到，官方宣传的文化很少与真正的文化相契合。一些研究已经指出，公司所宣传的组织价值与员工所感知到的真正价值并不一致。这种不一致意味着，想要成功，员工必须去了解真正的组织文化。明星员工会积极主动地破解文化密码：他们阅读公司墙上贴的海报，观察办公室里众人的行为。他们不太关注人们嘴上说什么，而更关注他们实际做什么，这就好像我在入职甲骨文公司的第一天，大家对自我认知"模糊"的人员发出的窃笑。明星员工会观察和提问：什么样的成就会得到赞扬？哪些团队拥有最大的影响力，原因是什么？什么行为会让自己最快被炒鱿鱼？他们将关注点放在重点因素上，从而找到了为组织贡献价值的渠道。通过贡献价值，他们也扩大了自己的影响力。

解读和适应组织文化的能力非常重要。新的研究表明，文化适应力可能是明星员工的标志。斯坦福大学的研究人员发现，从长期来看，相比于那些从一开始便适应组织文化的人员，能够解读并适应文化转变的人员要更加成功。尽管许多公司都在寻找契合组织文化的员工（由此可能忽略了不契合组织文化的候选人），但事实证明，**破解文化密码和适应环境的能力，比契合组织文化更加重要**。在瞬息万变的环境中，明星员工可以进入新的环境、破解不成文的规则、不断适应游戏的变化，从而赢得改变游戏规则的权力。

与上级共情

除了认识到组织关注的重点，明星员工也会了解管理者关注的重点，并予以重视。

埃文·洪（Evan Hong）就职于市值 920 亿美元的美国零售公司塔吉特百货公司，是该公司风险团队的一名主管。这支团队的职责，是预测并协助降低公司风险。埃文·洪之所以是一名非常有价值的员工，是因为他能够站在别人的视角看问题。他的经理艾琳·吉内（Aileen Guiney）表示："他会关注我的学习风格和喜好。他会问一些直截了当的问题，比如'你得到你需要的了吗'。这会让我反思自己真正需要的是什么，以及是否得到了理想的效果。"

埃文·洪不仅意识到他的上级想要从他那里得到的结果，而且还能"侦测"到上级的"雷达"所"侦测"到的一切。吉内的直属上级是塔吉特百货公司高级副总裁马特，埃文·洪会向吉内询问马特最重视的事情是什么，她和马特谈论每项工作花了多少时间，以及他能在这些事情上帮什么忙。吉内表示："能有另一个人惦记着这些悬而未决的问题，真是太好了。"

吉内在筹备向塔吉特百货公司高层管理者汇报的年度风险管理报告时，埃文·洪不仅帮忙撰写报告，而且为她提供了她所需要的所有信息。然后，埃文·洪提出了一个很有分量的请求，问自己能否参加会议。埃文·洪承认，自己这个级别的员工通常不会受邀参加公司高层管理者会议，但他表示，如果和吉内一起汇报，其中一人主要讲解消极风险，另一人主要讲解积极收益，可以促进更全面的讨论。他没有给吉内强加压力，而是早早地提出了建议，让她有时间充分考虑。

吉内认为，共同汇报应该有益于公司，她也完全相信埃文·洪有能力呈现个人风采和工作成果，因此便同意让他一起出席会议。埃文·洪完美地履行了自己的职责，两人向高层管理者详细介绍了公司面临的各种风险，包括经济衰退的可能性等。他们指出了各种漏洞并提出保障措施，引起了大家热烈的讨论。高层管理者表示，他们甚至对次年的风险管理会议满怀期待，这在所有公司中可能尚属首例。这次会议不仅取得了显而易见的成效，又因恰巧在 2019 年举行，为新冠疫情引发的经济影响做好了充分的准备。

埃文·洪不仅完成了自己的工作，还专门花心思了解了上级和上级的上级的工作，以及自己需要完成的基础性工作。埃文·洪所做的这些，都是为了确保公司做好抵御风险的准备。

明星员工了解管理者的需要，也是"与上级共情"这一理念的优秀实践者。他们喜欢将目光放在管理者身上，不仅能看到对方的苛刻，而且能看到他们的挑战、局限和善意的出发点。与上级共情不是指你要忽略对上级的不满，而是要认识到让上级感到不满的因素，尤其是当原因出在你本人身上的时候。与上级共情可以通过换位思考来实现，也就是站在他人视角看待问题。

换位思考与运用同理心非常相似，但换位思考更多发自头脑而非内心。这是一种抽象的实践方法，指的是离开自己的位置，从另一个角度审视形势。例如，作为一个项目团队的初级顾问，我们看到的或许是上级在最后一刻提出的一系列要求。而通过上级的角度，我们能看到一个突然改变项目范围的让人头疼的客户。从客户的角度出发，我们则能看到乙方公司进行的一场突如其来的内部重组，以及由此引出的一系列新的附属关系和客户。

通过换位思考和与上级共情，我们就能对上级和利益相关者的所见、所想和所感产生深刻的理解，让自己的贡献更加明确且更有价值。如图 1-1 所示，这种理解可以反过来成为我们的行动指南。

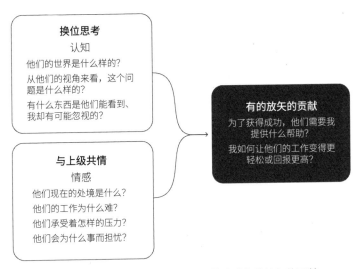

图 1-1　通过换位思考和与上级共情达成有的放矢的贡献

研究人员表明，当我们能量较低时，视角转换就会很自然地发生。**拥有**

的权力和资源越少，我们就越能适应身边的人和事，能量的增强反而会降低我们理解他人观点的可能性。理解他人没那么容易，是一件我们很容易忘记该如何去做的事，而这也解释了公司高层管理者和政界人士为何常常与现实脱节。研究还表明，随着事业的发展，我们需要努力保持换位思考的能力。能够做到这一点的人会因此而受益。通过与上级共情，我们打开了一条通道，让上级更清晰地看到我们的抱负，同时也开发出一种共同的语言，以互利共赢的方式对这些抱负进行探讨。

换位思考还能帮助我们看到行动的潜在目标。大多数管理者和组织都有一个目标，即解决其关心的一系列问题。有的时候，这些目标是有形的，以任务说明、战略方案或某一特定时期的优先事项的形式呈现。然而在动态环境中，战术目标需要随着条件的变化和新信息的出现而调整，也就是说，官方陈述的目标往往不是真正的目标。真正的目标是当下最重要的事项，它定义了成功所需的相关和必要因素。但是，真正的目标很少会被写下来。

在理想的世界里，管理者会将自己的目标清晰地表达出来，他们会告诉你什么事项是重要的，为什么重要，然后让你想办法完成任务。但在通常情况下，管理者行动非常迅速，不会放慢脚步花时间向团队说明情况。抑或，因为目标在自己看来太过清晰，他们会误认为其他人也心知肚明。从业多年的经验教会我，不要总等别人给我明确的指示。在现实中，所有的明星员工都需要自己找出当前所在组织的目标。在我们的研究中，顶级贡献者会凭直觉找出组织真正的目标，就如一位优秀的防守者能够通过观察场上的情况，预测赛势一样。他们知道比赛的重心接下来可能会转移到哪里，并及时移动到相应的位置。他们能够认识到我所说的"制胜事项"（W.I.N.），也就是"当前最重要的事情"（What's Important Now）。

你知道当前最重要的事情是什么吗？你了解公司的首要任务吗？你的上级和同事会认为你"明白"吗？他们是否能够与你畅通无阻地讨论战略问题呢？最重要的是，你知道现在至关重要的问题是什么吗？如果你不知道，那就关注你的上级将时间花在什么问题上，他们在谈论什么，什么问题势能最大，他们身上什么特质最值得学习。这，就是目标所在，也就是我们所说的制胜事项。

习惯 2：在组织需要的地方发挥作用

明确了制胜事项，你就能将精力集中在重要的工作上，在你能发挥最大影响力的领域施展才能。一旦了解公司的真正目标，你就不会被人为的限制和组织结构所束缚。明星员工的工作内容比大多数人具有更大的流动性，他们可以轻松地在战略和战术角色之间转换。具体来说，"超越职责，关注需求"，这种要素是顶级贡献者与典型贡献者之间的 5 大关键区别之一。这是典型贡献者和贡献不足者最欠缺的一种关键要素。换句话说，这是明星员工与普通员工之间的关键区别。

普通员工在自己的位置上发挥作用，而明星员工在组织需要的地方发挥作用。 他们善于寻找间隙，在那里，棘手的问题游离在所有人的工作范围之外，战略计划停滞不前，组织未被满足的需求得不到回应，最终只能在其他地方寻求解决方案。对于明星员工而言，岗位职责只是一个起点，不像停车边线那样能够限制他们的行动，而是更像一座大本营，他们会通过迅速反应为大本营提供支持。

找到问题的源头

2015 年，英荷合资的消费品公司联合利华（Unilever）准备在嘉莉丝（Caress）产品线推出一款沐浴露。营销团队想要大力宣传这款沐浴露可 12 小时持续留香，这一效果得益于一项创新技术，技术的关键在于可以在一整天内释放香味的小香珠。

这款沐浴露已在亚洲投入生产，地区业务部门也提高了收入预测。营销团队正在准备新品发布，目标市场包括这款产品的产地印度尼西亚。

在新品发布的 9 个月前，供应链团队发出了一个危险信号：由于部件缺少和复杂的物流情况，新品上市时间很有可能会出现严重延迟。他们提醒营销部门，这款产品的发布将推迟 6 个月。营销团队的成员对此进行了风险分析，高层管理者开会探讨了营收可能遭受的重大影响。尽管管理者团队一心希望尽快将这款创新产品推向市场，但所有人都认为延迟发布是不可避免的。

然而，嘉莉丝的品牌经理萨拜因·克雷拉（Sabine Khairallah）却不这么认为。她表示："我负责的是投资组合、品牌战略、公关和潜在客户管理等工作，当然不会有人指望我去负责产品开发。但是如果没有产品，我也就没有东西可以推广了。"这位身高 1.8 米的黎巴嫩前大学篮球运动员在阿联酋长大，母亲让她学会了坚强，父亲则向她灌输了"自己的命运由自己主宰"的理念。克雷拉将这种理念带到了职场，带着自己能胜任一切工作的心态投入进去。她明白这款创新产品的重要性，因此决定找到问题的源头。

克雷拉给供应链经理打了电话，这是一位身在印度尼西亚的寡言少语的幕后人员。她半开玩笑地把自己称作他的新任好友，然后便开始提问。这位经理把供应链分成小块进行讲解，第一个问题变得清晰起来：这款创新产品的瓶盖是在泰国制造的，但瓶身在印度尼西亚制造。瓶盖被滞留在印度尼西亚海关，要等待补充文件上的一些缺失信息。克雷拉和供应链经理仔细检查了发货单上的每一项信息，并找到了掌握缺失信息的人。不到 14 天，他们便让瓶盖通过了海关，从泰国进入印度尼西亚。

生产线恢复了正常，但仍有很多问题需要解决。每走一步，克雷拉都会提问："下一个阻碍供应链正常运作的因素是什么？"这款产品需要新颖难觅的材料、与众不同的包装以及控温运输等。他们一项接一项地研究清单，逐一突破问题。

不到 3 个星期，他们便将 6 个月的延迟发布时间缩短为 1 个月，及时推出了产品，基本实现了最初的预期收入目标（仅在印度尼西亚就营收 500 万美元），并确立了联合利华作为该产品创新领导者的市场地位。本可以把供应链问题交给供应链团队处理的克雷拉，选择了突破自己的职责范围。

当一个紧迫的问题变得棘手时，你会只顾着扮演自己的角色，把问题推给别人来处理，还是说，你会找到问题的源头？当你不再囿于固定职位而变成问题解决者时，影响力便会随之增加。

在职场上，普通员工就像桌上足球游戏中的塑料球员，排列整齐，却被锁定在杆子的固定位置上。塑料球员虽然可以旋转，却很容易错过重要的机会。与之形成鲜明对比的是，明星员工更像优秀的真人中场队员，他们会观察形势的发展，然后移动到队友最需要的地方。他们不会离开岗位，但会在守好岗位的同时扩大自己的领地。

让我们来看一看思爱普加拿大温哥华分公司的预售顾问西奥·塔（Theo Ta），分析他如何为团队贡献非凡价值。思爱普这样的企业软件公司旗下有大量产品，有的时候，为潜在客户进行演示可能会动用几十位产品专家，这会让客户不知所措。西奥·塔的经理迈克·达迪（Mike Duddy）表示："一些预售顾问会安于自己特定的产品领域，但西奥·塔对其他领域也有充分的了解，有能力与客户进行初步对话。如果客户想要深入了解产品情况，他再让其他顾问加入。他就像一位优秀的守门员，能够跨越自己的界限做事，但不会越俎代庖。"

专注目标

专注目标不同于只做好自己的本职工作，前者像在高速公路上驰骋，后者则像在坑洼不平的小路上龟速前进。首先，专注目标的强度更高，因为这意味着事情的推进速度更快，执行任务的压力也更大。但随着强度的增加，效率也会相应提高。你可以走得更远，更轻松、更快地到达目的地。如果你将精力花在最重要的事情上，利益相关者会抽出时间与你会面，高层管理者会提供你所需的资源，为你寻找资金，并为你扫清道路上的障碍。这样做风险虽然更高，但障碍更少。或许，你将精力专注在目标上所收到的最大回报，就是工作会因此变得更加愉快。一般来说，如果你没有将精力花在上级的 3 大优先事项上，就等于没有把精力放在目标上。

让我们来看看乔希的转变。乔希是一家大型多园区教堂音乐团队的管理者。在我们的一次网络研讨会之后，他意识到，尽管自己工作认真，但他并没有被上级领导关注。现在他终于明白，为什么每周发给高级牧师的邮件得不到回复。他对邮件进行了修改，告知对方两个重点：一是他认为最重要的工作是什么；二是他如何围绕最重要的工作安排自己的优先事项。乔希表示："以前，寄出的电子邮件仿佛石沉大海。现在，第一次收到了邮件回复，得到鼓励和感谢。这对我来说是很宝贵的经验！"当高级牧师收到乔希对工作的安排，发现自己对教会的愿景得到了倾听和理解时，想象一下他的心中该有多么满足吧。

明星员工工作技巧

你有没有把精力专注在目标上？

瞄准目标的信号

他人能为你腾出时间。大家会向你同步时间表，你计划召开的会议很快就能排上日程。

可用的资金充足。资金通常会流向最重要的工作。

工作变得更加轻松。工作获得的支持越来越多，进展也会更快、更高效。

压力增加。由于工作的重要性增强，你会感到肩上的负担更重，压力也有所增加。

受关注度更高。当你把目光聚焦在重要的事情上时，所有人的目光都会聚焦在你身上。

偏离目标的信号

他人没有时间协助你。你计划召开的会议很难被排上他人的日程。因为人们没有时间和你见面，你只能焦急地等待。与上级一对一的谈话经常会被取消。

没有回应。你发出的邮件收不到回复。

没有反馈。请别人审阅你的文件时，得到的反馈很少，或者只换来"看着不错"之类的搪塞之语。

搁置和延迟。你的计划先是被搁置，然后被取消，抑或进展太慢，工作还没完成，组织的需求就变了。

不在上级的关注名单上。上级对你的工作不闻不问。

习惯 3：带着激情上阵

明星员工会带着使命感和信念工作，但他们服务的目标是满足组织的需求，而不是满足个人的兴趣。管理者很少评价明星员工对某个领域激情满满（比如"他对人工智能充满热情"），而往往评价他们对工作本身充满热情（比如"他热衷于解决问题"）。明星员工总是对工作干劲十足，但并不是只专注在个人爱好上。让我们来看一看，这样的态度如何帮助迈克·莫恩（Mike Maughan）打开格局。

2002 年，瑞安·史密斯（Ryan Smith）接到一个电话，得知父亲患了喉癌。当时的瑞安还是一名大学生，在加州的惠普公司实习，父亲斯科特·史密斯（Scott Smith）是犹他州的一名大学教授。瑞安辞去了实习工作，辍学回家照顾父亲。他们需要找个合适的父子项目来打发两人共处的时间，但两人没有选择一起改装汽车，而是开了一家软件公司。在老史密斯化疗的间歇，父子俩一起开发了一款支持在线研究的软件。老史密斯的身体一天天好转，两人决定要帮助其他人过上更美好的生活：只要公司能赚到一分钱，他们就要将战胜癌症奉为自己的事业。这个父子项目后来发展成为问卷调查平台Qualtrics，这家企业体验管理公司于2019年被思爱普以80亿美元收购，并于2021年独立上市。

莫恩于2013年加入这家公司，担任产品营销经理。2016年，他晋升为品牌增长和全球传播主管。那时，Qualtrics与亨茨曼癌症研究所关系密切，每年向研究所捐赠数十万美元。在此期间，为渐冻症研究筹集资金的冰桶挑战席卷全美。莫恩心想：除了为癌症研究所捐款，Qualtrics还能做什么呢？这家公司能不能成为一种催化剂，让成千上万的人参与到抗癌这场战斗中来？他认为这是一个巨大的机遇，可以帮助Qualtrics将抗癌推向更大的舞台。

对于莫恩来说，癌症与他个人无关，也从来不是他想追求的事业。他毕业于哈佛大学肯尼迪政府学院，一直致力于研究撒哈拉以南非洲的发展方案。因此，全球发展才是他热衷的领域。但几年前，他在《哈佛商业评论》上读到一篇文章，文章指出，要想获得最大的快乐，不要追随自己的兴趣爱好，而是要去解决重大的问题。他意识到，抗癌是他可以做出更大贡献的领域。他表示："我可以在小范围内做自己想做的事，也可以协助引导一家组织做出真正重大的创举。我意识到，我的目标不是追随自己热爱的事，而是解决重大的问题。"于是，他选择了领导抗癌这项事业。

当时，这场战斗没有预算，也没有人手，但莫恩获得了公司创意团队和其他同事的帮助，设计出"5美元抗癌运动"，并获得了瑞恩·史密斯的支持。该运动鼓励大家通过电子渠道向癌症研究所捐赠5美元，捐赠人可以把患有癌症的亲人的名字写在自己的手掌上，并在社交媒体上分享一张照片，提醒5位朋友观看，并动员他们也这样做。这样一来，就又有5美元、5根手指和5个人加入抗癌运动中。该活动于2016年2月在X4体验管理峰会上发起，第一年就筹集了超过100万美元的资金。

一年后，犹他州美国职业篮球协会的一支球队爵士队找到Qualtrics，询问Qualtrics是否有兴趣赞助球员球衣上的徽章。莫恩又有了新的创意：与其在球衣上印"Qualtrics"，不如印上"5美元抗癌运动"。这个创意超出了美国职业篮球协会的想象，瑞安·史密斯更是大吃一惊。他知道Qualtrics正处于一个关键的转折点，公司需要提高品牌认知度来实现增长目标。这笔赞助金额不小，做决定并不容易。瑞安·史密斯对莫恩施压，多次问他："你真的确定吗？"莫恩知道，此举不仅能为癌症研究所筹集资金，而且对Qualtrics的品牌和业务发展都有好处。他也知道，"全心投入"的理念是公司的核心价值，对瑞安·史密斯个人也有着非凡的意义。面对瑞安·史密斯的施压，莫恩反问："你对癌症研究所真的是'全心投入'吗？"就这样，2017年2月13日，他和爵士队当时的老板盖尔·米勒（Gail Miller）共同宣布了合作关系和球衣赞助的消息。将球衣徽章赞助用来宣传公益事业而非公司，这在北美职业体育史上还是首例。这款新颖而励志的徽章，赢得的新闻曝光要超出其他球队的球衣14倍之多。

在过去的3年中，"5美元抗癌运动"已经筹集了超过2 500万美元。现在，这项运动与美国、欧洲、中东、亚洲和澳大利亚领先的癌症研究中心合作，为当下进行的一些最具开创性的癌症研究提供资助。

我问莫恩这份工作是否超出了他的工作范围，他先是放声大笑，但很快补充道："我从没有为工作设过界限，至少没有在脑海中设过。"然而，对于公司和管理者关注重点的理解，让莫恩得以判断自己该做什么。瑞安·史密斯说："'在重大事情发生时身临现场'难能可贵，但莫恩的过人之处是，不管他身处哪个岗位，都能处理好重大的问题。"没有人叮嘱莫恩要冒险承担社会责任，但这就是他的工作方式。正如他本人所说："我总是睁大眼睛，留心那些没有人让我去做，但组织需要完成的任务。"

莫恩本可以找到一条符合自己兴趣爱好的道路，但他没有这样做，而是全心全意地在能发挥最大作用的地方施展拳脚。他带着激情上阵，找到了更大的机会，发挥了更有分量的影响力。

　　想要找到目标，最好的方法是坚持长期向外探索，而不是陷入无休止的自我反思。管理学家汤姆·彼得斯（Tom Peters）说过："枯坐着苦思冥想，很难找到目标。目标往往是我们在不经意间偶遇的东西，至少对我而言是这样。"目标不是在实验室里调配出来的，而是怀着细心观察的态度投身工作后自然出现的副产品：抬起头来，注意周围发生的事情，并确定你能发挥最大作用的领域。只要你将关注点放在最重要的需求上，并坚定不移地为之努力，目标就会自然而然地出现。

　　明星员工明白，根据环境来确定工作方向，可以帮助他们建立声誉，扩大影响。另外，他们并非关注一切需求，而是在真正的需求和自身最扎实的能力之间寻找匹配点，我们将此称为一种天赋。调动最大优势服务于比自己感兴趣的事物更重要的事物时，往往会激发出更多智慧的火花，照亮所有人。问问自己，你是在为重要的事情服务，还是只盯着自己的本职工作？

　　在下一节，我们将探讨职业规划或专业兴趣如何阻碍我们充分发挥影响力。我们将探讨两个陷阱：第一个陷阱是囿于职责带来的负面影响；第二个陷阱是一味追随热爱所导致的目光短浅。

阻碍影响力发挥的 2 个陷阱

　　明星员工会充当问题解决者，在组织需要的地方提供服务；普通员工更像是囿于固定职位的人，守在管理者指定的地方提供服务。他们在自己的位置上发挥作用，表现优秀，严守自己的赛道。与明星员工一样，他们将自己视为伟大使命的一部分，但容易以狭隘的视角看待自己的角色，忽视他人的关注点，只看到影响自己的部分，并以此作为行动的出发点。Adobe 的一位经理这样评价一位普通员工："她是一位多产的实干家，但思路狭窄。"

管理者经常把普通员工描述为勤奋的人。他们会完成组织安排的工作，就像学生按照课程大纲学习，完成老师布置的家庭作业一样。他们带着责任感工作。他们认为工作与使命具有一致性，他们为了实现使命而努力。这种逻辑看似合理，甚至高尚，但问题就出在这里。接下来，看看阻碍我们发挥影响力的第一个陷阱：囿于职责。

囿于职责

我们常常在工作中致力于履行自己的职责，按规则办事，但是我们所遵循的可能是老旧的等级制度，即让员工受制于某个岗位或组织结构图上划定的某个职位。根据我的经验，在这种模式下工作的员工或许拥有使命感和自豪感，工作也做得可圈可点，但他们的失败之处在于把自己的职位或从事的工作视为价值的源泉。

在过分关注职位描述时，我们会被复杂的问题干扰。计划外的项目和职责范围外的工作成了影响效率的因素，我们总想规避这些因素。但对于高层管理者来说，这些实际上就是工作本身。想要在不断变化的游戏中保持竞争力，我们需要保持敏捷性和提高适应能力。有时，普通员工认为自己只是在完成本职工作，但在管理者的眼中，他们忽视了真正的问题，且没有敏锐地发现机遇。

拥有普通员工思维的人，或许会错过真正的目标并偏离轨道，更糟的是，有的人只顾埋头完成本职工作，自己却完全淡出了人们的视线。美国国家航空航天局的一位管理者这样评价一位工程师："他完成了自己的工作，履行了自己的承诺，但在他的工作之外还需要更多的工作才能满足飞行任务的要求。我只敢给他布置一些千篇一律的任务。"塔吉特百货公司的一位副总裁这样评价他手下一位头脑灵活的分析师："他会完成自己擅长的工作，能提取数据和制作报表，但没有调动创新思维考虑问题的能力，也不会处理塔吉特百货公司所关注的重点工作。这就好比一位射击员总在朝错误的目标射击。"

追随热爱

在处理棘手的问题时，囿于职责并不是唯一的陷阱。追随热爱是人们在发挥影响力时容易掉入的另一个陷阱。"做喜欢的事，你就不会觉得自己是在工作"，或者史蒂夫·乔布斯在斯坦福大学毕业典礼上的著名忠告："想要完成伟大的工作，唯一的途径就是热爱你做的事"，类似的箴言有谁没有听过呢？许多刚入职场的员工就是在这些箴言中成长起来的。[①] 追随自己的热爱可以作为毕业典礼上激动人心的演讲词，当然也是择业、选择公司或开创自己事业时的明智策略。而一旦进入了某个组织，追随热爱就可能弊大于利了。如果你的同事不赞同或不关心你的爱好，那该怎么办呢？例如，你的爱好可能是音乐，喜欢将音乐与工作结合。然而，纵情弹奏乐曲的你，实际上可能是个"音乐白痴"。虽然大多数管理者乐于帮助员工追求自己的爱好，但看到有人只挑有趣的工作去做、满腹热忱地追逐与主业无关的爱好，对组织的优先事项视而不见，他们的确会感到头疼。

这种对个人兴趣的追求，或许会让普通员工付出沉重的代价。让我们来看看安德鲁的例子。安德鲁毕业于一所顶尖大学，热衷于学习和实践领导力，他在一家领导力开发公司找到了第一份工作。安德鲁主修的是哲学专业，爱思考的他，如饥似渴地阅读了自己能够找到的关于公司课程的一切信息。他对每门课程的内容讲述得头头是道，等到打销售电话的时候却一筹莫展。他的经理跟他谈话，重新解释了他的工作职责，并警告他：招不满课程学员，就卷铺盖回家。他虽然热衷于学习领导力的相关知识，但为了保住工作，也要对销售充满热情，或至少要有足够的兴趣。想给自己的职业开个好头的他，拿出了一叠便利贴，在几十张便利贴上写下了"D.G.F."，并将其贴满他的小隔间。安德鲁没有告诉任何同事这 3 个字母的用意，只有他自己知道，"D.G.F."的意思是："别被炒鱿鱼！"（Don't Get Fired!）他每天都会打 100 个销售电话，成了团队里最

---

① 在千禧一代的应聘者中，有 44% 的人表示，在选择工作时，从事自己热爱的工作是最重要的，超过了 42% 的人所选的与金钱有关。

优秀的销售人员。他学会了热爱组织需要的工作，而不仅仅做自己热爱的工作。很幸运，他没有被解雇。不仅如此，傲人的销售业绩还为他赢得了一次晋升机会，让他得到了一个更契合自己兴趣的职位，在领导力开发领域展开了一段充实的职业生涯。但安德鲁真正的幸运，是在职业生涯早期便遇到了一位好经理，他帮助安德鲁认识到，如果在工作中一味追随热爱，会走进死胡同。

以上两个陷阱创造了一种价值幻觉，这就如一种视错觉，让观察者一味关注图像本身，却忽视了负空间[①]。同理，有些人也会过分执着于履行自己的职责或追随热爱，而错过了在组织空白地带和工作间隙创造更有价值的贡献。我们被勤奋蒙蔽了双眼，却不明白自己为何会错失良机或者拿不到重点项目。

然而，如图 1-2 所示，明星员工在工作中采取了一种截然不同的策略，产生了一种连锁反应，为上级、组织和自己构建了价值。

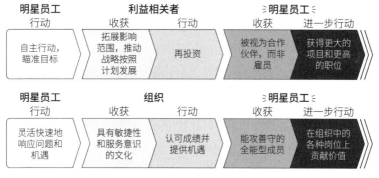

图 1-2 价值的构建：超越职责，关注需求

明星员工会寻找组织需求，并在自己最能发挥作用的领域施展拳脚，因此会被利益相关者视为合作伙伴，并成为整个组织中的全能型成员，这也是他们能够得到更大机会的原因。即使不向教练请求"让我上场吧"，他们仍

———————
① 在平面设计中，负空间是物体周围的空白空间，与正空间相对。——编者注

能成为比赛中的首发队员，尤其是在危急时刻。

让我讲回自己在甲骨文公司的经历。在接受鲍勃·谢弗的建议大约 10 年后，我已是甲骨文公司负责人力资源开发的全球主管，领导公司的各项战略计划。这是一份激动人心的工作，我能得到这一职位，靠的是面对棘手的问题的勇气和与高层管理者之间的愉快合作。

一天下午，人力资源部的同事简来到我的办公室，说她需要我的帮忙，希望争取到高层管理者对她所领导的一个项目的支持。她问能不能找个时间请我吃午饭，越快越好。我接受了她的邀请。

在我们共进午餐的那天，简向我解释了她为公司制定的招聘目标，并告诉我，她需要高层管理者把这些目标作为自己和公司的优先事项。简而言之，她想把这些目标提上行动议程。然后，她问我该怎么办。

我听完后，想了一会儿，然后坦言："我觉得我可能帮不上什么忙，说实话，我不知道该怎么做。"简被搞糊涂了，她说："你当然知道。你是这方面的高手。你和高层管理者很熟，他们也愿意听你的建议。"我解释道："实际上，我从来没有把对自己重要的事情放在他们的行动议程中。我所做的，是找出他们的重点，然后列入我的行动议程之中。通过实现他们的目标，我的工作才得到了重视。"我进一步解释："如果说我看来像是那个制定行动议程的人，只是因为我养成了习惯，会在利益相关者重视的事情上投入精力。随着时间的推移，我不但积累了自己的影响力，也换来了协助制定公司行动议程的权力。"

这虽然不是简想听到的话，但如果想要提升自己工作的受关注度和影响力，她就必须具备这种洞察力。我们讨论了高层管理者重视的优先事项和问题，并在午餐结束后一起进行头脑风暴，讨论她应该怎样解决高层管理者的难题。

有那么几次，我自己也偏离了这一策略。有的时候，我没有注意到目标已经改变；有的时候，我因沉迷于自己的兴趣爱好而迷失了方向。但是，只要致力于公司的重要事项，并让自己派上用场，我总能发挥出最大的影响力，也总能享受工作中的乐趣。

如果你想让自己的工作有分量，那就弄清楚目标，然后着手去做。放下自己的目标，你或许就会受到另一个目标的召唤。如此一来，你便可以创造出更大的价值，找到更多的快乐。

明星员工自我修炼 **IMPACT PLAYERS** ◆

本专栏是为所有想要增加影响力、让自己派上用场的读者设计的。内容包含有助于培养明星员工习惯的"锦囊妙计"，还包含帮助读者在不影响效率、声誉或人际关系的前提下尝试新方法的"安全提示"。

锦囊妙计

1. **寻找双重制胜事项**。想要快速找到目标，就请寻找双重制胜事项，即对组织和管理者（或利益相关者）都很重要的事情。

2. **投入双重制胜事项**。一旦确立了双重制胜事项，你就应寻找一个机会，在个人能力与该事项交叉的领域做出贡献。你应该找出一个与利益相关者有关的制胜事项，最大限度地提高你的影响力。

3. **阐明目标**。把利益相关者的目标和你现在正在做的工作联系起来。让他们知道，你可以实现这些目标。起草一份简短的声明，说明你的工作如何帮助他们实现目标中的优先事项。例如，"我明白，提高客户留存率是我们的首要任务，我正在编写对客户类型的概述，方便大家更好地了解客户的需求。"一份有效的声明能够传达两个信息：一是"我懂你"，也就是"我知道你重视什么"；二是"我已经帮你搞定了"，也就是"我正在处理这件事"。用这样的声明作为你们互动的开头，在电子邮件、演示文稿和一对一的会谈中，让你的利益相关者知道，他们重视的事情也是你重视的事情（见图 1-3）。

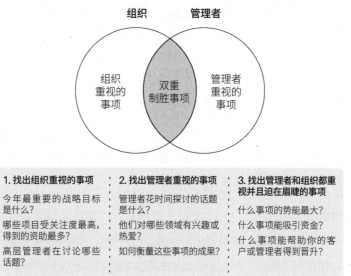

1. 找出组织重视的事项

今年最重要的战略目标是什么？

哪些项目受关注度最高，得到的资助最多？

高层管理者在讨论哪些话题？

2. 找出管理者重视的事项

管理者花时间探讨的话题是什么？

他们对哪些领域有兴趣或热爱？

如何衡量这些事项的成果？

3. 找出管理者和组织都重视并且迫在眉睫的事项

什么事项的势能最大？

什么事项能吸引资金？

什么事项能帮助你的客户或管理者得到晋升？

选择前 3 项 ⟶ 选择前 3 项 ⟶ 双重制胜事项

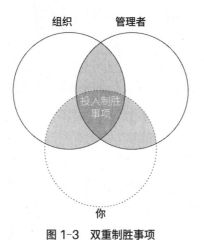

图 1-3 双重制胜事项

在利益相关者的前 3 大优先事项之中，哪项是你能够做出实质贡献的？你的工作如何有助于解决这个问题或达成这个目标？

4. **接受未知**。想要处理棘手的问题，通常需要你走出舒适区，超越当前的能力。资历不足会让人心里没底、不知所措，很容易拒绝新的不确定性，一味固守自己的职责。试着抱着"接受未知"的心态，在大脑开始干预、告诉你"不可能"之前接受新的挑战，或者像理查德·布兰森（Richard Branson）[①] 所说："如果有人给了你一个绝佳的机会，但你不确定自己能不能做到，那就先答应下来，然后再去摸清门道！"之后，大方地承认你不懂的地方，提出明智而有见地的问题，快速学习。树立起"智慧学习者"的形象，在对具体情境不甚了解的情况下也要对自己信心十足。这能让利益相关者明白，你虽然处于新手期，但具备快速学习的能力。

安全提示

1. **获取许可证**。冒险外出解决棘手的问题时，不要离开大家的视线。如果出了差错，你应该让大家知道你在哪里以及为什么离开岗位。在独自进入危险的偏僻地区之前，徒步旅行者会在相关部门登记，并指明自己的目的地。同样，你也应该获取一张许可证。你应该与你的管理者就以下问题达成共识：（1）你要到达的目的地和行动背后的原因；（2）在自己的本职核心工作中，你必须保证将哪些部分一如既往高质量地完成。

2. **保持联系，留下标记**。管理者的目标，有可能像天气一样多变。在涉足正式组织结构之间的空白领域时，务必经常与你的团队和管理者联系。当你冒险外出时，偶尔留下一些标记，就像徒步旅行者使用卫星追踪器提醒他人自己的当前位置一样。不要只是更新你的工作成果，还要紧跟管理者优先事项的变化，与其目标保持一致。

3. **保持一定距离**。对管理者抱有同理心，与组织的优先事项保持一致，这些都是明智的做法。然而，这些做法也可能导致盲从，这会非常危险。忠实的信众对有违道德的命令不加质疑地听从，与罪犯产

[①] 英国传奇企业家，维珍集团创始人。——译者注

生共情的受害者犯下罪行，历史上，这样的事例俯拾即是。在服务管理者的同时，你要注意在心理上与他们保持一定距离，坚持独立思考，对指令中包含的有违智慧和伦理的内容提出质疑。除了智慧和伦理标准之外，你还可以问自己："如果我不再为这个人或组织工作，我会后悔这样做吗？"

从普通到卓越的进阶指南

IMPACT
PLAYERS

	普通员工	明星员工
		完成组织需要做的工作
行为 ➡	只完成分内工作	服务他人，解决问题（服务意识） 自主行动，做出决定（能动性）
意识 ➡	完成某项特定的工作（职责）	把控事件结果的是我自己，而不是外部力量（自控内核）
习惯 ➡	狭隘地看待问题 固守自己的职责	深谙游戏规则 在组织需要的地方发挥作用 带着激情上阵
影响 ➡	个人会被排挤在重要工作之外 组织无法解决潜伏在部门或职位之间空白地带的棘手的问题	个人建立起能攻善守的全能型成员的声誉，适应力强，可以胜任各种各样的角色 提高组织的响应灵敏度，创造具有敏捷性和服务意识的文化

需要避免的陷阱： ➡　（1）囿于职责
　　　　　　　　　　　　（2）追随热爱

IMPACT PLAYERS

How to Take the Lead, Play Bigger, and Multiply Your Impact

第 2 章

挺身而出，适时后退

管理者眼中的普通员工	VS	管理者眼中的明星员工
他会努力工作，但如果我不督促，他的工作就可能做不完。		他经常会提醒我截止日期，而不需要我去提醒他。
遇到争论或挑战，他就没法推动工作。问题最终会汇总到我这里，我必须介入，从而最终解决问题。		他能在问题发酵之前发现并处理。他能自行解决问题，而不依赖任何人。
他希望事情进展顺利，在遇到困难时却萎靡不振。		遇到障碍时，他会想办法绕过去，然后继续前进，而不是灰心丧气，放慢脚步。
他在会议上的发言很到位，在执行方面却跟不上。		即使得不到赞扬，他也会对事情负责到底。

我总在想，为什么没有人能站出来做些什么。后来我意识到，我也是众人中的一分子。

——莉莉·汤姆林（Lily Tomlin）[1]

贝尔法斯特人民用"问题"二字来指代北爱尔兰冲突[2]。几个世纪的政治紧张局势随着这场长达30载的暴力斗争变得更加紧张，冲突中的一方是忠于英国的新教联盟者，另一方则是主张脱离英国、建立统一爱尔兰的天主教民族主义者。在这场冲突中，军事部队和国家安全部队展开低级别的街头战争，而平民则被卷入交火之中。20世纪60年代末的游行和示威引出了20世纪70年代初的骚乱和袭击；暴力冲突于1972年达到顶峰，1972年1月30日的"血腥星期日"事件引发了大约1 300起爆炸事件，造成近500人死亡，其中许多是平民。时间来到20世纪70年代末，和平仍然遥遥无期，双方陷入了对冲突的倦怠之中。

与许多贝尔法斯特的居民一样，贝蒂·威廉姆斯（Betty Williams）也在

---

① 美国演员、喜剧演员、作家、歌手和制作人。——译者注
② 发生在北爱尔兰的一场种族和民族主义冲突，从20世纪60年代末持续到1998年。1998年，英国和爱尔兰政府签订和平协议，标志着这场冲突的结束。——译者注

冲突中失去了自己的亲人，当时的她33岁，是两个孩子的母亲。由新教徒父亲和天主教徒母亲养大的她，从小就有很强的包容性，几年前还参加过由一位新教牧师领导的反暴力运动。她在家里经常会聊到冲突这个话题，尤其是和其他女性在一起时，但她不敢在公共场合发表意见。虽然对局势深感担忧，但在这场冲突中，她只是一个旁观者。

这一切在1976年8月10日发生了变化。那一天，威廉姆斯被迫投身为和平而战的公共事业中。那天，从事办公室接待员工作的她下班后开车回家，在家的拐角处看到了一辆横冲直撞的汽车。司机是爱尔兰临时共和军的一名成员，在运送武器的途中被一名英国士兵开枪打死。这辆无人驾驶的超速行驶的汽车冲上人行道，把3个孩子卷在车下，他们的母亲也被撞伤了。惊慌失措的威廉姆斯停下车去帮忙。其中，一个8岁的女孩和一个男婴当场死亡。第二天，另一个2岁的孩子因伤势过重在医院死亡。在车祸中受到重伤的母亲也没能得救，最终离开了人世。

这虽然不是这场冲突中唯一一起悲惨的遇害事件，但仍然让威廉姆斯义愤填膺。忍无可忍的她，选择站出来发声。她立即在新教社区分发请愿书，呼吁结束宗派暴力。然后，她组织了200多名女性，在惨遭杀害的儿童所在的社区游行。在那里，她遇到了孩子们的姨妈梅雷亚德·科里根（Mairéad Corrigan）。两人联合起来，几天内就收集了6 000个签名，并领导了大约1万名女性天主教徒和新教徒到3个孩子的坟墓前游行。游行队伍遇到了阻力，但正如威廉姆斯所说："我们径直穿过了所有的石头和瓶子，赢得了一场重大的胜利。"那次游行，以及接下来在贝尔法斯特举行的2万人游行，引起了媒体的广泛关注。两位女士成立了"妇女和平组织"，这是一个致力于和平解决北爱尔兰冲突的平民组织。后来，贝尔法斯特记者夏兰·麦基翁（Ciaran McKeown）加入该组织的领导层，并将组织更名为"和平人民"。在该组织领导的游行运动的影响下，随后几年暴力事件的发生大大减少。

一年后，仍在做办公室接待员的威廉姆斯和科里根被授予1976年诺贝尔和平奖。《纽约时报》报道："在 4 个星期内，这两名贝尔法斯特的妇女将自己的生命推向危险的边缘，却给这个阴郁的地方带来了多年未见的希望。"

威廉姆斯辞去了"和平人民"组织的领导职位，把该职位交给了科里根，但她仍在继续她为之终生奋斗的事业，为维护和平和保护儿童而战。这场暴力冲突又持续了 20 年，以 1998 年的《贝尔法斯特协议》（*Good Friday Agreement*）收尾。

威廉姆斯是一个普通公民，一个上班族、妻子和母亲。她无法仅凭一己之力结束这场暴力冲突，但她可以使情况有所改善，也愿意为此尝试。她没有等待邀请或任命，而是挺身而出，扛起了责任。

想到更好的做事方法时，你会选择向前迈进，还是继续做一个旁观者？那些具有巨大影响力的人会挺身而出，扛起领导的旗帜。

明星员工不仅仅是忠诚的追随者，也是时刻准备着的领导者。他们具有强大的适应力，愿意站出来领导众人，但也可以退一步跟随他人。他们灵活的领导方式，有助于强化组织文化中的能动性。上一章内容讲的是走出舒适圈，而这一章则讲的是掌握领导力。

我们将会一起探索如何开始改变，挣脱现实中无所不在的限制。我们将讨论如何增加你的感染力和影响力。我们将一起学习如何在未担任领导职位时像领导者一样工作，如何将领导权让渡给其他人，以及如何在工作会议中有一席之位。我们将学习如何识别领导力的真空地带，并在未来不甚明朗时提供有价值的领导力。有的情况需要的是主动的志愿者和临时的职位看护人，而不是消极的旁观者或永久的职位占有人，本章内容会让你学会如何应对这些情况。

顺其自然，还是主动担责

在上一章中，我们探讨了明星员工如何处理重大而棘手的问题。这与杂货店中大声地广播"八号通道需要清理！"这些问题一样重要且显而易见。除此之外，还有一类更让人抓狂的问题，我称之为"背景问题"。这是并不紧迫的低级别问题。现状虽然不算理想，但往往还可以容忍，没有糟糕到需要整改的地步，比如那些人人都在抱怨的、不流畅的业务流程。在这些长期存在的问题中，有些是干扰生产力，却出于某种原因无人解决的制度问题，致使美国每年经济损失超过 3 万亿美元，生产力下降 25%。

大多数人已学会了与背景问题共存，但长期对这类问题放任不管，会对业绩造成影响。这类问题很容易被人忽视，因此具有巨大的破坏性。比如，你虽然知道某个漏水的水龙头会造成水资源浪费，但因为这类问题频繁出现，所以也就视而不见；抑或你明知道有一扇门"吱呀"作响，但由于它造成的麻烦很小，因此充耳不闻。这类问题在组织中会逐渐转化成作为背景的"白噪声"。如果不加以关注，人们就会将之视为不可避免或难以处理的问题，使其最终成为组织的一部分。这类问题包括社群中低层级的组织骚乱，或客服请求响应时间较慢这样的琐事。

直到有人注意到背景问题的存在，并认为组织可以，也应该做得更好，这类问题才可能得到解决。

即使所有人都同意采取措施，大家往往也很难确定该从哪里下手。当每个人都意识到问题却无人负责时，领导力的真空地带就会出现，这是一个缺乏指示或控制的空间，能将时间和生产力吞噬殆尽。背景问题的解决方案往往牵涉众多员工，有的人一想到要将人力组织起来，便会像校园舞会上十一二岁的孩子一样不知所措。必须得有人站出来推动事情发展，但这个人是谁呢？如果在组织中往高处寻找，你很可能找到一个可以统领大局的管理者，但并非所有事情都需要管理者出马。

想要解决背景问题，需要各级管理者的协助。然而，如果你未经任命就挑起大梁是有后果的。站出来领头时，你可能会冒犯别人的权益。在别人看来，你善意的倡议可能是一场邪恶的掠夺。另外，如果你倡导变革，也可能引起别人不满。当你意识到采取行动的必要性，就产生了一个二选一的局面：你到底该满足于现状，还是该改善现状？你是该听之任之，还是挺身而出挑起大梁？

IMPACT PLAYERS
明星员工工作技巧

背景问题的特征

如何识别侵蚀组织生产力的背景问题：

1. 无人认领。背景问题就像流浪狗，人人都知道它的存在，但没人知道它的主人是谁。

2. 随口抱怨。人们喜欢发牢骚，但并不真正着手解决背景问题。

3. 可以使用小伎俩和权宜之计规避。规避背景问题比解决它更容易。

4. 解决方法没有正式记录。可以解决背景问题的权宜之计虽然会得到传播，但不会被记录在任何培训手册中。

5. 具有隐性成本。在将所有权宜之计的成本累加之前，背景问题的代价看起来并不高昂。

6. 只被部分人看见。背景问题能被受其影响最大的人感知到，但有能力解决问题的人看不见。

管理者向我们描述了普通员工处理背景问题的方式，我们从中发现，遇

到绩效差距[①]和领导力真空[②]的情况时,人们非常容易陷入等待指示的陷阱之中。例如:

> 他不会主动寻找问题,只解决交给他的问题。
>
> 他的工作完成得不错,但当我问他有什么建议或想法时,却发现他没有调动创造性思维,也没有想办法寻找可以改进的地方。他没有表现出主动性。
>
> 他会去做我想做的事,而不是他认为组织应该做的事。他告诉我们的供应商:"我的上级想要这些。"就好像他在执行我的意愿一样。

当职能不明确时,普通员工会向管理者寻求指示。他们是管理者忠诚的追随者和支持者,能够执行管理者的指示并与同事合作。从一定程度来说,他们的确会让管理者感到安心,但他们不会引领浪潮,也不会为组织带来必要的改变。发现问题时,他们的确会担心,但如果没有管理者的明确指示,他们不会采取行动。

相比之下,明星员工则会在管理者缺位的情况下挑起大梁。发现改进的机会时,他们不会等到许可后再采取行动。在管理者提出要求之前,他们就主动站出来,自愿扛起领导职责。他们是现状的颠覆者,选择主动领导,而不是听之任之。他们提供了更高的价值:不仅执行管理者的指示,还可以团结其他人。

在寻找从中层崛起的协作式管理者时,我们在美国零售巨头塔吉特百货公司找到了许多实例。2015 年,塔吉特百货公司开始了一场大规模转型,

---

① 现实和理想的绩效之间的差别。——译者注

② 指在某个组织、团体、区域或特定情境中,缺乏有力的、有效的领导力量或领导角色缺失的状态。——编者注

目标是为所有渠道的顾客创造无缝购物体验，无论顾客来自实体店还是网店。为了成功转型，针对公司经营方式的彻底改革迫在眉睫。为此，塔吉特百货公司在各部门建立了转型团队。时至 2019 年，塔吉特百货公司的股价上涨了 75%。在《快公司》（Fast Company）杂志评选的"全球最具创新性的 50 家公司"年度榜单中，塔吉特百货公司排名第十一位。稍后，我们将深入探讨我在塔吉特百货公司亲眼见到的协作式管理者风格。我们先来看看保罗·福吉（Paul Forgey）的例子，他曾是一名军事情报官员，后来成为塔吉特百货公司的供应链主管。

福吉是供应链部门业务转型团队的管理者，也是负责逆向物流业务的高级总监。逆向物流业务是塔吉特百货公司将产品运出公司的业务，例如交还给供应商、转给清算人或回收商。福吉是一位在塔吉特百货公司工作了 19 年的老员工，在公司的运营和物流岗位工作过。另外，他还曾是一名美国陆军老兵，毕业于美国西点军校，担任过军事情报官员。他关注运营细节，致力于把事情做得更好，也很热衷于竞争。福吉的上级是全球供应链与物流副总裁艾琳·夸希（Irene Quarshie），在她眼中，福吉是一个很有影响力的人，她表示："他从不坐等别人许可，而是积极采取行动，知道如何在组织中找准方向。"

福吉和他的团队接到了一项任务，需要审查顾客退换货流程，寻找和记录问题，并提出解决方案。善于关注细节的他带领团队，为顾客找出了一些包括退换货用时在内的痛点。在实体店退货很便捷，但通过电子邮件在网上退换货的流程既笨拙又耗时，顾客有时需要等待 5 天才能拿到退款。更糟的是，退换货流程中的职责被划分给了 5 个不同的职能小组，分别为供应链、门店运营、数字产品、数字运营和顾客服务小组。针对每个小组的具体职责，福吉的团队总结了现存的问题，并提出了相应的解决方案。

福吉的团队并不负责具体解决问题，本可以提交完报告就结束工作，但他觉得自己有义务多做些什么。改进退换货流程并不容易，他需要让 5 个独立的小组达成一致，共同努力找到解决方案。让情况更加复杂的是，每个小组都已启动了研究解决方案的工作，要让他们放弃目前的工作成果，转而采用集体统一的方式重新去研究，需要费一些功夫。况且，福吉并没有得到正式的授权。

福吉决定召集 5 个小组的 15 名经理进行会谈。光是统一这些人的日程，他就花了一个月时间。在位于明尼阿波利斯市中心的一座塔吉特百货公司的办公大楼里，这批临时召集的工作人员齐聚一堂，福吉用一种许多创新公司都在使用的构想训练拉开了会议的帷幕。他给大家分发了一份模拟新闻稿，要求大家阅读稿件。新闻稿的开头写道："今天，塔吉特百货公司宣布对顾客退换货流程进行全面改革，致力于提供简单、灵活的互动体验，让顾客自主选择退换货的方式、地点和时间。"这份新闻稿详细描述了问题所在，并概述了革命性的全新解决方案，为实体店与线上店的顾客提供了更多的选择和简单的退换货流程。在新闻稿的末尾，福吉引用了满意的顾客和自豪的高层管理者的感言。

在当时，这篇新闻稿的内容只是虚构的，但其中的愿景大胆诱人，引起了与会者的关注。同时，新闻稿也揭示了塔吉特百货公司当前的种种问题。起初，大家有些犹豫，一些与会者不确定为什么要由供应链部门主导这项工作。一位与会者问道："为什么供应链部门要关心这件事？"福吉明白，顾客体验并不属于供应链员工的职权范围，但还是平静地回答："为什么我们不能关注？我为塔吉特百货公司工作，你也为塔吉特百货公司工作，这个问题又恰好是顾客的痛点。"讨论继续进行，大家达成了共同合作的协议，组成了一支跨职能的主管团队，全面界定问题，并提出综合解决方案。

大家齐心协力，在两个月后提出了解决方案。不到 6 个月的时间，在下一个零售旺季之前，福吉的团队整理出一个技术解决方案，将退款处理时间从 10 天缩短到 1 天。现在，98.5% 的选择邮寄退货的顾客可以在 24 小时内得到返还现金，对于 5 个小组和跨职能团队的每个人来说，这都是一个胜利。福吉和团队成员虽感自豪，但仍不满意，他们继续努力，力争将比例提升到99.5%。此时，虚构新闻稿中的内容已经不再只是幻想出来的愿景，因为现实中的顾客会表示"整个过程不到1分钟，这绝对是我迄今为止最好的退货体验"，或者"我本来很害怕邮寄退货，但塔吉特百货公司让退货流程变得如此轻松简单，简直令人难以置信"。塔吉特百货公司首席运营官约翰·马利根（John Mulligan）在接下来的财报电话会议上特别宣布了这一新方案，并告诉华尔街的分析师，顾客的满意度与上一年相比有了显著提高。

福吉总结道："遇到职能不明确的情况，你可以做出选择。我选择担负起领导的职责。"对于一个毕业于西点军校的人来说，这样的选择当然不奇怪。但福吉并不只是独挑大梁、用最洪亮的声音领导大家，而是召集合适的人员，协调大家的呼声，打造出更多的"英雄"。

即使不在领导的位置上，明星员工也会站出来，带着能动性和责任感打头阵。他们以合作的方式领导，让其他成员愿意加入团队中来贡献力量。

无须成为领导者也能统领全局

管理者喜欢进行有效的交接，把任务交给能够推进并完成工作的员工。Splunk公司的首席战略官阿马尔·马拉卡（Ammar Maraqa）这样描述一位明星员工："我随时随地都能放心地把球盲传给他。我知道他不仅能接得住球、带球跑，还能为球队得分。"被信任的持球球员不仅能找准位置，而且知道下一步该怎么做，即如何继续前进和发起进攻。这些人是懂得主动出击的专业人士，不需要别人要求就能挺身而出完成任务。然后，马拉卡又介绍了另一名员工，这名员工的操作能力很强，但在采取行动前会等待别人提出要求："他不能独立工作，所以我不能指望他接住球并带球跑。"

一个人需要手把手指导，而另一个人已经做好了接班的准备，试问管理者会选择谁？万众瞩目的任务会被交到谁的手中？管理者通常不会选择那些等着被告知该做什么的人（见表 2-1）。从许多方面来说，管理者不仅会将最重要的工作分配给最有能力的人，也会分配给最乐意接受的人。就像在教室里，被老师点名的通常是积极举手的学生。

表 2-1　面对职能不明确时折损声誉和积累声誉的因素

因素	具体做法
折损声誉的因素	等待上级安排工作
积累声誉的因素	无须要求就主动做事 自己发现问题 为上级和团队增光

乔娅·刘易斯（Joya Lewis）在印第安纳州蒙夕一个条件艰苦的社区长大，家庭贫困，资源匮乏。在还是个小女孩的时候，她就自己做早餐，自己收拾东西上学，自己做作业。15 岁的时候，她找到了第一份工作，在一家卖三明治的商店洗盘子。这是一份艰苦的工作，她必须勤快利落。偶尔不忙的时候，她发现有些同事忙不过来，于是便开始清理桌子和地板，直到需要洗的盘子再次堆积起来。经理注意到她的积极主动，于是给她加薪。又惊又喜的她表示："帮助别人是我该做的事情。"15 岁的她就已经明白了一个重要的人生道理：承担更多的责任，就能赚更多的钱。

刘易斯想要更好的生活，所以一直自愿做艰苦的工作，担负起组织交给她的责任。大学期间，她身兼数职，但仍然主动承担别人不愿意承担的额外轮班工作。在塔吉特百货公司做隔夜存货工作时，遇到夜间货物不多的情况，她的同事会松一口气，说："这是一辆小型卡车，今晚的工作应该很轻松。"而刘易斯会把卡车上的货物卸下来，然后主动请缨承担更多的工作。她的主动为她带来了升职的机会，她很快养成了一种"如果我主动举手，就会得到奖励"的心态。

刘易斯现在仍在塔吉特百货公司工作，目前是密苏里州圣路易斯市一家高营收门店的店长。现在的她虽然有了经济上的保障，但仍在从事艰苦的工作，并利用自己的感召力回馈社区。

明星员工具有一种主人翁精神。为了自己和他人的利益，他们会发自内心地渴望把事情做得更好。另外，他们也愿意主动承担起促进事情发展的责任。他们与贝蒂·威廉姆斯和保罗·福吉属于一类人，致力于将自己所处的环境打造得更加美好，不必等待上级指示也能主动采取行动。许多人想要改变，但明星员工的与众不同之处在于，他们相信自己可以靠个人力量引发变革。他们相信自己具有改善现状的能力。我们再次看到了他们身上强烈的能动性和自控内核可以成为变革的驱动力。这种人会纠正他们眼中的错误、改变现状并主动解决问题，而不是被动地接受环境，他们具备心理学家所说的"能动性人格"。用史蒂芬·柯维（Stephen Covey）①的话来说，明星员工是自身决策的产物，而不是所处环境的产物。

明星员工不只相信事情能够或应该变得更好，而是采取行动，确保事情往好的方向发展。他们指挥团队，领导他人，还能激发集体的一致行动。托尼·罗宾斯（Tony Robbins）②曾直言不讳地说："任何白痴都能指出问题……但明星员工愿意为解决问题做点什么！"从我们对管理者的采访中可以明显看出，明星员工认为自己有能力领导他人、产生影响并为更伟大的目标做出贡献。我们的问卷调查也证实了这些结论。具体来说，96%的明星员工往往不等待指示就担负起责任，而普通员工中能这样做的人比例仅为20%。91%的明星员工往往被视为优秀的领导者；相比之下，仅有14%的普通员工被视为优秀的领导者。

---

① 美国著名管理学大师，代表作有《高效能人士的七个习惯》（*The Seven Habits of Highly Effective People*）等。——译者注

② 美国著名作家、励志演讲家和慈善家。——译者注

明星员工无须经过正式授权，也能负起责任。当其他人仍在固守等级森严、被动接受命令的领导方式时，明星员工却主动实践着按需应变的领导方式。等待接受上级委任的领导者，往往在完成工作后不愿放弃控制权；而主动按需应变的领导者会在形势的召唤下挺身而出。他们虽然拥有主动权，但思维和行动更像是职位的临时看护人，而不是永久的占有者。他们愿意带头，但不会在问题解决后还紧握着权力不放。

为了了解明星员工对同事的作用和影响，我们可以用足球中的组织核心球员[①]作为范例。通过重要的传球，组织核心球员可以为自己和队友创造得分取胜的条件。他们能够控制球队进攻的节奏，用判断力、创造力和控球能力协调关键的传球动作。在赛场上，这些不可或缺的运动员可以在不同的位置上发挥作用。成绩斐然的巴西射手玛塔·维埃拉·达·席尔瓦（Marta Vieira da Silva）是前锋进攻位，以出脚迅速和与队友的高效配合闻名。中场边锋大卫·贝克汉姆（David Beckham）在发现队友冲刺抢球时，会用标志性的弧线以致命长传的方式将球踢出。像席尔瓦和贝克汉姆一样，组织核心球员往往会担任球队队长。但无论身处哪个位置，他们都能发动进攻，看他们踢球让人心潮澎湃，和他们一起踢球则让人乐在其中。

无论是在球场还是职场，作为组织核心人员的明星员工都能在突发情况下果断领导团队。一发现扭转局势的机会，他们便会摩拳擦掌，在自己能够大展身手的信念驱使下掌控全场，进行关键性进攻。

在这一套价值观的驱使下，明星员工会主动承担起责任。明星员工思维是一条通往领导力提升的渠道，因为从本质而言，领导力体现的不就是人们改善现状的愿望和为此付出行动的意愿吗？

---

① 足球术语，指球员风格，而不是固定的岗位。这样风格的球员乐于发起进攻，或是为本队组织进攻流程。

3 个习惯，应对职能不明确

在我们的研究中，遇到领导职能不明确的情况，明星员工会主动站出来。像贝蒂·威廉姆斯这样的人，一旦发现了某种需求，便会受到激励而采取行动，在环境的驱使下，他们会自愿承担起领导责任。而有些人需要管理者先发现领导力的真空地带，明确表示相信他们有能力和意愿去填补，然后才被动采取行动。还有一些人处于二者之间：先让管理者指出问题所在，然后在管理者提出要求之前主动承担起领导责任。明星员工则会选择先挺身而出，主动扛起领导责任，带领其他人一起前进，然后在适当的时机功成身退。

如果同事知道你只是临时承担领导职责，更有可能支持你的工作。你要让他们知道，一旦工作完成，你会适时后退，并且愿意在他们领导时跟随其后。

习惯 1：站出来

乔娅·刘易斯就是这样做的。那是她在塔吉特百货公司工作的第七年，当时她是人力资源业务合伙人，负责圣路易斯市 13 家门店。圣路易斯市一家高客流量门店因为店长被调走，暂时没有店长，店员为了保持货架上货物的充足而手忙脚乱。每天晚上都有货物到店，但店员来不及开箱把货物放在货架上。也就是说，到店的顾客面对的是空空如也的货架，货物却堆放在门店后面的仓库里。不难理解，当时担任塔吉特百货公司的区域经理贾马尔·爱德华兹对这种状况忧心忡忡。

刘易斯经常与爱德华兹联系，因此了解具体情况。她知道，把货物从卡车上运到货架上是保证门店正常营业的基础，门店需要找到一种方法，确保每天晚上都能把卡车上的货物卸完。她与部门经理建立了紧密的关系，赢得了他们的信任。爱德华兹从未要求刘易斯介入，但刘易斯明白，这个问题必须得到解决，所以她主动提出帮忙。

第二天，刘易斯早早到店，把部门经理召集起来，解释道："这家门店的运营存在问题。我们现在处境艰难，得想办法解决问题。这不仅关系到门店，也事关销售的生死。"她要求店员跳出自己的职责范围，把这家门店作为一个整体看待。她说："我们需要把卡车里的货物卸完放到货架上，这需要大家帮忙，让一切重回正轨。"她把管理者分成几个小组，给他们分配了新的工作。发现没有足够人手完成每晚的卡车卸货工作后，她便从附近门店找来店员和管理者帮忙。她每天都会来门店，与店员会面，回顾工作进展，晚上再回家处理她的本职工作。

不到两周的时间，积压的货物就被清理干净，卡车运来的货物被转移到货架上，顾客又能从琳琅满目的货架上选择货物了。新的店长入驻门店时，刘易斯向她简要介绍了情况，特别表扬了团队成员的出色工作，然后便适时退了出去。

刘易斯并未等待正式的任命便主动做出贡献。她知道自己能产生有价值的影响，能够得到上级和店员的认可。于是，她挺身而出，来到现场贡献力量。因此，当爱德华兹需要找人接待塔吉特百货公司的首席执行官参观门店时，选择刘易斯也就不足为奇了。

不请自来

在发现挺身而出的机会时，成为明星员工的第一步就是找到自己的一席之地。一般而言，你并不会收到邀请。但有的时候，你可以选择不请自来。

几年之前，当我还在甲骨文公司工作时，曾经主持过一个名为"甲骨文领袖论坛"的项目，召集来自世界各地公司的高层管理者，确保他们理解并能在自己的国家实施甲骨文公司的战略。这是一个备受关注的项目，因此甲骨文公司的 3 位高层管理者（总裁、首席财务官和首席技术官）都积极参与了开发和教学工作。在这支 4 人团队中，我显然是资历较浅的一个。能够与这些高层管理者一起共事，我感到非常幸运。

在主持项目的过程中，我们发现这个战略太过复杂，无法在全球范围内共享。我们刚开始以为是培训出了问题，后来才发现是战略本身的问题。我和这 3 位高层管理者碰面商议，决定对公司战略进行重大调整，并决定暂停项目，重新设计战略并制作新的演示文稿。我们安排了一次会议，将每个产品部门的负责人召集在一起，修改我们的产品战略，对信息进行简化。我没有参加会议，但是得知各位高层管理者正在进行简化和修改工作，负责首发该战略培训课程的我还是感到很欣慰。

会议安排在下星期。我在日历上做了标记，不是为了供其他员工参考，而是因为我打算出席。在此说明一点，我并没有受到邀请，因为制定产品战略不是我的职责，也超出了我的管理级别。此外，会议期间肯定会出现激烈的辩论，因此高层管理者或许不希望有观众在场。但我对这个战略有着深刻的理解，知道需要采取什么措施，觉得自己能帮上忙。我确信，高层管理者以及项目发起人都理解我参会的理由，因此我事先并没有征求他们的同意。就这样，我提前到场，找位置坐了下来。产品部门的负责人一个接一个抵达会场，有几个人热情地跟我打了招呼。当公司规模最大且地位最高的产品部门负责人杰里走进来，看到我的时候，他的态度与其说是好奇，不如说是不屑："你来这里干什么？你负责的是培训，又不是产品战略。"杰里个性强硬，是公司颇具影响力的高层管理者之一。因此，他那不太友善的反应引起了现场其他人的注意。

"从目前来说，我们的战略还不清晰。"我解释道，"小组需要对大量的理念和演示文稿进行梳理，提炼出战略精髓。"我挺起胸膛，直言不讳地对杰里说："我很擅长这类工作，应该能帮上忙。"

杰里似乎很不赞成我的回应，但也没有反驳。总裁一锤定音："喂，这是怀斯曼擅长的领域，我们需要她的帮助。"就这样，会议继续进行。我聚精会神地听着，记下关键问题和主题，然后把听到的内容复述出来。其他人点头表示同意。过了一段时间，几位高层管理者开始向我征求意见。很快，我就统领起整个项目流程，召集会议，筹备工作，还聘请了著名战略教授C. K. 普拉哈拉德（C. K. Prahalad）为我们提供建议。

对现有的材料进行回顾之后，我们决定将之前的内容全部推翻，用全新的框架重写战略。普拉哈拉德教授坚信，一个好的战略涉及许多思想家的理念，但作者只有一位。鉴于最近的经验，我们知道这句话非常有道理。在大家讨论该由哪位高层管理者撰写最终文稿之前，普拉哈拉德教授提议让我做第一作者。这让我始料未及。我不是最有经验的人，如果真有一场人才选拔赛，我也绝对不会脱颖而出。然而，我愿意带头，高层管理者也支持这个提议。我们齐心协力，制定了一套简单直白且有说服力的战略。

在接下来的"甲骨文领袖论坛"上，与会者得到了一份由公司3位高层管理者精彩阐释的清晰战略。这个项目是我职业生涯的一大亮点，我将在接下来的章节中继续讨论，深入挖掘我做贡献的方式。

我通过这项工作了解到，无须成为领导者，我们也能统领全局；不必受到邀请，我们也能大展身手。有的时候，我们必须不请自来，主动出击。如果真是这样，要注意把握分寸，确保我们的参与不仅能贡献价值，还会得到大家的欢迎。

因为坐等别人的发现或邀约，你错过了哪些机遇？如果有值得做出的贡献，你可能需要不请自来地亲临现场。这是我们在明星员工身上反复看到的特质：他们不会坐等别人提出要求。这些人能够把握不请自来的时机，即使资历不够，仍能证明自己具备做出贡献和领导团队的能力，从而取得许可，在最能展现价值的领域贡献力量。

统领全局

在我们的研究中，明星员工并不满足于被动参与。遇到能够做出贡献的机会，他们便会以精明能干的领导者姿态来统领全局。以下是管理者对明星员工的描述：不多解释，主动出击；游刃有余，解决问题；自信满满，统领全局。除此之外，74% 的受访管理者还表示，明星员工往往大胆行动且能做出艰难的抉择。他们总是积极承担领导者角色，展示自己的领导能力，以自信的状态示人。在塔吉特百货公司，我们又一次见证了这种强大而灵活的领导方式，这次的主人公，是技术部门一位年轻聪明的项目经理。

埃莉·冯登坎普（Ellie Vondenkamp）的工作，是在新店开张之前确保门店运营所需的技术工作一切正常，包括互联网接入、后端服务器、安保、电话通信、收银机配置和电子支付系统，以匹配塔吉特百货公司近期每年新开约 30 家门店的速度。这些都是有着严格时间要求的重大工程项目，没有失败的余地。

冯登坎普年近 30 岁，阳光、热情、擅长与人打交道，还会利用业余时间参与教堂组织的传教旅行。与此同时，冯登坎普像钉子一样坚韧，这种特质在她领导新店的项目时派上了用场。面对这些项目，她需要挑起大梁，踏入一个男性员工数量远超女性的领域。

冯登坎普大部分时间待在现场，检查进度，指导技术供应商和建筑团队的部分工作。她戴着安全帽，找到了施工经理。做完自我介绍，她很快就找到了一个证明自己不是软柿子的机会。她把各个建筑团队召集在一起，靠自己的气势完全控制住了全场。虽然她从未当过建筑工头，却能让工人们明白她已做好了功课，并了解他们的工作。她这样指挥团队："大家觉得应该利用那边的铁算子铺设电缆，这我理解。但我们需要做的，是遵照门店的平面图，在这里铺设电缆，以便为区域内的顾客提供便利。"她使用了准确的建筑术语，既认识到了建筑工人面对的不利条件，同时也向他们说明了使用与以往不同的方法的必要性。

　　冯登坎普也与塔吉特百货公司的 2 名同事和 6 名建筑工人进行过一次类似的谈话，其中的一名施工经理还没等她说完就转身继续工作去了。冯登坎普对他喊道："你先回来，我的话还没说完，先听听我的理由。"然后，她把施工计划图铺在地上，用建筑术语直接与总承包商对谈，阐释她做出的决定背后的道理。对方听进去了她的建议，项目也得以顺利完成。

　　在任何事情上，冯登坎普都不愿靠运气，而是选择主动挑起大梁。在她的领导下，从没有一家门店因为技术问题推迟开业。冯登坎普的经理玛丽·鲍尔（Mary Ball）表示："主动是我在团队成员身上最看重的一项特质。冯登坎普一次次地彰显出这种特质。她从不等待我的指示，而是看到一个问题就立即解决，同时向我汇报情况，或者在需要支持时向更高级别的管理者汇报。"

　　在我们所了解的明星员工之中，既没有横行霸道的仗势欺人者，也没有闯祸后让上级收拾烂摊子的冒失鬼；相反，他们是别人眼中易于共事的合作者。他们虽然自信且强势，但不会过于激进，而是善于采用温和且有力的领导方式。美国最高法院前大法官桑德拉·戴·奥康纳（Sandra Day O'Connor）曾经说过："真正专业的骑手会立刻让马知道谁是主人，但之后便会用松弛的缰绳引导马匹，很少使用马刺。"明星员工通过倾听和回应来掌控局面，邀请其他人共同参与工作。

获得许可

　　美国副总统卡玛拉·哈里斯（Kamala Harris）写道："永远不要征求任何人的许可，只管去领导就好。"明星员工就是这样做的。他们有勇气挺身而出，提出更好的工作方法。然而，当有人向前走了一步，并不意味着其他人会紧跟其后。那些在没有正式委任的情况下掌权的人，需要得到潜在支持者的默许。简而言之，他们需要得到同事的支持。

政治竞选演讲就是一个典型的例证。通过这种演讲，候选人提出创建更加美好的世界的方案，并说明他们具备带领大家成功建设这片乐土的特殊能力。演讲越来越激烈，逐渐进入高潮，即候选人在陈述完自己的观点后呼吁观众投票。总统演讲稿撰写人巴顿·斯威姆（Barton Swaim）和杰夫·努斯鲍姆（Jeff Nussbaum）创建了一个标准模板，模板如下："我们确信国家能够有更好的发展。但是，如果要有所行动，就需要大家进行投票……我请求大家支持我，加入我的阵营。我们将共同建设我们心中的理想国家。"请求选民投票，其实就是候选人在请求得到成为领袖的许可。

当领导者运用感召力而非正式的权力时，众人便可以自主选择是否跟随，而不是迫于义务。领导者获得权力的过程需要人们的共同参与。我们可以把这想象成签订契约的过程。在这个过程中，新出现的领导者通过贡献领导力并努力改变现状，换来同事的许可和支持。这种对许可的寻求，或许是明确要求管理者对启动新项目予以批准，但也可能更加微妙，更像是学生在教室里举起手来，先得到老师的许可再进行发言。想要成为领导者的人通过举手让大家知道：我有更好的方法，愿意领导大家前行，大家会支持我吗？

人们在进行非正式领导时常犯的一个错误，是在建立关系或赢得信任之前便寻求同事的支持。回顾带领团队优化塔吉特百货公司顾客退换货体验的经历时，保罗·福吉意识到，他应该在 15 名关键人物身上投入更多的时间，在他需要得到信任之前先建立与这些关键人物的纽带。刚开始的时候，他只是一个指出别人业务漏洞的来自供应链部门的局外人。他表示："想要一起做大事，你需要建立很多层关系。"基思·法拉奇（Keith Ferrazzi）在《职场社交商》（*Leading Without Authority*）一书中写道："只有通过切实的人际关系，我们才能获得领导团队的许可，实现我们的目标，并在这个过程中让团队成员和我们自己的能力得到提升。"

自告奋勇的领导者需要主动站出来承担责任，但也必须表现出寻求许可

和争取支持的谦卑。 当领导者能够同时做到这两点时，其他人便会自愿选择跟随其后。

习惯 2：动员他人

埃莉·冯登坎普不但擅长管理，还能游刃有余地带领团队从问题出发，找到解决方案。这种经过实践验证的标准方法已经成为她的一种习惯，屡屡取得成效。

这套方法的产生始于她发现某个长期存在的棘手的问题时产生的挫败感，她想知道为什么没有人采取任何行动？她得出的结论通常是：这件事情，我不做谁做？她会分解问题，确定责任方，召开会议，将问题揭示出来并找到根源，然后请大家共同找到解决方案。她会留意工作进展并跟进执行，必要时还会寻求额外的支持。这种做法能够激发人们采取行动，掌握主动权。在订购新的电话系统时，冯登坎普发现线路出现了交叉问题，下文描述的就是她的处理方法。

塔吉特百货公司的报警系统会在火灾发生时发出警报，多年来，报警系统与固话系统交叉在一起。随着高速光纤电缆的普及，大多数门店的老式电话线已经停用。关于是否还需要老式电话的决策，需要管理者通过决策树 ①来制定。然而，这种新的决策方式较为复杂，因此塔吉特百货公司仍会默认订购老式电话，新店会不断收到两种类型的电话线。对于一家规模达到 920亿美元的公司来说，这种重复支出算不上一笔巨大的负担，但也并非微不足道。很多人发现了这个问题，也进行了讨论，但由于这并不构成财务问题，所以被暂时搁置在一边。这个决策牵涉很多团队，应由谁来做并不明确。冯登坎普本人的职责与电信技术完全不沾边，但她认为，应该对这种可以避免的浪费做些什么。

---

① 一种决策支持工具，使用类似树型的决策模型，创建实现目标的规划。——译者注

冯登坎普收集信息，然后组织电话会议，并将关键信息提前提供给与会人员。在电话会议中，她为大家陈述了问题，客观地解释了问题发生的原因，并带领大家对门店是否需要老式电话线路这一问题，利用决策树进行探讨。在一番陈述和解释之后，她问谁能够实施解决方案。一时间无人应答，气氛有些尴尬。但现在，问题已经公开，最终，合适的人站了出来。这场电话会议只用了 30 分钟。一旦开诚布公地讨论清楚，这个延续了几个月的难题便在短时间内得到了解决。电话会议之后，进度一度短暂延迟，但通过耐心的坚持，这一问题最终得到了解决。

冯登坎普领导方式的核心，就是对问题进行清晰的阐述。她号召大家加入团队，让他们有机会掌握主动权。她的经理将这位超级巨星比喻成每天都在发光的太阳，称赞她："人们会不知不觉被她吸引。"你是否能够提高受关注度，方便人们看到真正的问题并采取行动？你有没有将真正的问题揭示出来？如果你想找到解决方案，那就请别人参与进来，并将问题阐释清楚。

明星员工无须经过正式授权也可以承担起领导责任，这是因为他们具备召集团队的力量。他们会对同事的时间进行高效、有益、积极的利用，从而树立起尊重他人、能够顺利推动事情发展的声誉。当他们召集会议时，大家都会提前做好准备，并愿意贡献自己的力量。

得知冯登坎普领导团队共同解决问题的方式，我大吃一惊，没想到简明扼要的会议竟能如此快速地提供解决方案。解决跨职能问题不必花上几个月的时间，而是只需几分钟就能搞定。秘诀在于，冯登坎普没有止步于发现问题，而是全程完全透明地解决问题。她把精力用于澄清问题，而不是制定解决方案。在澄清问题时，她使用的方法是将问题透明化，就像厨师澄清黄油一样，先加热，然后撇去价值较低的杂质，只留下纯粹的液体。通过彻底了解问题本质，团队便能轻易地对问题和潜在解决方案达成一致。在这个过程中，复杂的问题被分解成几个小问题。

对问题达成一致之后，团队成员便可以建立一个集体的目标和行动方案。临时的领导者会继续对初期工作进行指导，确保团队采取行动，实现阶段性胜利，并积累维持这股势头所需的动力。但是，一旦有其他人站出来，临时的领导者在已经发挥了关键作用之后，可以自由地后退一步，让其他人负责领导。

习惯 3：适时后退

明星员工能够姿态优雅地介入并接管权力，也能以同样优雅的姿态转身离开。他们是多才多艺的球员，既能带球也能跟随，还能大方传球并分享荣誉。对球员来说，把球传给另一名球员、方便对方发起进攻的能力和意愿，与控球的能力同样重要。这种分享和轮换领导角色的意愿，创建了一种按需应变的灵活领导模式，使组织能够快速响应，并顺利运行下去。

以动物世界中两种截然不同的领导模式为例，让我们来比较大雁和狮子的区别。一群迁徙的大雁会以独特的"V"字形编队飞行。科学家估计，在一定时间内，大雁成群飞行的距离要比单独飞行远 71%。在这种编队中，在雁群前领头的大雁负责顶破气流，减少后排大雁所受的阻力。在领头的大雁感到疲惫时，便会回到队列之中，队伍则由另一只大雁带头。"V"字队形的益处是这样实现的：跟在后面的大雁有时飞到最后，有时飞到侧面，翅膀向上的拉力形成一股力量，对领头大雁起到助推作用。将这种节省能量的方法与狮群中的狮王终身统治的领导模式进行对比后发现，狮王的寿命通常会因竞争王位者的暴力篡位而缩短。这种领导模式或许适合草原，但在敏捷和耐力占主导地位的工作环境中，已濒临消亡。

创造英雄

保罗·福吉发挥了关键作用，使塔吉特百货公司的退货流程得到大幅改进，但他并非舞台上唯一的明星。当最初的 15 人团队正式成为一支跨职能高级经理团队时，福吉把指挥棒交给了他的直接下属戴夫，让他在团队中任职。他嘱咐戴夫："在没有领导者的情况下，我希望由你来承担领导之职。但如果有人准备接手领导之职，那你就为他提供支持。"戴夫在前期主持了初步工作，但凯莉、凯特琳和梅丽莎3位高级经理也在项目中扮演了关键角色。他们为希望改善工作方式和推动项目发展的人们树立了榜样，而他们携手创造的成果，也让大家感受到了公司内部跨职能合作的力量。

福吉表示："这支跨职能团队应该得到赞誉。他们运用创意思考问题，并最终提出了解决方案。"福吉的经理夸希则表示："福吉激励人们把最大的能力发挥出来，并充分利用了团队中每个人的专业知识。"她说，大家喜欢和福吉一起工作，因为他是"平易近人的典范"，不玩权术、不要心机。遇到问题时，他不会责怪别人，也不求得到太多的赞扬。人们知道，与福吉一起共事时，他们有机会做出贡献，并能得到应得的荣誉。

明星员工不仅仅是英雄，也是英雄的创造者。他们把其他人拉到聚光灯下，在领导团队的同时开创共赢局面，并打造潜在的领导者。因此，如果整个团队都表现优异，那么领导者功不可没。

移交领导权

20世纪初的管理哲学家玛丽·帕克·福莱特（Mary Parker Follett）曾经表示："领导者对领导力的定义，并非依靠他们对权力的行使，而是通过增强被领导者对权力的感知。领导者最重要的职责，就是培养出更多的领导者。"如果你已经利用感召力发起了一项计划，并将计划推上正轨，那么是时候换别人来领导了。但是，你又该如何拿出带领团队时的自信，游刃有余地放权呢？塔吉特百货公司的保罗·福吉承认，他为推动顾客退货流程走上正轨付出了诸多心血，把这块"心头肉"交还回去并不容易。确认项目被交到了可靠之人的手中，以及自己从未打算把项目占为己有，这些认知让他的心里好受了许多。他表示："我要做的事情很多，手上的项目已经足够了。"

我通过过去 10 年间的研究发现，一旦拥有了主动权，也就是承担起责任和拥有随之而来的责任感时，人们会交出漂亮的工作成果。一位优秀的领导者会让他人承担起责任，把主动权转交给他们。这种转交需要通过明确的责任交接来完成，类似出售房屋时将所有权从一个所有者转移给另一个所有者。在前任所有者解除一切所有权之前，新的所有者无权接管。想象一下，如果你正想搬进一幢新的房子，但之前的主人却指手画脚地告诉你该把家具放在哪里，这种感觉肯定不好受。

也许你有一些自己一直坚持的东西，这让你难以交出权力。那么你可以问问自己：作为领导者，你在哪些领域已经贡献了自己的价值？在哪些领域，你最好可以退后一步，让别人来领导？

最优秀的领导者愿意带头，也能够随着形势选择前进或后退。这是一种与永久领导者截然不同的思维方式，永久领导者对事业野心勃勃，一旦被赋予领导职位并成为领导者，便会把这作为自己一生的角色。不难理解，人们会抗拒与这样的领导者共事，而由这种人组成的组织则会变得迟缓低效且充满繁文缛节。

然而，我们也要注意另一个极端：如果你永远是追随者，也同样会导致这种情况。接下来，我们将探讨 2 个影响人们发挥潜能的陷阱。

影响潜能发挥的 2 个陷阱

明星员工会发起行动并指导他人做出贡献，而普通员工则会等待指示。在许多管理者的口中，等待指示的团队成员虽然聪明能干，但消极被动，像旁观者一样等待事态变得明了或等待别人站出来挑大梁。在许多管理者的口中，这些人的做事风格就是：上级给我指示后，我才会照做。他们会这样做，一来是出于对权威的尊重，二来是觉得"总会有人来承担责任"，也就是具有旁观者心态。在美国南部，有一种"这事不归我管"的说法，这种说法将旁观者心态体现得淋漓尽致。怀有这种心态的人等于是在委婉地表达"这是别人的错"，秉持着一种事不关己的态度：如果这事不归我管，那么问题就不归我解决。

往小处说，旁观者心态的害处在于让专业人士置身事外，等着别人邀请他们参与或负责某个事件。这种心态通常会造成被动心理，长此以往，便会削弱专业人士的能动性，创造出一种平庸的文化。许多有志成为领导者的人才因此误入歧途。

非请勿入

有能力的人常常因为等待被人赋权而错过表现的机会。这或许是教育使然。他们认为不请自来有失礼貌，抑或他们不愿显得专横。但是，在唯唯诺诺地等待邀请时，我们可能错失良机，与做出贡献和发挥领导力的机会擦肩而过。除此之外，这种做法也会让我们的组织陷入等级体制之中。尽管我们仍可能被他人视为优秀的追随者，但很可能错失担任领导角色的机会。

我们来看看唐娜的例子。她是一名低层级的项目经理，独立自主，表现出色，工作认真，人际关系和谐。她曾多次告诉部门经理，自己希望承担更多的职责，得到认可和晋升，但与此同时，她却在坐等部门经理下达任务。部门经理表示："我做好了铺垫，暗示她我们急需对流程进行改善，但她没有抓住机会。"唐娜仿佛是在等上级为她提供最新的季度目标。无奈的部门经理表示："我为她敞开了大门，但她必须自己主动走进去。"即使这位上级花费时间和精力带她走进门，但遇到下一个任务时，她仍会面临同样的问题。晋升或许能够带来更有分量的头衔，但是想要促成变革，她仍需要努力争取进入那些没有对她敞开大门的场合。

团队之中，人人平等

有些专业人士固守传统的领导模式，而有些人则对实验阶段新型的松散型领导模式照单全收，认为自由松散的合作意味着创新性和敏捷性，并被这种带有欺骗性的理念所蛊惑。坚持团队之中人人平等，过分强调合作的重要性，也是影响潜能发挥的陷阱。

松散型领导模式是一种有助于培养创新性和敏捷性的模式。以合作关系和协议为基础的跨职能自治团队已日益流行。这种形式的团队协作有助于创新和沟通，但当协作成为一种既定的工作方式，尤其在缺少明确规则的情况下，这种工作方式会引发怎样的后果？当团队中人人都成为负责人的时候，会出现什么问题？在圆桌会议上，人人平等的团队可以有效协作，但如果不明确该由谁安排下一场会议或与另一个部门取得联系，这种模式便很容易分崩离析。

松散型领导模式会削弱合作的力量。当领导权共有时，混乱就会随之而来。这就好比网球场上的双打选手面对来球都喊"我的"，却因指望搭档出手而连拍子都不挥。我们往往认为，领导者缺失的情形会造成无政府状态，类似于《蝇王》（*Lord of the Files*）①中塑造的场景。实际上，这种情形导致不作为的可能性更大。**当每个人都在负责的时候，就没有人真正负责了。**以我家为例，如果人人都负责喂猫，猫就会挨饿。

团结合作和有确定的领导者并非互不相容。二者兼备不仅可行，而且是明智之举。我们要用谨慎的态度对待人人都负责的团队。我们应该建立一种协作关系，让每个人都能做出贡献，并有机会领导部分工作或在特定时间段掌握领导权。但是，在一个时间点，只能允许一位领导者存在。

---

① 英国现代作家威廉·戈尔丁（William Golding）的代表作。背景设定在未来的一场核战中，讲述了一群儿童在撤退途中因飞机失事被困荒岛，后来互相残杀的故事。

在职能不明确时，人们便会止步不前。在大家坐等云开雾散、上级阐明意图的同时，组织便容易陷入固守现状的泥潭之中。然而，只要有一个人愿意站出来领导，角色的分配似乎就不再重要。**只要有人自愿介入并带头，即使领导者的角色和需要采取的行动不甚明确，也照样能取得进展。**随着每一次胜利，组织的文化会变得更加激进，人们将学会主动采取行动，不再惧怕带头。如果一个组织出现了核心成员，它需要的正式管理者也会相应减少（见图 2-1）。

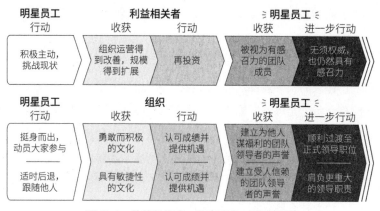

图 2-1　价值的构建：挺身而出，适时后退

1976 年 8 月 10 日，贝蒂·威廉姆斯做出的决定改变了历史的进程，推动了该地区暴力事件的终结。她带头的意愿让她在接下来的 30 年里走上了倡导权益的道路。2008 年 6 月，威廉姆斯表示："30 年的经验让我树立了一个信念，那就是没有自上而下的答案。答案不在政府那里，不仅如此，恰恰截然相反，很多时候，政府没有答案，而是问题症结所在。如果想要致力于为全世界的儿童贡献一份力量，我们就必须着手自下而上创造解决方案。"她决定努力打造出理想中的世界，而不是满足于现状。

威廉姆斯的贡献非凡，但是，我们不都遇到过需要解决的问题、应当纠正的不公和必须克服的惰性吗？在这种情况下，我们是安于现状，还是努力寻找更好的方法？

明星员工不会安于现状，也不会等待。他们虽然不一定能对自己发现的一切错误予以纠正，却会在无人强迫或要求的情况下主动寻找方法改善现状。当其他人寻找借口回避责任的时候，明星员工却在实现目标和做出贡献。拥有这种心态的人无须等到登上领导职位，也愿意扛起领导责任。美国将军乔治·巴顿（George Patton）曾经说过："要么领导我，要么跟随我，要么就别挡道。"当角色不明确时，你是选择领导还是跟随？能同时做到这两点的人，很可能成为未来的领导者；那些二者都做不到的人，则可能被淘汰。

每一位伟大的领导者都能回忆起自己经历过的某个决定性时刻，他们会在那个时刻坚信，"足够好"等于"不够好"，并决定挺身而出承担领导职责。这一点同样适用于各层级的明星员工。如果想让自己的价值最大化，你就要去挖掘那些长期存在却得不到关注的问题，然后主动解决。你要寻找领导力的真空地带，并加以填补。当你挺身而出时，你将赢得尊重、威望和更大的领导机会。还等什么呢，请开始行动吧。

明星员工自我修炼　IMPACT PLAYERS ◆ ···

以下内容为有志成为领导者的各位提供了一些建议，有助于实践"挺身而出，适时后退"这一关键要素。

锦囊妙计

1. **倾听白噪声。** 搜寻背景问题，也就是那些持续存在的低级别问题，只要在这类问题上投入一点点关注，组织就可以得到显著的改善。惹得大家怨声载道却没人解决的问题是什么？看似微不足道却让人们一次次重蹈覆辙、长期累积造成巨大浪费和效率低下的问题，到底存在于哪里？新客户或新员工有目共睹但老员工置若罔闻的问题是什么？你需要重新规划，打造透明度，建立一支临时团队，一次性解决这类背景问题，才能长期享受由此获得的便利。

2. **填补真空地带。** 寻找职能不明确的领域。不要等待所谓的变革时刻或是改变历史进程的机遇，而是在日常工作中贡献领导力，关注以下两个常见的领导力真空地带：

- **议程不明确的会议。** 据估计，63% 的会议都缺乏明确的议程。你可以建议团队成员就预期的会议结果达成一致，从而让大家明确把握议程。为了达到这个效果，你可以提问："我们在这次会议中要实现的最重要的目标是什么？"

- **无名英雄。** 大多数员工表示需要得到上级、同事和客户的认可，然而，根据玻璃门（Glassdoor）网站的一项调研，曾得到上级高度赞扬的员工只有 2/3。想要填补这一领导力的真空地带，你可以大方地表达对同事或合作者所做贡献的认可，尤其是对于那些在幕后工作的人员。对他人的贡献进行赞扬，不但能让他们得到应得的荣誉，也能让你赢得信任。

3．**不请自来。** 有的时候，要想挺身而出成为领导者，你就必须敢于不请自来。但你不要成为那种惹人厌烦的闯入者，毫无预兆地出现，占了席位却毫无贡献，甚至扰乱议程。相反，要让会议组织者明白你为什么想要加入以及能提供什么价值。一旦来到现场，请你针对目前的议程做出有意义的贡献，并注意自己的言行，确保能在下次会议中受到邀请。如果你打算不请自来，需要确保现场至少有一个强大而可靠的支持者。

4．**拿出派头。** 如果你想要成为领导者，一个简单的方法就是立马拿出领导者派头。正如埃米·加洛（Amy Gallo）在《哈佛商业评论》发表的文章中所写："如果你想成为一位领导者，不要坐等组织分配华丽的头衔或豪华的办公室。在晋升之前，你就可以尽早着手像领导者一样行动、思考和沟通。"拿出派头，展示出领导者所需的特质和态度。这样一来，你就增加了日后被选为领导者的机会。学习比你高一两级的领导者所展现出的优秀领导特质。你可以从以下这些选项中挑出一个领导特质，并开始实践：

- 你的上级所具备的一项最杰出的领导特质，例如深谙提问的艺术。
- 某个最近晋升到管理岗位的员工的优秀特质，例如创新思维。
- 你的组织所宣扬的一项领导或文化价值观，例如团结协作。

5. **传递接力棒。**如果你想要建立领导者的声誉，就要向同事展示你既能领导大家，也懂得适时后退。或许你已经在领导岗位上坐得太久，应该把接力棒交给下一任领导者。有没有哪个你成功领导过的项目或计划，会因替补队员上场或新视角的出现而受益？有没有哪位同事或团队成员有能力在下一阶段站出来领导工作？你在进行交接时，不要只是交接工作，也要交出权力。甚至更进一步，你要向团队成员宣布新领导者是谁。最后，你还要尽快找一个机会，彰显你对新领导者的支持。

安全提示

1. **分享 3 个要素。**为了避免冒犯他人，要让你的同事知道，你虽然站出来带头领队，但也同样寻求和平共处。你可以通过以下 3 个要素，建立起大家对你的信任：（1）分享意图，让人们知道你想要达成的目的，以及这一目的对他人的益处；（2）分享权力，为其他人创造领导部分工作的机会，也可以表明领导者角色将由大家轮流担任；（3）分享聚光灯，把你所领导的团队成员打造成英雄。只有人人都有机会，大家才愿意追随你。

2. **万无一失。**有时候，你可能还未等到管理层的批准便要挑起大梁，但你还是应该确保管理层对情况有所了解。在自行决定负责某个项目之前，请确保上级知道你的核心工作不会受到影响。定期汇报，让上级知道你在做什么以及进展如何。此外，不请自来并不意味着让参加会议的领导者大吃一惊；相反，你应该先和对方确认，告知对方你的出席能为会议带来什么成效。

3. **有的放矢**。你在挺身担任领导者时，应避免肩负过多的责任，因为过分的热心会冲淡影响力。你应有选择地肩负责任，把能量投入已经积攒了势能并得到组织支持的战斗中去。明智地选择项目的人，将成为大家眼中的领导者，而不是煽风点火、蛊惑人心者。

从普通到卓越的
进阶指南

明星员工思维

挺身而出,适时后退

	普通员工思维	明星员工思维
行动 ➡	等待指示	挺身而出,适时后退
理念 ➡	由其他人负责(旁观者心态)	我不需要拥有权力才承担领导责任(主人翁精神) 我可以改善现状(主动性) 我无须经过正式授权,也能承担责任(灵活变通)
习惯 ➡	服从领导 听从指示 有需要再展开合作	站出来 动员他人 适时后退
影响 ➡	个人因等待上级的指示而错失解决重要问题的机会 组织止步不前	个人发掘机会,为自己和他人创造成功的有利条件,从而成为组织核心人员 主动承担领导责任,打造出一种勇敢、主动和敏捷的文化

需要避免的陷阱: ➡　(1)非请勿入
　　　　　　　　　　　　(2)团队之中,人人平等

IMPACT PLAYERS

How to Take the Lead, Play Bigger, and Multiply Your Impact

第 3 章

预见问题，坚持到底

管理者眼中的普通员工	VS	管理者眼中的明星员工
他认为自己在大多数情况下是正确的。		就算没人提示，他也会主动寻找新的信息。
他有小题大做的倾向，容易消极、情绪化。		他会用积极的态度看待反馈。
他通常愿意接受反馈，但需要很长时间才能有所改进。		他能快速从错误中汲取经验。
即使得到反馈，他也不会采取行动。他是个好人，但不具备改变自己的能力。		在我给出反馈的时候，他会接受并加以利用。他不会一蹶不振，反而觉得这是一个提高能力的机会。

我认识到，进步的道路不会平坦。

——玛丽·居里

在我的家乡，位于旧金山湾两端的斯坦福大学和加州大学伯克利分校的年度橄榄球比赛被称为"年度大赛"。两校的竞争长达 100 多年，其中获胜的一方将获得令人梦寐以求的斯坦福斧头奖杯。这场比赛事关重大，大家群情激昂。

1982 年 11 月 20 日，第 85 届年度大赛在伯克利山加州纪念体育场举行。到了第四节后半段，加州大学伯克利分校以 19 比 17 的比分领先。在比赛还剩 8 秒时，斯坦福大学球员射门得 3 分，领先对手 1 分。

当比赛时间所剩无几的时候，斯坦福大学球员在 45 码线附近的一记短距离低球，被加州大学伯克利分校的凯文·莫恩（Kevin Moen）救下。要想赢球，他需要一次性将球带出大约 50 米。莫恩开始向前冲锋，却被斯坦福大学的防守球员拦住。莫恩将球向后扔给队友理查德·罗杰斯（Richard Rodgers），罗杰斯前进了大约 1 米后便被拦下，然后又将球传给队友德怀特·加纳（Dwight Garner）。加纳向前推进了几米，很快就被斯坦福大学的一群防守球员擒抱摔倒。

斯坦福大学的球迷们掌声雷动。以煽动气氛著称的斯坦福大学乐队冲进球场，来到达阵区，庆祝胜利。比赛似乎已见分晓。但加纳还没触地就把球横向又传给了罗杰斯，罗杰斯跨步接球，跑了大约20米，在被擒抱摔倒时把球传给了30码线上的莫恩。莫恩继续向前冲。3位球员5次精彩的横向传球躲过了斯坦福大学球员的防守。但现在，莫恩遇到了意料之外的对手：成群的乐队成员和啦啦队队员，还有冲到球场上庆祝的斯坦福斧头委员会。莫恩冲过得意忘形的乐队成员，越过得分线，与站在达阵区的一名目瞪口呆的乐队长号手相撞，同时达阵得分，取得比赛最终的胜利。比赛以25比20的比分结束，加州大学伯克利分校将斯坦福斧头奖杯收入囊中。

这场比赛的最后时刻成为一段传奇，被称为"神战"，跻身美国体育史上最伟大的比赛结局之列。斯坦福大学仍然坚称，加州大学伯克利分校的一名球员在最后一次达阵得分之前就已倒下。当然，加州大学伯克利分校不这么认为。在比赛录像中也看不出具体细节。但有一件事是可以肯定的：当斯坦福大学乐队成员在最后几秒钟冲进球场时，比赛还没有结束。加州大学伯克利分校的球员们仍在坚持比赛，并且取得了最终的胜利。

很多专业人士平时很优秀，他们积极行动，努力工作，但往往在工作即将完成时因为一些原因停下脚步或太早开始庆祝，而后意识到自己以为已经完成的事情尚未完成。最具感召力的专业人士和团队之所以能产生更大的影响，是因为他们不仅会完成工作，而且会比其他人额外多做一些，更能坚持到底。

在上一章中，我们探讨了如何主动领导和迈出第一步，而接下来要探讨的，则是明星员工如何面对逆境和不可预见的障碍，以及如何在举步维艰之时坚持将工作做完。我们将研究明星员工如何给团队带来惊喜，为何能给人一种可靠的感觉并能接到受人瞩目且事关重大的项目。

当然，我们不是让大家承担过多的责任或工作到精疲力尽，而是想介绍一种在保持身心健康的同时顺利完成工作的方式。你将学会如何寻找"援军"而不必转交责任，如何调整方向而不至于手足无措，以及如何灵活谈判而不是一味坚持。你将学会如何更具韧性地坚持到底，愈战愈勇。

发出警报，还是自行解决

所有业务都会面临障碍，每个组织都会面对挫折，这些都是工作和生活的一部分。有些挑战是可预见的，我们可以提前做好应对的准备，比如加州的地震和美国中西部的龙卷风。有些挑战是不可预见的，这些挑战常常来得出人意料、毫无预警，例如，新冠疫情的暴发。借用美国国防部前部长唐纳德·拉姆斯菲尔德（Donald Rumsfeld）的话，这是不可预测的未知事件。

在阿波罗计划中，各种未知的障碍无处不在。美国国家航空航天局的工程师们并不了解月球上的土壤状况，但他们清楚登月是一个可预测的未知事件。他们能够预测到自己不了解哪些因素，因此可以打造出一台能够适用于任何环境的着陆器。但除此之外，他们也要面对不可预测的未知事件，比如，阿波罗 12 号宇宙飞船被闪电击中。美国国家航空航天局的一位官员这样说："要求航天项目经理预测飞船是否会被闪电击中，这非常困难。但对于任何大型开发项目，要求项目经理意识到各个环节都存在着遭遇'闪电'的可能性，也并非不合理。"

虽然人们对有些情况无法具体、准确地预测，却可以进行大致判断并处理。所有人都会遇到自己控制能力范围之外的问题，但有些人会承担起解决问题的责任，另一些人则会逃避问题，选择向上级汇报。下面是一个以一位工程经理的视角讲述的事例。

美国国家航空航天局的一位工程经理为团队中一位工程师取了"埃迪"

这个绰号。这个绰号名副其实，因为在工程经理眼中，这位工程师就是非常可靠的人。[1]工程经理表示，埃迪不仅能完成自己的工作，满足别人的要求，也很乐意向上级汇报工作的最新进展。

埃迪能够准时交付工作，而且完成得不错，但当团队成员审查他的工作成果时，不难发现他有一些做得不到位的地方。在所有复杂的项目中，埃迪总会出现意料之外的问题或留下需要修复的漏洞。在被要求改进工作时，埃迪总会告知团队成员他已经在进行另一个项目了。他发出的信号是："我还有其他事情要做，你们看着办吧。"为了确保任务不受影响，团队成员只得硬着头皮解决问题，完成本该由埃迪完成的工作。

埃迪工作很努力，看起来也很积极，但当任务变得复杂时，他就会把问题推给别人解决，还常常表示："这件事超出了我的职责范围。"他就像一个只在遇到好接的球时才出击的网球搭档，遇到难接的球时，他只会大喊："你的球！"

在与其他工程师合作团队项目时，埃迪总爱说："你做得太多了，这件事不需要完美。你赶紧做完，然后继续下一步。"仿佛"政府工作可以得过且过"这句老话，也能套用在载人航天工程领域似的。我们要明确一点，埃迪总能把工作做完，也算是达到了工作标准，但将工作最终送过"终点线"的，并不是他。

类似的故事，我们在其他人身上也能看到："她比团队中的其他人更容易偏离正轨。""他很容易停滞不前，若不重新找准航向，他就不知如何前进。"这样的描述，让我想起了我的几个孩子刚开始学做家务时的情形：他们采取了行动，付出了努力，可是一旦出了岔子，他们就会告诉我任务完成

---

[1] 英文中有"Steady Eddie"（可靠的埃迪）的说法，表示可靠、能干且能很好地完成工作的人。——译者注

不了。此时，他们就会偏离正轨，去找容易的事情做。

普通员工会采取行动，但在遇到难题时，他们会分心、气馁，甚至止步不前。他们学着规避那些困难的项目，把问题交给上级处理，而不是承担责任。相比之下，明星员工即使遇到不可预见的障碍，也相信问题总有解决办法，并坚持解决问题，将工作完成。

在还是康奈尔大学的一名本科生时，史蒂夫·斯奎尔斯（Steve Squyres）走进了一个满是火星照片的房间。这些照片是由美国国家航空航天局发射的"海盗号"轨道卫星于 1977 年拍摄的。见过这些照片的人寥寥无几，能够看懂的人更是凤毛麟角。这些照片让斯奎尔斯目瞪口呆。他写道："离开那个房间的时候，我已确定了余生的事业。"

20 年后，斯奎尔斯成为康奈尔大学的天文学教授，美国国家航空航天局的火星探测计划已从简单的摄影发展到了深入的地质勘探，正在向科学界征求关于任务计划的建议。斯奎尔斯成立了一支由顶尖科学家和工程师组成的团队，共同设计出一台探测器。经过 10 年的努力，他们的项目终于得到了批准。大家欣喜若狂，但兴奋很快就变成了担忧，因为摆在他们面前的是一系列令人生畏的挑战。

这是一个艰巨的项目。他们需要制造两台探测器，希望其中至少有一台能在火星之旅中存活下来，并在那里正常运行 90 个太阳日（93 个地球日）。他们计划花 48 个月制造这两台探测器，但由于提案获批时间延迟，制造时间只剩 34 个月。更棘手的是，就连宇宙也对他们施加了时限：他们必须赶在地球和火星呈现有利角度的特定窗口期发射。而这些还只是他们已知的挑战。

每台探测器的寿命，取决于太阳能电池板的数量。太阳能电池板被连接成片，安装在探测器上，而探测器安装在着陆器上。

第一个令人担忧的问题，随着科学家发出的一封主题为"坏消息"的邮件而来。科学家表示质量上的局限意味着探测器上只能安装 27 片太阳能电池板，而探测器运行 90 个太阳日，至少需要 30 片太阳能电池板。"我一度感到绝望，"斯奎尔斯写道，"但后来突然意识到，这个'坏消息'实际上可能是我这几个月来得到的最好的消息。"由于探测器上无法安装 30 片太阳能电池板，团队被迫重新设计着陆器。这虽然在有限的时间内增加了大量工作，但也意味着大家无须为了保留旧着陆器的设计而牺牲其实用性和探索能力。最终，在上级争分夺秒地争取预算的同时，团队成员抓紧时间，设计出了新的着陆器。

团队解决了一个又一个难题，完成了两台探测器的制造，最终将其分别命名为"机遇号"和"勇气号"。项目副经理詹妮弗·特罗斯珀（Jennifer Trosper）回忆，这项工作可谓一场全体总动员，"硬件和软件要经过一天 3 次、每次 8 小时的轮番测试，相当于每天 24 小时，每周 7 天，从不间断"。

"勇气号"探测器发射成功，但发射负责人奥马尔·贝兹（Omar Baez）开玩笑说，在"机遇号"探测器的发射过程中，"所有能出错的地方都出了错"。发射日期经历了两次推迟，若不快点行动，发射窗口又要关闭 4 年。在倒数时间还剩 7 秒时，发射小组紧急叫停，因为航天器的监控人员发现一个阀门出现了问题。发射团队本可以放弃，将失败的原因归结于航天器还没准备好。但他们并没有这样做，而是迅速修复了阀门，并将时钟重置为 4 分钟后发射。就这样，"机遇号"探测器发射成功了。

从"机遇号"探测器着陆的那天起，一组由工程师、探测器驾驶员和科学家组成的地球团队克服了种种挑战，将探测器从火星上的一个地质地点送往下一个。在接下来的几年里，"机遇号"探测器因为加热器故障①几乎失去了电力，经历了两个月的沙尘暴，256 兆的闪存无法使用，而这些，只是

---

① "机遇号"探测器上的一台加热器卡在了"开"的模式。——译者注

诸多问题中的冰山一角。面对每一个挑战,"机遇号"探测器的制造团队都找到并实施了相应的解决方案,使探测器恢复了正常运行。

在接下来的 14 年里,两台探测器向地球发送了数十万张壮观的火星地形的高分辨率全彩图像,还有岩石和土壤的详细显微图像。最终,一场巨大的沙尘暴使这两台顽强的探测器停止了工作。按照设计,"勇气号"和"机遇号"探测器原本仅能在火星上停留 90 个太阳日,飞行 1 公里,但它们在续航能力、科学价值和寿命方面大大超出了所有人的预期。美国《国家地理》(National Geographic)杂志形容它们"中了科学头奖"。"机遇号"探测器的寿命不仅超出预期寿命 60 倍,而且总共行驶了大约 45 公里。探测器在火星上的长眠之地有一个贴切的名字:毅力谷。

这两台探测器之所以能在火星上持久地运行,是因为斯奎尔斯和他的团队成员在地球上锲而不舍的努力,他们努力克服每一个新的障碍。特罗斯珀回忆道:"我们付出努力,精心设计,尽职尽责,对工作一丝不苟,而这两台机器也展现了惊人的持久力。"

将障碍视为一种挑战

许多犯罪惊悚动作片是围绕执行任务的特工展开的。无论是詹姆斯·邦德还是"黑寡妇",这些特工都凭借聪明才智和强大的心理素质清除障碍,战胜邪恶势力。他们富有使命感,坚定且韧性十足,总能成功完成任务。

明星员工的身上也带有特工的特质。比如美国国家航空航天局的玛丽,她总能坚持不懈地解决问题,完成任务。同事们因此给她取了个绰号,叫她"任务终结者"。这些人虽然是普通人,却拥有非凡的心理承受能力,不但能够抵御邪恶势力,也能够直面生活和工作中遇到的问题和挑战。无论面对什么样的困难和阻力,他们都能完成任务。就像在电影中一样,他们无须时时接受帮助，只是在需要时才获取组织支持。

　　这种坚持解决问题，有始有终完成任务的习惯，就是我所说的"完成基因"。这些品质存在于那些掌握主动权、无须他人提醒也能完成工作的人身上。克服障碍对于其他人来说或许是件难事，但对于拥有完成基因的人而言，未解决的问题和未实现的目标会让他们如坐针毡。因此，他们总能完成任务。

　　获取这种完成基因，既需要韧性（从困难中迅速恢复的能力），也需要毅力（不懈追求成功的坚持）。

　　明星员工不易被打败，他们能从挫折中恢复过来。他们的理念是：我可以克服挫折，在我的眼中，挑战是用于积累力量和证明自己的机会。在这种理念下，失败被视为暂时的挫折，而不是最终的结果。在 2013 年《哈佛商业评论》刊登的一篇文章中，罗莎贝丝·莫斯·坎特（Rosabeth Moss Kanter）写道："成功者和失败者的区别，在于他们经历失败后做何反应……没有人能完全规避困难，潜在的陷阱无处不在。因此，成功者拥有的是爬出谷底、挽回局面的韧性。"她在文中总结道："当不确定因素成为新的常态，韧性便成为一种新的技能。"

　　韧性可以帮助自己挽回局面、恢复精力、变得更强并获得成长的力量。毅力就是尽管一路上充满挫折，缺少人为设置的奖励，但仍能帮助我们坚持前进。毅力源于一个简单而强大的信念：我能完成这件事。宾夕法尼亚大学教授安吉拉·达克沃斯（Angela Duckworth）是从事毅力相关研究的权威人士，她表示："毅力较强的学生更有可能获得学位，毅力较强的老师在课堂上更有效率，毅力较强的士兵更有可能完成训练，毅力较强的销售人员更有可能保住自己的工作。越是在具有挑战性的领域，毅力似乎就越重要。"

　　谷歌媒体实验室的策划经理菲奥娜·苏（Fiona Su）就是韧性与毅力的

化身。她的经理、北美区媒体主管约翰·塔奇滕哈根（John Tuchtenhagen）说，菲奥娜·苏是那种能够占据主动权的人，知道如何实现目标，能够产出至少两个人的成果。塔奇滕哈根解释了菲奥娜·苏为何能够得到他人的支持，并在其他人止步不前时继续推进项目："她的工作出发点是不断尝试，她坚信一切问题都能得到解决。"对菲奥娜·苏来说，"不"是一个含糊的词，有很大的回旋余地。她解释道："遭到拒绝的时候，我的反应不是泄气。我会问对方为什么不同意，然后以这个'不'为出发点，找到前进的道路。"

将韧性和毅力结合在一起，我们便能获得"我可以处理好一切"的信念。这种信念促使我们承担起个人责任，而不是将突发问题交给上级处理。这意味着我们会获得更大的自由度，能通过不同的方式处理问题。

3 个习惯，扫除未预见的障碍

为什么这些有韧性和毅力的明星员工在团队中如此有价值？我们让 170 位管理者分享了他们的烦恼，在排名前 10 位的回答中，有 3 项与员工未能完成任务有关。在管理者给出的回答中，最常见的是员工没有事先尝试找出解决方案，就把问题抛给管理者。比如，有的员工"不做尝试，而是像猫一样把死耗子扔在你的大门前"。管理者的第三大烦恼是他们必须跟在员工身后督促他们完成任务，这使管理者沦为"唠叨专业户"或微观管理者。除此之外，令人猝不及防的意外也令管理者颇为烦恼，比如员工在没有补救余地的最后关头才向管理者汇报某个坏消息。这就像举办了一场让管理者颜面扫地的聚会，客人刚来赴约，而你的猫咪却在大门前扔了一只死耗子。

与之形成鲜明对比的是，明星员工做出了低维护成本、高责任感的行动：掌握主动权，预见并解决问题，尽一切努力完成所有工作。他们之所以能够坚持到最后，是因为他们能够预见问题，并制定相应的解决方案（见表3-1）。能做到这一点，是因为明星员工养成了有助于完成工作的 3 个习惯。

表 3-1　面对未预见的障碍时折损声誉和积累声誉的因素

因素	具体做法
折损声誉的因素	将问题交给上级处理，而不是提供解决方案 让上级督促自己完成任务 在最后关头汇报坏消息，让上级猝不及防
积累声誉的因素	预见问题并制定解决方案 额外多做一点工作 自己发现问题 在没有人提醒的情况下完成工作 开门见山，直言不讳

习惯 1：完成所有工作

珀斯·瓦西奈（Parth Vaishnav）是 Salesforce 的首席软件工程师，这家公司是客户关系管理界的巨头，致力于帮助其他公司提升客户满意度，在业界建立了良好的声誉。瓦西奈是大家眼中出色的软件工程师，天生对事物的原理抱有好奇心，在应对技术挑战时无所畏惧，他总会积极投身"战场"，并带着解决方案凯旋。

Salesforce 4 个月的软件开发周期接近尾声。公司已开发出产品的最新版本，添加了全新功能并改善了性能。升级后的性能被打包在一起，一次性推送给全球 15 万名客户。然而，问题接踵而来。瓦西奈接到一位同事打来的紧急电话：新版本已经发布运行，可奇怪的是，客户看不到产品的新功能。大家对此一头雾水，问瓦西奈能不能帮忙，他回答了一句："交给我吧。"

瓦西奈随即展开调查并发现了问题，原来是新版本的一个产品个性化设置破坏了产品框架的组成部分（一小段无人管理但所有产品组都在使用的老旧程序代码），而这个组成部分恰恰影响到整套产品的运行。也就是说，所有产品的新功能和改善后的性能都暂时无法投入使用，这意味着或许超过10 万人日 [①] 的工作成果都被搁置。团队成员由此产生的挫败感可想而知。

---

① 统计学单位，指一个人一天的工作时间，用来衡量一个人完成某项任务所需的工作量或劳力。——译者注

瓦西奈对此进行深入研究，找到了根本原因，并制定了解决方案，但他并未止步于此。早在几年前，瓦西奈就因自行采取行动差点把整个系统破坏掉，他也因此得到了一些尖锐的反馈。现在的他汲取教训，认为还是不要独自实施解决方案为好。他要先确保自己对整体局势有所把握，并获取各产品组的支持。他迅速召开了一场软件架构师会议，解释了问题，并就解决方案与大家达成共识。

被阻塞的功能得以释放之后，瓦西奈的工作仍然没有完成。他又工作了一周，检查了所有可能存在的依赖项[①]，确保新功能没有产生不良的副作用，并与其他产品组合作，确定了一项改进后的工作流程。最后，他安排了一支长期接管产品框架的团队。就这样，问题得到了彻底解决。

明星员工不仅会完成自己的工作，同时也会关注复杂组织的罅隙和真空地带。此外，我们还看到，明星员工并不止步于做好自己职责范围内的工作，而是会完成相关的所有工作。他们会在越过终点线后，为确保比赛稳赢和完成使命又跑出 100 米的距离。他们不仅到达了终点，而且超越了终点。

"即发即弃"，无须监管

明星员工往往会长时间地坚持解决问题。Adobe 的一位经理这样描述团队中的一位明星员工："她非常执着。问题越是困难，她就越是坚持。智力上的挑战成为她前进的驱动力。"另一位经理则这样评价他认识的明星员工："他不会选择省力的方法，也不会因别人的拒绝而放弃。他知道如何跨越障碍，用创造力解决问题。"明星员工更有毅力，因此面对模棱两可的情况也能取得进展。即使无人监管，他们也不会走捷径。

桑德拉·迪恩（Sandra Deane）是一名言语病理学家和吞咽障碍专家，曾在斯坦福大学医疗中心工作。她知道，对于某些患者来说，如果在出院或

---

① 指一个项目或组件需要的其他项目或组件。——编者注

进行饮食疗法之前先进行吞咽纤维内镜检查，疗效可能更好。这一发现为言语病理学家、护士和医生的实践带来了重大改变。迪恩要求每一位在职的言语病理学家都要接受培训，具备为患者进行吞咽纤维内镜检查的能力。她与其他人合作组织了为期两天的吞咽纤维内镜检查课程，并利用斯坦福大学医学院的模拟实验室，以便在现实环境中进行练习。为了确保患者得到准确转诊，她主动提出对护士进行培训。虽然起初遇到了一些阻力，但她仍主动提出参加护理小组会议，在护理会议上发表演讲，并与护士进行一对一的合作，以此动员大家参与进来。刚开始的时候，医生们并不愿意订购测试器材，于是她便阐述了改善后的疗效，最终说服了大家。由于迪恩的远见和坚持，斯坦福大学医疗中心得以将这个项目继续推行下去，后来还开展了与吞咽纤维内镜检查相关的临床试验。迪恩的主管表示："她坚持不懈，赢得了大家的支持。我们都非常钦佩她。"

众所周知，顶级贡献者会圆满完成任务。但真正让他们脱颖而出的特质，在于他们无须上级提醒就懂得自我管理和自我监督。正如领英的一位管理者所说："只要是塔拉的工作，我从不需要查看进度。"在美国国家航空航天局，一些管理者将这种状态称为"即发即弃"[1]，即管理者只需提出要求，就可以将此事抛诸脑后，一旦把任务交到这个人的手里，就等于十拿九稳。我们所调查的管理者表示，在 98% 的情况下，顶级贡献者往往会在无人提醒的情况下完成工作。相比之下，典型贡献者的比例为 48%，贡献不足者的比例为 12%。

提供稳定的绩效保证

明星员工不需要管理者提醒也能完成工作，这种可预见性逐渐成为管理者依赖的稳定因素。明星员工能向利益相关者提供绩效保证。我们分析了专业人士的各种行为，发现明星员工有 5 大行为尤为突出：

---

[1] 也称为射后不理，泛指武器在发射后不再接受任何外界指挥，能够自动寻找目标、更新数据。——译者注

1. 主动承担责任，无须上级提醒也能完成工作。
2. 为人诚信，做符合道义的事。
3. 容易共事，招人喜爱，平易近人，积极向上。
4. 快速学习。
5. 将自己的优势运用于工作中。

这些行为是明星员工的"绩效保证"。其中有个关键点在于，普通员工通常也能做到这些，但并非一直如此。如果一个人总是表现优异，那么管理者就可以完全卸下责任，不必担心他做不好。如果一个人只在大部分时间完成任务，管理者就需要一直操心。明星员工的工作质量始终如一，为他们的同事提供了可靠的保证，因此，他们成为盲传球的对象，能得到最宝贵的机会。

百分百完成，再进一步

明星员工的优点还在于他们会"额外多做一点工作"。我们的调查数据显示，明星员工和普通员工的区别之一是，明星员工能够超出预期，给人带来惊喜。他们不仅能准备一份详细的报告，可能还会添加执行摘要并画出重点；他们不仅能完成一笔大额交易，可能还会争取到一封客户推荐信，发布在公司网站上。当团队中的普通员工带来让人猝不及防的坏消息时，明星员工不仅能完成全部工作，而且能锦上添花。他们既可靠，又积极向上，被视为值得信赖且令人愉快的同事。

习惯 2：掌握主动权

明星员工有很强的责任心，在遇到挫折和障碍时，他们从不会把问题推给别人。

大多数人有把难题推给别人的冲动。大多数诚实的父母会承认，他们曾有过一两次这样的念头，尤其是在面对难以安抚的新生儿或喜怒无常的青少年的时候。他们可能并不是真的想要"退货",但在遇到困难的时候,他们或许倾向于把养育的责任推给别人。当员工把问题推给管理者时,通常伴随着主动权的转移。斯坦福大学医疗中心的一位管理者描述了这样一位员工:"她发出的电子邮件基本上都是在表达'你好,问题是这样的,交给你啦'。她好像不会去调查问题,只是把问题交给上级去解决。"

寻找援兵

明星员工会坚持不懈地完成工作,但不会独自前进或默默忍受。他们会竭尽全力,但也明白何时该向上级和同事求助。

大多数人知道自己何时需要帮助,但很少有人喜欢开口求助。不仅如此,对于大多数人来说,求助是一种痛苦的经历。海蒂·格兰特(Heidi Grant)在《哈佛商业评论》上写道:"神经科学和心理学研究表明,不确定性、被拒绝的风险、地位下降的可能性以及自主权的丧失,这些社交威胁所激活的大脑区域与身体疼痛所激活的大脑区域相同。在人们热衷于展示专业知识、能力和自信的职场,求助尤其会让人感觉不舒服。"但正如格兰特所指出的,从脑神经的构造来看,人类天生喜欢互相帮助和支持。当我们带着责任心请求帮助,能够最大限度地调动双方的能动性。

明星员工能够在抓住解决方案主动权的基础上向上级寻求帮助。谷歌的菲奥娜·苏就做到了两点兼顾。她以坚忍、独立、有能力对内部利益相关者负责任而闻名,但在遇到麻烦时,她会毫不犹豫地告知上级塔奇滕哈根,表示这件事超出了她的能力范围,因此需要帮助。她会让塔奇滕哈根以顾问而不是项目负责人的身份参与到项目中。塔奇滕哈根表示:"她知道如何让我参与进来,和她一起前进。"他不仅愿意帮忙,同时也能在不承担全部责任的情况下贡献力量,因此他感到乐此不疲。

你可以出于正当理由把问题推给上级。正如上文所说,你可能想让高层管理者一同解决问题。或者,你可能只是简单地想让大家对情况有所了解。

正如塔奇滕哈根所说："菲奥娜·苏从不会让我摸不清方向。"另外，这种做法还可以消解意外出现的障碍所带来的挫败感，有助于你找到摆脱困境的出路。正如 Salesforce 的一位工程总监对一位明星员工的评价："他不会因为某件事而止步不前。他虽然有时会感到沮丧，但在发泄情绪之后便会继续前进。"

在明星员工看来，寻找援兵并不是懒惰或逃避。他们不会把问题推给同事，也不会在上级面前表现得不知所措。他们所传达的信息很明确："我需要你的指导或行动，只有这样我才能推进工作。"就像菲奥娜·苏一样，他们虽然会寻求帮助，但从未放弃承担责任，这会让同事和利益相关者相信，只要付出一点帮助就能换来巨大的收益。

争取必要条件

让我们回到之前提到的"甲骨文领袖论坛"案例。随着第一届论坛落下帷幕，我们看到，论坛大获成功（除了收到关于战略不够清晰的反馈之外）。接下来的一周，我们开会详细审查了反馈意见，并确定了之后的工作步骤。在这次会议上，大家庆祝了初期取得的胜利，气氛非常融洽。

作为一名资历较浅的成员，能与自己非常钦佩的高层管理者同坐一席，我感到非常荣幸。他们尽职尽责，我们合作得非常愉快。但我明白，启动一项计划虽然容易，要完成它却很困难。除了才华横溢而且头脑机智的首席执行官拉里·埃里森（Larry Ellison）之外，还有其他 3 位高层管理者，他们是公司最重要也最忙碌的人。我担心他们会因其他工作而分身乏术，尤其是每年能够创造 250 亿美元收入的总裁雷·莱恩（Ray Lane）。

会议结束后，3 位高层管理者正要起身离席，我决定发言。我知道，如果现在不说，以后只会越来越难开口。我说："莱恩，你知道我和我的团队为这个项目付出了很多。你了解我，知道我是为了确保项目成功而不吝啬付出的人。"他点了点头。的确，我的投入和执着，他都看在眼里。我继续说：

"我会拼尽全力，但如果哪天你不再有时间投入这个项目，我也会停下脚步。"为了强调我的观点，我再次重申："如果你放弃这个项目，我也会放弃。"

我不知道自己是怎么鼓起勇气说出这些话的。我觉得，这些话是必要的，而不是夸大其词。我知道，如果高层管理者不亲自参与进来，这个项目必败无疑。我不愿意失败，我必须为项目成功争取必要的支持。我永远不会忘记当时莱恩脸上的表情。他停了下来，盯着我看了一会儿，试着理解我提出的要求。我觉得，他应该是在思考自己参与项目的意愿，而不是因我的出言不逊而措手不及。稍后，他坚决地表示："我保证不放弃。"

他立即站起身来走到行政助理的办公室，说道："特里，明年，无论怀斯曼有任何要求，都可以在我的日程上优先安排。"特里脸上惊讶的表情让我至今难忘。在接下来的一年里，项目持续推进，莱恩没有食言。他出席了我召集的每一次会议，从未停下前进的脚步，我也一样。当然，我们前进的路上难免会有磕磕绊绊，但我总能得到解决问题所需的支持。

在那段时间，我不仅工作表现出色，而且得到了 3 位高层管理者的全力支持。能得到他们的支持，并不能全部归结于我的运气或魅力，还因为我争取到了必要条件。

你是否清楚，想要获得成功，需要从别人那里得到怎样的支持？如果答案是肯定的，你是否提出过要求？如果你想要获得成功，就需要争取必要条件。

我们往往认为，额外的预算或人员数量才是必要条件，然而在现实中，最重要的条件并非如此切实而具体。怀斯曼集团对 120 位来自不同行业的专业人士进行调研，询问他们在工作中取得成功的必要条件。以下成功的 6 大必要条件，得到了大家的重视：

1.　信息的获取。

2.　上级的支持。

3.　反馈或培训。

4.　参与重要会议，与重要人物接触。

5.　充足的时间。

6.　声誉的建立。

在所有行业、国家和群体中，必要条件有这样一个共同点：预算和人员数量都排在第七位和第八位，且远落后于前 6 大因素。大家都同意最重要的并不是更多的钱或人。我们哪怕没有太多的资源，也能够为成功打好基础，但要确保领导者和我们一起坚持到底。事实上，只要争取到必要条件，我们就能更好地驾驭不确定性，并在模棱两可的环境中茁壮成长。

切记：时机决定一切。不要等到问题出现了再行动，而是要在投入工作之前，趁你还有影响力时努力争取你所需的东西。如果没法事先争取到顺利开展工作的必要条件，你就不得不独自解决问题，或是在个人能力耗尽时把责任推给上级。争取必要条件不仅有助于确保积极的结果，而且能够增强你的感召力。

争取必要条件的决心，源于一种明星员工所共有的深层次理念：棘手的问题是不可避免的。许多普通员工会尽量规避这些棘手的问题，明星员工却会未雨绸缪。

习惯 3：预见挑战

这是一场令人揪心的血腥事件，简直惨不忍睹：2017 年 10 月 1 日，一名持枪者在内华达州拉斯韦加斯的赌城大道向参加露天乡村音乐节的人群开枪。包括持枪者在内的 59 人丧生，伤者共 851 人，其中 422 人受到枪伤。调查人员至今仍不清楚持枪者的作案动机。这是美国历史上一次较大规模的枪击事件。

　　绝大多数枪伤受害者被送往离案发地最近的日出医院急诊科。让我们先来想象一下，如果你是那天晚上值班的主任医师，你该如何同时为 250 名重伤人员提供治疗呢？对于医疗和行政管理者来说，这是一个前所未有、几乎不可预见的挑战。幸运的是，当晚急诊科的主治医生凯文·梅内斯（Kevin Menes）多次预想过这样的场景。梅内斯不仅接受过急救医学训练，而且曾在拉斯韦加斯特警队担任战术医生。他很早就意识到拉斯韦加斯很容易成为袭击的目标，预见到了发生大规模伤亡事件的可能性，并提前思考了他和他的团队该如何应对，在心理上为他希望永远不会到来的那一天（或那一夜）做好了准备。

　　梅内斯听闻消息时，是在晚上 10 点。他明白枪伤受害者的数量庞大，但是，他已经提前制订了一个计划。他后来与朱迪斯·提提那莉（Judith Tintinalli）医生和洛根·普拉斯特（Logan Plaster）医生合写的一篇发表在《急诊医师月刊》（*Emergency Phisicians Monthly*）上的文章描述了当晚的场景。他是这样写的：

> 　　这听来可能很奇怪，但我真的早就思考过这些问题。因为我对待急救工作的态度向来如此：提早准备，提出尖锐的问题，找出解决方案，在心中预演计划。如果已经制定了解决方案，你就不必等到挑战来临时再跨越心理障碍了。

　　梅内斯按照计划，指示行政管理者将在家休息的医护人员调集到医院，将所有手术室、治疗室和走廊腾出来，将所有可用的病床和轮椅收集在一起。任何能推手术床的人，都要去接收入院的伤者。

　　在调动资源的同时，梅内斯迅速重新梳理了急诊科的工作流程。由于没有时间根据伤势的严重程度给每个伤者贴标签（从红码到绿码），他转而采取了为病房贴标签的做法。在刚开始的 40 分钟里，第一批的 150 名伤者被送到急诊科。在伤者到达时，梅内斯按颜色为其伤势分类，并让医护人员迅速把他们送到指定的病房。这种做法能使伤者立即与医护人员、设备和药品进行匹配，也让医护人员能够在整个过程中对每类伤者进行监测和快速转移。在梅内斯对伤者进行鉴别分类的同时，其他 3 名急诊科医生马上开始对红码病房中的伤者进行抢救，外科医生和麻醉师也在赶来的路上。

与此同时，护士则紧密监视橙码和黄码病房中身体状况急转直下的伤者，并对每位仍能找到静脉的伤者插入静脉导管。在红码病房中的伤者进入手术室的同时，急诊团队开始对橙码病房中的伤者进行治疗，因为他们的治疗黄金时段即将结束，抓紧时间干预可降低伤者死亡率。伤者的流动恢复正常后，梅内斯把鉴别伤者的工作交给了一位主任护士。这样一来，他就可以专注于稳定伤者的伤势，及时把他们送入手术室中。随着越来越多的医生到达急诊室，他向大家介绍了新的流程，并发出指示："找到濒死的伤者，先救他们的命。"

面对每一个新的问题，梅内斯要么想出一个变通的办法，要么就保持冷静，确保每位伤者都得到治疗。以下是他巧妙解决问题的几个实例。当他无法在情况不稳定的伤者之间快速走动时，他会来到病房中间，让医护人员把伤者的床搬到他面前。他回忆道："几张病床像花瓣一样围绕着中心向外排列，床头对着我。我们给所有伤者都注射了药物，每名伤者都接受了插氧气管、输液和插胸管治疗，然后被转移到一号站。"呼吸机用完后，医护人员采取了最后的解决方案，利用 Y 形软管让两位体型相同的伤者共用一台呼吸机，并将呼吸机中的氧气输出量增加了一倍。当对 X 光的需求出现激增时，梅内斯把放射科医生带到 X 光室，以便他们能立即读出 X 光机显示器上的结果。

整整 7 小时后，太阳才刚刚升起，急诊室中的 215 名伤者均被转入门诊，137 名伤者则已经出院。这是一个史无前例的壮举。急诊室平均每小时治疗的伤者达 30 名之多。手术团队在 24 小时内完成了 67 次手术，其中 28 次在最初的 6 小时内完成。伤者中没有一例是轻伤，因为轻伤者都被送到了其他医院。这种果断的措施不仅仅是梅内斯当下发挥聪明才智的结果，更是他未雨绸缪积极主动地预想，以及针对最坏情况进行心理演练的结果。

仅仅通过预见挑战和做好心理准备，我们就能为不可预测的未知事件做出更完备的计划吗？**想要克服困难，最可靠的方法是从一开始就做好心理准备。**通过预见问题，即使在最坏的情况下，我们也能坚持到底。

将问题视为常态

当我们预见问题，甚至将问题视为常态时，便不会浪费时间为意外长吁短叹，而是能将精力全部集中于快速寻找有效的解决方案。斯坦福大学医疗中心的一位管理者这样描述团队中一位极具感召力的明星员工："她一直在寻找潜在的陷阱，并采取措施，防患于未然。这样一来，问题还没出现就得到了解决。"明星员工并不具备透视或预见未来的超能力，他们的优势在于可以意识到问题总是潜伏在拐角处。他们能够预料到会有令人不快的意外，并将挑战视为常态。精神分析学家西奥多·鲁宾（Theodore Rubin）说："问题不在于有问题存在，而在于人们期待没有问题，并认为有问题才是个问题。"这句话捕捉到了人们逃避问题的倾向。只有将问题视为常态，问题才不会分散我们的注意力。路障会被视为成长的基石，为我们提供必要的阻力，让我们变得更加强大和机智，并使我们有机会证明自己的毅力和勇气。

为了提高自己预见问题的能力，可以找一位同事做你的支持者，扩大你的视野范围。让这位同事帮助你寻找弱点、看到问题的苗头。你也可以为对方提供同样的帮助。

镇定应变

明星员工在面对突发问题时毫不慌张，他们会随机应变、重新明确方向。他们会找到非常规的方法，从而完成工作或把项目坚持到底。挪威的雪橇手托马斯·韦尔纳（Thomas Waerner）就是一个范例。2020 年，韦尔纳荣获艾迪塔罗德狗拉雪橇比赛冠军。完成比赛之后，他发现自己刚刚拉开了另一场耐力挑战的序幕，而这场挑战，远比比赛本身更加漫长而艰难。

艾迪塔罗德狗拉雪橇比赛的赛程为 1 770 公里，赛道从阿拉斯加的安克雷奇一直延伸到诺姆市，雪橇手和拉雪橇的狗队要在暴风雪、雪盲和 -18℃ 的极寒天气中进行为期 9 天的比赛。这场比赛的运动员，就是这些拉雪橇的狗。它们大多是哈士奇和阿拉斯加雪橇犬的混血品种，具有不俗的耐力，能够长距离快速奔跑而不知疲倦。[①] 值得注意的是，大多数狗能在比赛结束时保持基本生命体征与比赛开始时齐平。事实上，在一场超级马拉松比赛中，表现最好的就是那些刚刚完成另一场比赛的狗队。

2020 年 3 月，韦尔纳带着 10 只狗冲过终点线时，只看到了零零星星的观众。因为在比赛期间，新冠疫情加剧，航空旅行陷入停滞状态。大多数观众已经离开了阿拉斯加，韦尔纳的妻子古罗也是其中一员，她独自一人带着 5 个孩子在家，扛起兽医的职责，照顾自家犬舍里的 35 只狗。相比之下，其他人居家工作要面对的挑战就小多了。韦尔纳必须开动脑筋想对策，自己回家虽然并不困难，但他的 16 只狗伙伴是不能乘坐民航飞机的。

3 个月后，韦尔纳找到了交通工具：这是一架 20 世纪 60 年代的道格拉斯 DC-6 飞机，自从 20 世纪 70 年代以来就无人驾驶过。毫无疑问，驾驶飞机回家堪称另辟蹊径。当时，这架退役的飞机正准备飞往挪威的一座博物馆，韦尔纳和他的狗伙伴打算搭一趟"顺风车"。然而，新冠疫情导致原本的计划被打乱。经过与博物馆的谈判，赞助商的协助，以及因为加油和计划外的检修多次停机后，韦尔纳和他的冠军雪橇队越过了真正的终点线，终于

---

① 在比赛中，哈士奇和阿拉斯加雪橇犬不像其他哺乳动物一样需要糖原。糖原燃烧很快，但生成很慢。这种特征，使雪橇犬能够通过燃烧蛋白质和脂肪快速补充能量。

到家了。韦尔纳在接受《纽约时报》采访时表示："对于这场比赛，这是一个伟大的结束。"

职场中的终点线也同样可以移动。有时候，你本以为任务已经完成，问题却不期而至。比如，你本来已经从一位重要利益相关者那里获得了批准，却发现还需要递交更多的文件并获得另外的批准。遇到问题时，普通员工会在终点线前停下来，但明星员工会发挥创造力，另辟蹊径，超出他人的预期。

完美收尾

想要坚持到底，不仅要把工作完成得尽善尽美，个人也应在身体、心理和情感上处于良好状态。明星员工虽然也会疲惫，但稍作休整就可以积极投身到下一场比赛中。原因在于，他们已经预见到了问题，并且做好了准备。当问题出现时，他们不至于措手不及。明星员工懂得如何寻找援军，因此可以在掌握主动权的同时不让自己心力交瘁。他们懂得如何争取必要条件，因此能在跨过终点线时保持体力。

总而言之，明星员工既不会精疲力竭，也不会萎靡不振。就像上文中的雪橇犬一样，他们在比赛结束时和在比赛开始时一样活力十足。他们不仅拥有完成基因，也拥有耐力基因。想要坚持到底，这两个基因缺一不可。再加上对强度和步伐的控制，你就拥有了从挫折中汲取经验的精力和心态，更容易坚持到底。

面对挑战时的 2 个陷阱

明星员工意志坚强，在面对挑战时不轻言放弃，而普通员工具有规避问题倾向，在遇到问题的时候，他们会将问题交给上级，而不是主动承担。普通员工会采取负责任的行动，却不会为任务是否成功负责。在动作惊悚片中，这种人物的确擒敌有术，但当敌人逃脱时，他们会打电话给总部，告知危险还没有解除。

带有规避问题心态的人，会将问题视为有害且应该避免的事情。持有这种世界观的人，会觉得意外出现的问题对计划造成了不便和威胁。这些人要在稳定的环境中才能成功，但稳定的环境在动作惊悚片或大多数职场中并不常见。

有些人会过早停止前进的脚步，但有些人会一条道走到黑。我们在面对挑战时容易掉入两个陷阱，其中之一就是"不惜一切代价完成工作"。

不惜一切代价完成工作

在遇到挫折时，很多人都想克服困难、坚持到底，这也往往被视为崇高的选择。就像伟大的斯多葛派哲学家一样，他们主张拥抱障碍，耐心忍受。我们以为，默默隐忍有助于塑造性格。这种谬论不仅是对旧工作规则的错误坚持，也是对古老智慧的滥用。为了完成而完成，可能会导致皮洛士式的胜利。皮洛士是一位希腊国王，他不惜付出惨重的代价，在与罗马士兵交战的初期取胜，但在此之后很快就被驱逐出罗马。在皮洛士式的胜利中，成功会让胜利者及其团队付出沉重的代价。他们或许完成了任务，但鲜血涂地。战斗之后，精疲力竭、人心涣散的士兵瘫倒在地，不愿再参与到下一场战斗中去。同样，我们自己也精疲力竭，陷入过劳的状态。

项目一旦开始就一定要坚持完成，这种做法可能导致精力的错误分配和资源的浪费。我的一位朋友曾经半开玩笑地说，当他意识到自己把所有时间都花在了别人未来的妻子身上时，他终于下定决心分手。同样，面对低效的项目，如果我们非要等到项目快完成才决定是否放弃，就会剥夺组织本应投入在更高价值机会中的时间和资源。另外，我们还有可能把自己搞得精疲力竭。与其不惜一切代价地完成工作，不如放弃一些项目，及时止损。想要避免皮洛士式的胜利，我们应深思熟虑，并以全面的视角制定决策，不要考虑之前的行动造成的沉没成本，而要专注于一味坚持所带来的损失和机会成本。

乱拉警报

如果把问题视为威胁，我们便很容易拉响警报。但是，如果我们过早或是过于频繁地拉响警报，我们的感召力和可信度会削弱。这样一来，我们可能会成为别人眼中过分夸大问题，但在制定解决方案上行动不力的人。Adobe 的一位管理者这样描述一位员工："她对一切问题都满腹牢骚。"如果关注威胁而忽视机会，我们就会养成爱抱怨的习惯，对每一个可能影响工作舒适度或个人职业发展的问题怨天尤人。最终，就像对待那个喊"狼来了"的男孩一样，大家也会对我们的抱怨声充耳不闻。

然而，即使是言之有物的报警者也会带来不良影响。这些人会提醒上级注意潜在危险，但次数太过频繁。如果有人拉响警报却没有提供相应的解决方案，管理者会立即采取措施，在原本无须亲自参与的领域进行微观管理。当我还是一个资历较浅的经理时，团队中就有这样一位成员。在一次一对一的会面中，她花了至少 20 分钟的时间，向我阐述了一大堆可能危及下周一场重要培训课程的技术难题。我忧心忡忡地拿起电话，向公司的数据中心寻求帮助，但她似乎对我的行为感到惊讶。她澄清道，她并不需要我的干预，她能自己解决问题，只是想让我了解她所面临的挑战。我目瞪口呆，因为在我听来，她的宣泄就是在求助。

在工作中遇到艰巨的挑战时，我们很容易将挑战推给上级。如果上级"上钩"，让员工过早脱离困境，就等于剥夺了员工从挑战中汲取经验的机会。如此一来，毅力和韧性在管理阶层得到巩固，在构成团队文化的较低阶层却没有得到加强。

相比之下，明星员工会被委托负责最重要的项目。Splunk 公司的一位技术总监表示："我会把最困难的项目交给他处理，因为我知道他能成功，而且会用最有效的方式完成工作。"除此之外，明星员工能够确保完成工作，使合作者和上级能安心。这意味着他们可以在不受过度监督或微观管理的情况下独立完成工作。他们可以将全部精力投入在最需要解决的问题上，预见和处理那些不可预测的未知事件，充分完成工作，成为别人眼中在关键时刻起到重要作用的明星员工（见图 3-1）。

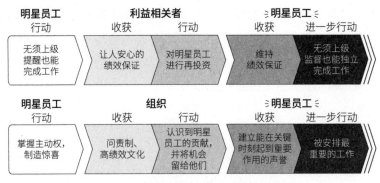

图 3-1　价值的构建：预见问题，坚持到底

明星员工会对创意从构思到完成的整个过程保驾护航，充分发挥潜质和影响力。和最优秀的跑者一样，他们能够快速起步，并坚持到底。正如我们在第 2 章中看到的，他们做事有始有终。他们具备完成基因，拥有一种持续前进的内在动力，能在没有上级监督和提醒的情况下独立完成工作。他们自带绩效保证，而这也是他们不断被委以重任的原因。

"在终点休息，不要在中途停下。"传奇篮球运动员科比的这句话，很适合用来形容明星员工。

遇到未预见的障碍时，你会怎么做？你会拉响警报，把问题交给别人处理，还是会选择坚持到底？对于明星员工而言，战胜挑战的奖励不仅仅是完成工作本身，还有跨过终点线时的骄傲。真正的奖励不在于你完成了什么，而在于你通过坚持到底，在能力变强的过程中开拓出新疆域。

　　美国国家航空航天局报告说，"机遇号"探测器在完成任务时，已经超出了所有人的预期，服役时长是原计划的 50 倍，促进了突破性科学成果的产生，激励了整整一代人。"机遇号"探测器的成功为人类未来的火星探索铺平了道路。美国国家航空航天局前局长吉姆·布里登斯廷（Jim Bridenstine）表示："正是因为'机遇号'探测器带着使命开拓前路，终有一天，我们英勇的宇航员一定能在火星表面行走……当那一天来临的时候，火星上留下的第一个脚印的一部分属于设计制造'机遇号'探测器的工作人员，还有那台以探索之名克服千难万险、完成壮举的探测器。"对于明星员工而言，随着一个任务的终结，另一个任务也拉开序幕。

明星员工自我修炼　IMPACT PLAYERS ●

　　以下内容为有志成为领导者的人们提供了一些建议，有助于实践"预见问题，坚持到底"这一关键要素。

锦囊妙计

　　1. **起草一份工作说明书。** 当你一开始就划定明确的职能范围时，更容易出色、圆满地完成工作。但是，你并不需要等待上级或客户下达明确的指示，你可以自己定义工作说明书的内容。为了创建共同的工作愿景，请你记录下列因素：绩效标准（怎样算把工作做得漂亮）、终点线（怎样算完成工作）和界限（哪些内容不是工作的一部分）。你要先把已经获取的信息记录下来，然后通过判断来填补缺失的内容。接下来，你要与利益相关者一起检查，将他们认为缺失的内容补充进去，并确认你们的共同期望。你可以提问："我认为的成功标准是这样的，这样的判断有什么偏颇吗？"一旦达成一致，你就拥有了一份清晰的工作说明书，并需要为工作说明书的成功执行承担起主动权。

2. **争取必要条件**。明确成功的 6 大必要条件：信息的获取，上级的支持，反馈或培训，参与重要会议、与重要人物接触，充足的时间，以及声誉的建立。务必在工作开始时就把这些必要条件协商好。你不需要做正式谈判，只需要通过和上级相互理解来获得这些条件。试着用简单的"如果……那么……"句式进行陈述，比如："如果我能够做你需要我做的这件事，那么我也需要你给我提供这些必要条件。"通过"如果……那么……"句式表达诉求，你能达成两个重要的目标：提醒利益相关者，你准备带来怎样的成效；让对方意识到实现这些成效的必要条件。

3. **将障碍视为挑战**。陈述问题的方式会影响人们的具体反应。如果把意想不到的障碍视为问题，你就难以找到解决方案。如果将障碍定义为挑战，你就能调动脑力，跃跃欲试地迎接挑战。想要把障碍重新定义为挑战，先要假设每个工作日、每个项目（或每位上级）都会带来障碍。这样一来，你就不会再因障碍的出现而措手不及。你可以将障碍重新定义为以下 3 种：

- 亟待解决的智力游戏。
- 需要耐心或谦逊才能过关的性格测试。
- 需要掌握节奏、调动耐力的身体挑战。

4. **额外多做一点**。完成某个项目或工作时，你可以额外多做一点，超越最初的要求或职权范围。额外的行动并不一定需要你花费巨大的努力，也可以非常简单，比如在给经理转发报告时把重点标注出来。问问自己，有没有什么能让上级心情愉悦的小惊喜？制造的惊喜应具备以下属性：

- 让人出乎意料。
- 有益于实现目标。
- 不会分散你对其他重要工作的注意力。

安全提示

1. **知道何时放手**。如果你怀疑自己有可能陷在之前的优先事项中，置身于一场没有胜算的战斗，抑或正在为胜利付出极大代价，那就问问自己：鉴于大环境或市场的变化，这些事项是否仍有价值？对于组织和自己的工作而言，这些事项是否仍然重要或与目标契合？假如坚持到底，这些事项能为自己带来成果吗？如果答案是否定的，你或许就该考虑放手。但是，不要在得到上级或利益相关者的许可之前就放弃，一定要让对方知道，你会采取哪些新的措施来实现目标，或者在你处理一个优先级更高的项目时让他们指导你。

2. **有的放矢地抱怨**。想与上级表达你的沮丧，这是合情合理的。对于管理者来说，认识到团队成员面临的挑战也有益于团队发展。但是，表达抱怨和牢骚要讲究方法，即降低频率、精简内容、突出主旨。如果你需要释放一些压力，稍微发泄一下也无妨，但不要放弃主动权。你需要告诉管理者你已经在采取什么行动，明确你是在寻求同情还是解决方案。

从普通到卓越的
进阶指南

IMPACT
PLAYERS

	普通员工思维	明星员工思维
		带着问题磨炼自己
行为 ➡	将问题交给上级处理	我能处理（能力） 我能克服逆境（韧性） 我能坚持不懈，完成任务（毅力）
理念 ➡	逆境是痛苦的，应该规避（回避心态）	
习惯 ➡	采取行动 将问题交给上级处理 规避最困难的问题	完成所有工作 掌握主动权 预见挑战
影响 ➡	个人错过了在挑战中汲取经验的机会，将主动权转移到管理者身上	在关键时刻脱颖而出的个人会建立起有效应对危机的声誉，巩固问责文化

需要避免的陷阱： ➡ （1）不惜一切代价完成工作
（2）乱拉警报

IMPACT PLAYERS

How to Take the Lead, Play Bigger, and Multiply Your Impact

第 4 章

寻求反馈，做出调整

管理者眼中的普通员工	VS	管理者眼中的明星员工
他占用了我很多时间。本应由他完成的事情，却要我提供很多支持。		他经常来问我："我能帮你减轻什么负担吗？我能做些让你的工作更轻松的事情吗？"
他会把很多事情搞得很困难，于人于己都是如此。他或许能完成任务，但可能会造成巨大的漏洞。		他对冲突避而远之。这些事情不会影响他。他很有同情心，但绝不会掺和到任何闹剧之中。
和他一对一交谈时常十分费力，让人身心俱疲。我想想就害怕。		他散发着正能量。与他共事，乐趣无穷。

智力是适应变化的能力。

——斯蒂芬·霍金

电影导演将镜头对准了传奇舞台剧演员小杰森·罗巴兹（Jason Robards, Jr.）。这是一个特写镜头，旨在表现角色的内心冲突和情绪的变化。数次拍摄之后，依然没有找到感觉的导演喊了一声："停！"导演在事后回忆："我觉得他的情绪表现得还不够。我感受不到他的痛苦。"这位时年 34 岁的导演必须找到一种方法，纠正这位比自己大一倍，且多次斩获托尼奖和奥斯卡奖的著名演员的表演方式。

这位导演就是罗恩·霍华德（Ron Howard），从童星转为导演的他作品颇多，以《阿波罗 13 号》（*Apollo 13*）、《达·芬奇密码》（*The Da Vinci Code*）和《美丽心灵》（*A Beautiful Mind*）等电影而闻名。前面提到的这部苦乐参半的喜剧片，就是 1989 年的电影《为人父母》（*Parenthood*）。在这场戏中，罗巴兹饰演的角色是一位脾气暴躁的祖父，努力应对为人父母的难题，并直面自己作为父亲的不足。在这个无声的时刻，表演大师的一个面部表情就可以取代几页文字描述，他可以将角色一生的痛苦或失望凝聚在刹那之间。

霍华德走近罗巴兹，开始顾左右而言他，试着在不冒犯罗巴兹的前提下鼓励他尝试换一种表演方式。罗巴兹把手放在霍华德的手上，直截了当地问："霍华德，你是想让我的表情再悲伤一点吗？"霍华德如释重负，但也怀疑这位资深演员的提问中带有讽刺的意味，担心他会在下一场拍摄中故意摆出一副夸张的沮丧表情。霍华德心想，暂且先拍一次，然后再进行调整。

摄像机再次转动起来时，罗巴兹重换了一套表演方法，进行了细微而巧妙的调整，完美地完成了这个场景的拍摄。霍华德表示："这是我所能想到的对那一刻最自然、最真实的诠释。"这次拍摄的镜头最终在电影里保留了下来。霍华德反思道："我从这段经历中得到的经验就是，所有演员都有提高的空间。"

明星员工从不会停止前进的脚步，他们会为实现目标不断进行调整。那么，我们该如何调整，达到更好的效果呢？

与电影导演一样，管理者也需要通过给出反馈来调整团队成员的表现，或是推动他们不断进步。看到他们的进步，对于导演和管理者来说是一种满足。明星员工能将工作坚持到底，但是，伟大的工作永远没有终点，再优秀的人也永远不会停止脚步，他们一直在进步。

在此，我们主要讨论的是纠正校准的理念。纠正校准不是指迂腐的管理者直接指出员工的错误，而是在员工偏航时提醒其重回正轨。我们会研究为何明星员工和有志成为领导者的员工会主动寻求纠正，以及这些人如何抓住改变的机会，比其他人更快地适应变化和学习如何应对变化。

这一章的主题是改变，但我们所说的，并不是那种具有破坏性的激进式改变，而是关注细微变化，以及在不偏离正轨的情况下所进行的微调。关键在于调整，而不是转变。接下来，你将学会如何与利益相关者的需求保持一致，尤其是如何求助可以让你获得更多的纠正性反馈，以及如何回应才能让别人愿意对你进行投资。我们偶尔会对危险信号视而不见，从而犯下错误。因此，我们也会探索一些犯错后能够迅速弥补的方法。

我们先来分析为什么每个人都需要纠正性反馈，尤其是在绩效目标不断变化的当下。

固守自身优势，还是学习新技能

对于许多专业人士而言，工作就像是飞镖游戏：拥有明确目标和计分系统，每个人的表现都可以被清晰量化。我们可以通过练习掌握技能，射中靶心，在熟能生巧之后，就算蒙上眼睛也照样能射中。然而，随着业务需求的不断变化，业务目标也会发生变化。曾经完美的射击技能不再能保证命中率。如果我们想要百发百中，需要不断重新校准目标才行。

很多时候，问题变化的速度超过了我们解决问题的速度。我们才刚刚了解游戏规则，游戏就变了。我们需要学习新的规则，与新玩家合作，培养新技能和制定新策略。对于热情、自信的学习者而言，这种持续的适应和调整听起来很有趣，而在完美主义者或习惯把事情做得一丝不苟的执行者看来，却像牙痛一样惹人讨厌。如果惯用的方法不再奏效，你会有何反应？仅靠年度绩效评估收集的反馈，尚不足以解决问题。面对不断变化的目标，我们需要持续地反馈、指导和纠正，如此才能对自己的目标进行调整。

调整飞镖，而非靶心

不断调整目标需要投入巨大的努力，如果你能够转而调整飞镖，会不会更好呢？马克·罗伯（Mark Rober）就是这样做的。作为美国国家航空航天局前喷气推进实验室工程师兼发明家的罗伯，现已成为 YouTube 上的红人，利用自己的工程技术建造精密复杂和妙趣横生的设备。这位才华横溢的工程师玩飞镖的水平一般，因此，他与美国国家航空航天局喷气推进实验室的一位前同事合作，制作了一个飞镖盘来解决这个问题。经过 3 年的努力，两人创造出一款"自动靶心飞镖盘"。这个飞镖盘用红外定向探测摄像机计算飞镖的轨迹，利用多方向马达调整飞镖盘的位置，这些步骤都在半秒内完成，且飞镖次次都能正中靶心！只要投掷的方向无误，即使偏离靶心，飞镖盘也会进行自动校准，而这一切都是即时进行的。

这款独一无二的飞镖盘，是工程学中一项令人惊叹的发明。许多专业人士在工作中采取了和这两位工程师同样的心态：他们或许感觉到了即将发生的变化，却不努力做好准备，而是希望自己原有的技能仍能在新的工作环境中得到重视。他们想躲避暴风雨一样躲避变幻无常的风向。实际上，风向变幻无常才是常态。

反馈比认可更宝贵

一位技术营销经理在上级口中既聪明能干，又自信满满。然而，她的自信源于圆满完成工作的能力，而非适应或学习能力。心理学家卡罗尔·德韦克（Carol Dweck）将人们拥有的适应或学习思维称为成长型思维。这位技术营销经理的上级解释道："她一直在寻求认可和肯定，对纠正性反馈却不感兴趣。事实上，她会将一切挑战视为对她个人的直接威胁，仿佛自己的能力和成就受到了质疑。"随着自我认知越来越偏离现实，她的职业发展也变得停滞不前。这位上级感叹道："真希望我能通过一些方法让她接受反馈，从而更上一层楼。"

谈到普通员工对待反馈或纠正的态度时，其他管理者也表达了类似的担忧：

遇到病人有微词时，她会为自己辩护，解释为什么事情只能这么做。

她给人一种乐于接受辅导和反馈的印象，其实没有什么能改变她的想法。

他很擅长自己的工作，但我不确定他是否想提高自己的能力。

主动寻求反馈，调整目标

明星员工将不断变化的环境和目标视为学习、适应和成长的机会。他们乐于接受肯定和积极的反馈，但更加热衷于寻求纠正性反馈和与自己相反的观点，用来重新校准和调整自己努力的方向。他们通过这种方式培养出新的能力。

刚开始在谷歌担任消费品部门的品牌营销经理时，扎克·卡普兰（Zack Kaplan）已在 W+K（Wieden+Kennedy）广告公司积累了 6 年的工作经验，但对科技行业尚不熟悉。刚刚入职 2 周，他的经理、时任谷歌消费者应用品牌营销主管的泰勒·巴尔（Tyler Bahl）给他安排了一个备受关注的广告项目。消费品部门当时的广告策略比较繁杂，效果良莠不齐，每个产品组都在开发自己的广告推广策略。领导团队制定了一个新的目标：使用统一的广告宣传活动来取代分散的广告，为消费者传达一致的信息。这个项目在公司内部被称为"多重应用推广"。

这个项目面临着很多常见的挑战：时间紧迫，团队跨越多个组织（涉及谷歌内外部），还要满足一系列审批者的要求。另外，卡普兰在团队中的角色也不清晰，作为品牌营销经理，他的职责是设计品牌信息，还是同时监督广告的推广？巴尔向卡普兰简要介绍了项目，然后给他留出了自由发挥的空间。卡普兰马上就明白了，为何具备在模棱两可的环境中卓越发展的能力会被列为谷歌招聘员工的一个重要标准。

项目进行到一半时，创意团队意识到，营销管理层想要在广告推广中传递一条不同于以往的新信息。卡普兰开始提出问题，目的并不是质疑新的推广方向，而是试图找到适应新目标的方法。他与巴尔会面，问他："采取这种策略，对我们传递整体信息有什么影响？我们所讲的故事应做出怎样的改变？我们需要对内容进行哪些调整？"制定出新的方针之后，卡普兰联系了所有利益相关者和广告公司，让大家一起参与其中。

就在卡普兰和创意团队渐入佳境时，他们意识到，受众需要改变。于是，他们修改了广告发布日期，并对广告内容进行了修改。卡普兰和巴尔虽然找到了适应新目标的方法，但真正的挑战在于，即使进行了调整，他们的方法仍没有对准新目标。该方案需要通过一条广告来宣传谷歌的所有主要消费品，但不知为何，这条广告给人的感觉总是不对。创意团队试图对广告进行进一步修改，但广告内容还是让人看不进去，且难以产生情感共鸣。终于，卡普兰找到巴尔说："这个方案行不通，这条广告怎么都达不到理想效果。"

一天，巴尔和卡普兰在办公室工作到很晚，想要重新整理思路。他们提出问题：这个方案为什么行不通？我们是不是在一条广告里加入了太多内容？我们可以尝试怎样改变？通过对之前的做法提出质疑，他们发现，自己的确太过贪心了。巴尔提出："让我们化繁为简，从搜索产品开始。"他们决定制作4条各有特色的广告，每条广告只聚焦一款产品，但要传递出一个统一的信息。他们改变了使用单一广告的方针，计划针对体育、事业、家庭和沟通领域分别制作一条广告。这一举措虽然能产生更好的效果，但随之而来的变化可不小。这样一来，创意团队需要讲述4个彼此独立的故事，拓展广告公司的业务范围，在面对成本增加的同时，还要让更多的利益相关者参与进来。但他们下定决心，选择改变方向。卡普兰回忆道："在谷歌，人们会告诉你，要把面对不断变化的目标作为常态。而我们最大的敌人就是固执己见，即坚守原方法不放。实际上，原方法已经让我们迷失了方向。"有了这种新思路，他们又回到了正轨。

卡普兰四处奔走，展示工作进展，倾听大家的意见并收集反馈。他所收集的并不是方便得出一致结论的虚假反馈，而是有助于改变和调整工作方向的真实反馈。在一场唇枪舌剑的会议之后，卡普兰仍能以积极的态度吸收能够让想法落地的经验，并四处收集有助于推进项目的反馈。巴尔回忆道："即使卡普兰的想法在会议中被否决，他仍然不气馁，而是面带微笑，做好准备再度尝试。"

经历了几十轮的修改后，名为"迈出第一步"的广告终于打磨成型，并在黄金时段播出。广告在美国职业篮球协会季后赛期间首次亮相，好评如潮。其余3条广告所需的改动变少，并在接下来的两个月里与公众见面。卡普兰这次的"多重应用推广"项目不仅完成了关键绩效指标，还使投资回报预期增加了将近两倍。

卡普兰没有试图过度推销自己的想法，也没有固守最初的计划。他和团队虽然坚信自己的工作处于正轨，但仍然主动寻求反馈并做出调整，直到达成目标。

你是会固执己见，还是会积极寻求改变？如果你想在面对不断变化的目标时发挥影响力，那就应该主动寻求反馈，并对目标进行调整。

用成长型思维看待反馈

被动反应而非积极反应往往被视为一种消极品质，明星员工都是善于积极反应的人，也就是说，他们会根据所处环境的变化和得到的反馈做出回应。通过积极反应，明星员工可以适应不断变化的环境，就像变色龙为适应周围环境而改变颜色一样。尽管稳定通常被视为一种职业美德，但固守稳定的人也存在规避变化，固执己见，囿于舒适区的问题。

明星员工是敏捷的学习者，他们的管理者通常会注意到他们具备两种与众不同的做事方法：

1. 面对新挑战时，他们会带着热情快速学习。
2. 他们会用好奇和开放的心态拥抱新想法。[①]

明星员工之所以能够适应环境，是因为他们对自己的学习能力充满信心。 除此之外，他们对自己的能力有足够的把握。在他们看来，失败是固有风险，并不会影响他们对自我价值的认知。相信自己有成长和进步的价值，是自信心态的体现。

这种心态的基础，是成长型思维，即他们相信能力可以通过努力和良好的教育得到开发。卡罗尔·德韦克所进行的研究表明，具备成长型思维的学生明白，他们的天赋和能力可以通过努力、良好的教育和坚持得到开发。正如德韦克所认为的，具备成长型思维的人不认为每个人都是天才，但他们相信只要努力，人人都能变得更聪明。

具备成长型思维的人认为自己拥有学习和改变的能力。这些人将反馈理解为做出调整所需的重要信息，也将具有挑战和障碍的工作环境视为成长的训练场地。如果一个人不具备成长型思维，而是具备固定型思维，就会倾向于抵制变化，规避挑战。

我们处理反馈的能力，尤其是面对纠正或批评的能力，也受到我们对自我价值看法的影响，这取决于我们将自我价值视为内在固有特质还是外在条件。如果是后者，我们就会认为自我价值是由他人对我们的看法决定的。在这种理念之下，我们的个人价值是由我们在工作中的表现或生活中的成就所决定的。

---

① 怀斯曼集团的研究表明：在区分顶级贡献者和典型贡献者的最重要行为中，"面对新挑战时带着热情快速学习"排名第七；总能和经常做到"用好奇和开放的心态面对新想法"的顶级贡献者占96%，相比之下，能做到这一点的典型贡献者占30%，而贡献不足只占14%。

也就是说，工作为我们提供了意义和价值。除此之外，这种理念也可能导致知名记者德里克·汤普森（Derek Thompson）所说的"工作主义"，即认为工作不仅是经济生产的必要因素，也是一个人的身份和人生目标的核心。

然而，将自我价值与自己的职业，甚至是自己热爱的工作等外在条件联系起来，对我们的幸福感甚至工作质量都会产生危害。当我们将自我价值与工作紧密联系在一起时，批评便会给我们带来额外的伤害，失败也会带来更大的威胁。我们的自我价值感会随着事业发展的高低起伏、某个项目的进展或是某项绩效评估的结果而波动。这样一来，反馈、纠正和调整便会被我们视为一种威胁。

相比之下，将自我价值视为内在固有特质，是指相信自己具备稳定的价值和能力，这是明星员工具备内在价值的体现。如果一个人认为自己本身具有价值，即使明知自己会表现得很糟糕，仍然乐意尝试新鲜事物。在这种思维模式下，自我价值是独立于工作表现而存在的。**我们不需要成为别人眼中有价值的人，因为我们本来就有价值**。我们明白，尽管我们热爱自己的工作并能从中获得满足感，但自我价值不等于工作价值，工作并不能决定我们作为一个人的价值。

有的时候，区分自我价值与工作价值很难，尤其是对于那些对工作抱有热情或把工作视为一切的人来说。然而，如果能把自我从工作中分离出来，我们就能更好地面对不断变化的目标和人生的无常。如此一来，反馈便可以被视为一种信息，而不是谴责。适应和调整是对我们自身能力的拓展，而不是妥协。我们能够泰然自若地面对变化，相信自己具备学习的能力，明白即使在这个过程中遭遇失败，我们也不是失败者。我们对现状感到满意，但也会对改变持开放的心态。正如一位经理对明星员工的评价："她的自信来源于她正在努力提升自己。这使她具备一种谦逊的自信态度。"这种发自内心的自信提高了明星员工的适应力，使他们能够：

1. 寻求反馈并根据反馈采取行动。对于内在价值的理解保障了明星员工所需的安全感，让他们既能在不感到威胁的情况下接受纠正性反馈，又能在不自满的情况下接受确认性反馈。

2. 采取新的方式做事。当我们的自尊心不被结果左右时，我们便能更容易放弃旧方式，尝试新的做事方式。

3. 处理模棱两可的情况。在不确定的环境下，虽然我们对外部条件的信心较低（例如，"我不知道自己在做什么"），但仍能对自己保持高涨的信心（例如，"我可以提出问题，适应环境，找到答案"）。

4. 从失败中学习。当我们不将错误内化时，便更容易承认自己的错误，也更愿意放弃错误的假设。

5. 向所有人学习。我们不应将管理者视为唯一能为我们提供反馈或决定我们价值的人，可以选择从多个渠道获取信息，并独立寻找问题的答案。

随着学习周期的推进，我们所贡献的价值和产生的影响力会随之增加。这就是成长型思维的力量所在：对自己的内在价值充满信心时，我们就可以专注于分享和扩大这种价值，而不是努力证明自己的价值。

简而言之，自信为我们的改变和成长提供了条件。当我们对自己充满信心，并了解自己能力的拓展空间时，便不再惧怕改变。这样一来，我们便会寻找帮助我们适应新目标的信息。正如居里夫人所说："生活中没有什么可怕的东西，只有需要理解的东西。"

3 个习惯，提高学习速度

面对瞬息万变的职场环境，最重要的不在于你知道多少，而在于你的学习速度有多快。优秀的管理者知道，他们需要的不是一支聪明能干的团队，而是信心满满且能虚心学习的人。

我们选出了最具创新精神的组织，对其中的 170 位管理者提问，咨询明星员工的哪些行为最让他们欣赏，其中包括保持好奇心，提出好问题，寻求反馈，承认错误并迅速改正，乐于冒险和改变。值得一提的是，管理者更欣赏热爱学习的员工。与此相反，与防御心强和爱推卸责任的员工共事则会给人心里添堵，这些员工会把自己的错误归咎于他人，或是在得到上级反馈之后仍然一意孤行，对反馈充耳不闻。表 4-1 列出了我们在面对不断变化的目标时积累或折损声誉的因素。

表 4-1　面对不断变化的目标时折损声誉和积累声誉的因素

因素	具体做法
折损声誉的因素	推卸责任 得到上级的反馈后仍一意孤行
积累声誉的因素	保持好奇心，提出好问题 寻求反馈 承认错误并迅速改正 乐于冒险和改变

与许多管理者一样，我也管理过有着截然不同学习习惯的员工。我管理的第一位员工，我们暂且叫他奎恩。奎恩善于倾听，意识到我在为他提供反馈时，便会全身心地投入谈话之中，还会追问"还有别的反馈吗"，以便确保准确理解我的反馈。然后，他会几乎一字不差地重复要点，让我确认他已经接收到了我的反馈。我会满怀希望地结束谈话。但在几次类似的对话之后，我很快意识到，这位"理想的员工"并不像他表现的那样优秀。从表面上来看，他确实听到了我的反馈，但他几乎不会做出任何改进。事后我再次找到他时，他会用很有说服力的理由证明问题是别人的失误造成的，从而为自己的行为辩护。这些理由的潜台词是："我的工作没问题，只是你意识不到罢了。"从表面来看，奎恩表现得无可非议，实际上他扮演了安抚人心和转移注意力的大师角色。

让我们来看看肖恩·范德霍文（Shawn Vanderhoven）的例子。他同样擅长倾听，但是，他的倾听不只是为了安抚人心，也是为了自我调整。刚开始和他共事时，我因他提出的问题之多而震惊。最初，他的问题涉及如何准确无误地达成目标，比如"你想打造什么样的产品"或者"成功是什么样的"。而目标一旦明确，他的问题也会随之改变。提交某个项目后，他会提问："你得到预期的效果了吗？需要我对某些做法进行调整吗？"偶尔遇到工作偏离目标时，我可以直接告知他，而不必用种种安抚性的说辞来为他打气。他会回答"让我再试一次"，然后在第二天早上交出一个完美的提案。在与范德霍文共事的将近5年中，我很少向他提出纠正性反馈，并非因为他不需要（我们都需要得到反馈），而是因为他总抢在我前面主动发问。

如果团队成员能够积极寻求反馈并迅速做出调整，管理者就能看到，他们只需做出一些简单的反馈，就可以收获巨大的回报。接下来，我们将探索提问、调整和跟进的做法如何让明星员工快速学习，让他们从利益相关者那里获取更多的投资。

习惯 1：寻求指导

在我们的研究中，明星员工比普通员工表现出更强的可指导性，或是对指导的反应更加灵敏。这或许是由于他们能够根据不同情况挺身而出或适时后退。在 PsychTests 网站进行的一项研究中，研究人员要求每个参与实验的人将自己定义为领导者、追随者或适应者（愿意根据不同情况在领导或追随状态之间切换的人），然后测量每组成员对教练指导的接受度。结果表明，那些自认为是追随者的人反而最不乐于接受指导。PsychTests 的总裁伊洛娜·杰拉贝克（Ilona Jerabek）表示，自称追随者的人"似乎欠缺自信，别人的批评会让他们感到自己是软弱、不够格或无能的人"。尽管这些人或许能够理解管理者的良苦用心，但仍会将指导解读成一种否定他们的信号。自视为领导者的人员更容易接受指导，然而有趣的是，适应者最乐于承认错误、接受批评和寻求帮助，他们才是最愿意接受指导和学习的人。这一点与我们的研究发现一致：**普通员工寻求表扬和肯定，而明星员工会为了做出适应和调整寻求指导和反馈。**

瞄准目标

肯定的信号很容易洞察，但想要与利益相关者保持目标一致，将精力花在正确的目标上，我们就需要寻找存在的问题：未被满足的需求、不合理的期望、不讨喜的数据等。精明的专业人士会耳听八方，留意环境中新的变化，关注新的潮流，尤其是那些他们可能错过的趋势。罗莎贝丝·莫斯·坎特写道："优秀的领导者善于倾听，包容多种观点，能够从批评中学习，并始终意识到趋势有迅速变化的可能。通过迅速而果断地采取行动，他们得以立于不败之地。"为了在射击中正中靶心，我们需要掌握相应的信息，提醒自己是否偏离了正轨。

如演奏乐器一样，即使是一丝不苟的音乐家，也偶尔会有跑调的时候。类似钢琴的乐器需要时不时进行调音（每6个月一次，或是在钢琴被移动之后）；然而，类似小提琴的乐器则在每次演奏前都需要调音。在演奏开始时，小提琴家会先假设自己的乐器是走调的。没有人会指责一位小提琴家带着一把走调的琴来到音乐厅，但如果不在演出前调音，这位小提琴家或许就不会接到下一次邀约了。

想要为乐器调音，音乐家必须先将乐器的音高与音叉、数字设备或其他音乐家的参考音高进行对比，然后进行调音，直到两个音高完全一致。想要洞察音高中最细微的差异，需要一对经过训练的耳朵；想要成功对乐器进行调节，则需要熟能生巧。调音对于新手来说是一件困难的事，但这是一项可以且必须学会的技能。

与此类似，专业人士也往往需要一个参考标准，从而帮助自己找出可能"跑调"的地方。找到正确的音调或许非常困难，在刚开始的时候尤为困难，但通过练习，这种技能便可成为第二天性。这一方法的关键点在于参考他人的信息和见解，从而找到正确的音调。虽然"反馈"这个词通常有批评或指责的意味，但准确来说，反馈只是帮助接收者校准自身行为的信息。是否瞄准了目标？有没有漏掉重点？什么事情应该多做？什么事情应该少做？这些简单直白的信息都是反馈。

主动寻求反馈

明星员工并不会持续寻求肯定，而是不断寻求反馈。欢呼和奖牌或许会让我们觉得自己受到了重视，但至少在一段时间内，接受反馈才能真正让我们感受到自我价值，尤其是那些帮助我们改变方向或提升能力的反馈。然而，接受这些至关重要的"绩效情报"比听起来困难得多。有些纠正性反馈会让人难以接受，因为我们的大脑有堪称心理头盔的防御机制，保护我们免受"自我"造成的具有潜在破坏性的打击。《高难度谈话Ⅱ：感恩反馈》（*Thanks for the Feedback*）一书的作者哈佛大学法学院讲师希拉·汉（Sheila Heen）和道格拉斯·斯通（Douglas Stone）解释了人们拒绝接受反馈的一个关键原因："反馈的过程刺激了人类两大核心需求之间的矛盾，一是学习和成长的需求，二是完全接受自己本来样子的需求。"因此，即使看似善意的反馈，也会让我们感到愤怒、焦虑，认为自己受到恶劣对待或严重威胁。

同时，提供反馈也是件难事。大多数人在传达批评信息时会感到不适，担心对方会做出情绪化的反应、不愿接受或对信息充耳不闻，从而浪费时间。另外，他们还担心反馈弊大于利，而这一担忧已被数项研究所证实。

明星员工能比其他人获得更多反馈，因为他们懂得引导别人对他们进行纠正。在管理者和其他利益相关者提供反馈之前，他们会主动寻求反馈。主动寻求反馈和在上级提出要求之前主动行动的效果是一样的，这是管理者最欣赏的做法，也是积累声誉最有效的方法（详见附录1）。通过尽早寻求反馈，我们可以领先于反馈周期，防止挫败感的积累，预防一系列绩效问题的出现。这样一来，在明星员工眼中，反馈便不再是一种谴责，而成为重要的信息。如果我们能做到像音乐家一样频繁为乐器调音，管理者也就不必费心提醒我们跑调了。

你是否得到了自己需要的反馈？在偏离正轨太远之前，你是否寻求了反馈？过于频繁地寻求反馈会让管理者应接不暇。然而，在适当的时机发问（例如在采取了一种新措施或感觉自己没有抓住重点时发问），会产生截然相反的效果。如果普通员工能主动询问如何对工作加以改进，便会帮助上级减轻负担，也能把自己的工作做得更好。

IMPACT PLAYERS
明星员工工作技巧

在远程工作时寻求反馈

在远程工作时，我们没法从在走廊的闲聊中寻求反馈，因此很容易发生"跑调"的情况。另外，在线上会议中，我们也难以仅仅通过肢体语言捕捉到反馈。你可以尝试以下两种策略：

1. 在分享书面工作时，加入一些问题来刺激对方给出反馈，比如"什么样的改变能为这份工作带来显著的改善"。

2. 在进行演讲或主持线上会议时，提前做好计划，在会议前后甚至会议期间寻求反馈。在会议之前，我们可以提问："我们想要取得的关键成果是什么？"在会议之后，我们可以提问："我有什么漏掉的点吗？"我们甚至可以鼓励大家通过线上会议的聊天或问答功能提供实时反馈，提醒我们加快或放慢速度，或是着重阐述某个关键点。

关注工作而非个人

影响人们接受反馈的最大阻碍，就是将反馈视作对我们本人的评判，而不是对我们工作的评判。这一点对知识工作者来说尤其具有挑战性，因为他们的工作成果往往是个人思维和想法的直接反映。

在着手出版我的第一本书时，我就像一个踏入新领域的异乡人。除了一些商业报告和长篇幅的电子邮件之外，我没有写过任何与领导力相关的文章。好在我认识几位作家，他们愿意为我这样的新手提供指导。克里·帕特森（Kerry Patterson）就是其中之一。他才华横溢，风趣幽默，著有4本登上《纽约时报》排行榜的管理类畅销书。帕特森曾是一位大学教授，我毕业后在他那里当过实习生。作为我的上级，他为我布置过具有挑战性的难题，并总是开诚布公地表达他的看法。我知道，他的反馈是无价的。

我早早就向帕特森寻求指导，按照他的指导行事，并向他汇报我的进展。我告诉他，我已经完成了几章内容。他主动提出要给我反馈。我惴惴不安地把已完成的书稿发给他，期待能在一两周内收到他的回信。令我没想到的是，2小时后，我就接到了他的电话。他已经读完了书稿，迫不及待地想要与我分享看法。对话的全部内容我已经记不清了，但我清晰地记得他对我说"哇，我能看出，你做了翔实的调研"，还有"老天啊，你可真会写"。听完他的反馈后，我简直欢欣鼓舞。他当时没有时间详细说明，于是提议我去办公室找他，正好和我一起逐段浏览这些章节。我和他约好在下星期会面2小时。他给我发来确认邮件，让我再发一章内容给他，并在邮件末尾写道："我们的会面一定会很有趣。"然后，我又发出了一章书稿。一个星期之后，我兴奋地跨越两个州，驱车来到他的办公室。

寒暄几句之后，我在他的会议桌旁坐了下来，我的3章书稿已经被打印出来，摆在一旁。他坦言说没有时间读我最新发来的一章内容，但表示要当场阅读并给出反馈。被人点评作品已是一大考验，面对面接受反馈更是一种煎熬。带着舞台剧演员的派头，帕特森开始大声朗读起来，我坐在桌子对面听着。突然间，我意识到这并不像我期待的那样是一场"有趣的会面"。

帕特森读了一段文字，稍作停顿，思索了片刻，说了一句"写得太差了"，便开始谈起我的作品中的各种缺点。他又读了几句，然后说："我不同意。我甚至觉得这些观点是错的。"在接下来的90分钟里，他继续把我的作品批评得体无完肤，就好像我根本不在场一般。而我则忙着记笔记，尽量平复心情，充分接受反馈。他说的话虽然对我很有帮助，但还是刺痛了我。这种痛不是那种被针扎到手臂的刺痛，而是像被偶像暴打一顿的痛感。帕特森讲完后，抬头看着我，观察我的反应。刚才，他的注意力一直集中在作品上；而现在，他热切地盯着我，想知道他的反馈对我是否有启发。

我脱口而出："帕特森，被批评的感觉真是太痛苦了。"他调皮地咧嘴一笑。为了强调我的感受，我补充道："不瞒你说，唯一让我心情更糟的方法，就是让我光着身子站在你的桌上接受你对我作品的痛斥。"说完这句话后，我们俩都大笑起来。我忍不住提出一个"别有用心"的问题："你不是说'老天啊，你可真会写'吗？"他的表情变得柔和起来，回答道："那是真心话。我之所以给你最苛刻的反馈，是因为你真的很会写，值得我给出最苛刻的反馈。"

离开帕特森的办公室时，我不仅没有垂头丧气，反而斗志昂扬。我意识到，我是带着错误的心态来找他的。从表面来看，我的确是来寻求反馈的，而实际上，我希望再得到一些表扬，外加几点建议。幸运的是，这位睿智的导师给予了我更有价值的东西，那就是纠正和指导。这位了不起的思想家和作家，在我的身上进行了投资。

回到自己的办公室后，我仔细阅读了反馈意见，并对作品进行了修改。我不仅把帕特森的见解应用到了他审阅过的章节，还延伸到了其他章节。书出版之后，我写信给他，感谢他对我抱有足够的信心，才会把我的作品批得体无完肤（要知道，他可是一点情面都不留）。他把这封信裱了起来，挂在他的办公室里，显然，这是唯一一封获此殊荣的信。

帕特森并不是在批评我，他所批评的，是我的作品。

若能把自己与工作分割开，我们就能把工作做得更好。**关注工作而不是**

具体的人，会让我们放下防备，接收更多的信息。 想要改进工作，你需要在哪些方面放下消极情绪？如果你想要更快地成长，就要认清自己的价值，把关注点放在工作上。当我们能够更加客观地对待反馈时，就变成了一台学习机器。若能持续寻求反馈，我们就建立了一个自动调整的机制，使我们能够时刻收到尖端信息，敏锐洞察一切。

防备心是针对批评自然产生的反应。怎样才能增加对纠正性反馈的接受能力？怎样才能让别人知道你愿意接受反馈、乐于改正？你该如何才能从消极防御转为主动出击？

习惯 2：调整方向

有这样一个古老的航海传说，讲述的是一艘战舰在乌云密布的夜晚航行的故事。船长望向漆黑的海面，看到远处有亮光。他立即让信号手给另一艘船发出信号："把航向向南调 10 度。"他很快收到了答复："把航向向北调 10 度。"这位船长勃然大怒，给另一艘船上固执的船长再次发出信号："把航向向南调 10 度"。他又一次收到了"把航向向北调 10 度"的答复。船长发出了最后的信息："把航向向南调 10 度。这是一艘战舰。"而对方的回答是："把航向向北调 10 度。这是一座灯塔。"

这段对话并未真正发生过，但是类似的交谈每天都在职场中发生。一方已经确立了明确的路线，并据此路线扬帆起航，而另一方持有不同的看法，双方即将相撞，该由谁改变航向呢？

迪普·什雷斯塔（Deep Shrestha）是 Salesforce 技术服务团队的首席程序员。团队的高级主管马库斯·格罗夫（Marcus Groff）表示："他是个动力满满的人，会带着喜悦迎接挑战，带着自豪感处理事务，不畏艰难险阻。"

在职业生涯早期，什雷斯塔无所畏惧的热情会让他偶尔与同事发生争执。那时，他在一家叫 Bullhorn（这个名字用来形容这家公司非常恰当[①]）的软件公司做程序员。他工作的常规内容，是对客户服务团队的需求提供支持。在大多数情况下，他会审视客户的问题，找到故障所在，并修复代码。偶尔，他也会收到客户服务团队发出的令人困惑或毫无根据的通知单。有一次，他收到了一个非常不合理的服务请求，他感到非常沮丧，冲到楼上的客户服务部门，找到客户分析师当面质问，说他的请求简直愚蠢至极。客户服务部门的经理打电话给什雷斯塔的经理，告知他什雷斯塔表现得很无礼。事后，什雷斯塔坦言："我可能确实有点暗指他白痴的意思。"什雷斯塔虽然当下道了歉，但是 3 个月后才通过电子邮件正式表达歉意。

Salesforce 收购 Bullhorn 这家软件公司时，什雷斯塔是这家公司的产品架构师。他能出色地完成本职工作，且对此深感自豪。现在，什雷斯塔成为 Salesforce 的重要成员，他的产品需要融入应用套件中，并与套件中的其他产品无缝对接。为此，一众产品架构师召开会议，确定这些产品该如何协同处理客户的交易事宜，具体来说，就是如何将客户的购买信息记录在数据库中。什雷斯塔想到了一个简单而有效的设计方案，并与团队做了分享。团队成员对他的想法提出异议，指出该方法在交易不完整和服务器出现故障等情况下的局限性。另一位产品架构师推荐了一个更复杂的设计方案，什雷斯塔认为这个设计方案过于复杂，是对资源的浪费。他坚持主张较为简单的设计，但就像他不能认同别人的设计一样，别人对他的设计也不服气。双方僵持不下。

会议结束后，什雷斯塔因大家的反馈而情绪低落、心怀芥蒂。这并不是他的想法第一次被否定。他早在几年前就认识到，他不能再像当时冲上楼去对一头雾水的客户分析师大骂一通那样，对反馈做出太大的负面反应。现在的他，已经总结出应对这种情况的方法：散步。他发现，散步可以帮他创造

---

① Bullhorn 有扩音器的意思，作者的意思是这家公司会对客户的要求"小题大做"。——译者注

一个缓冲空间，有助于恢复理智，他将这个过程称为"寻回自己的大脑"，也就是找回大脑中沉着冷静、能够倾听和学习的那一部分。

出去散步的什雷斯塔刚开始还怒不可遏，但回到办公室时，他已经恢复了理智。他重新审视了这个问题。这一次，他调动起同理心，站在同事的角度看问题。他假设同事的反馈是出于好意，他问自己："他们有没有什么需要得到，却没能从我这里得到的东西？"

他意识到，自己忽略了客户体验这个关键因素。如果客户的购买交易失败，而系统不具备清晰传递交易状态的数据，客户将做何反应？他们会不会担心自己在取消交易之前已被扣费？现在，能够通过各方视角看待问题的他接受了同事的反馈，对产品设计进行了改动。

什雷斯塔回忆道："对于我来说，这是一次学习的经历。采取另一种方法之后，产品的韧性得到了加强。"什雷斯塔本人也通过这件事变得更有韧性。现在，同事把他形容为一个非常善于合作的人，他"愿意把团队成员的想法当成自己的想法来执行"。大多数普通员工倾向于坚持到底，明星员工则乐于在必要时调整方法。

创造缓冲空间

领导力专家约翰·麦克斯韦尔（John Maxwell）曾经说过，变化难以避免，但我们可以接受。我们在采访中，总能听到管理者将普通员工描述为"具备能力但不愿接受改变的人"。一位管理者这样形容一位普通员工："为了鼓励他往前走，我简直使出了浑身解数。"另一位管理者则说："为了让她接受我需要她做的事情，我真是磨破了嘴皮。这简直太费劲了，我已经害怕与她一对一对谈了。"这些普通员工聪明能干，但很难放弃现有的常规工作方式，也不愿超越自己现有的技能和思维。而明星员工能无缝衔接地适应新的条件，快速学习。

我们有时需要暂停一下，按下重置键，然后再继续工作。什雷斯塔的散步练习就是一种重置。他表示："我需要做些事情，让自己暂时忘记问题。"具体的方式无关紧要，重要的是创造出隔离旧想法和情绪性反应的屏障。什雷斯塔说："这样做的目的是拉长我的反应时间，创造一个缓冲空间，让我能寻回自己的大脑，客观地进行思考。"我请什雷斯塔给这种练习取个名字，他想了一会儿，说道："重启散步。"

通过重启散步，我们能找到理性的思维方式。若不能理性思考，我们就不知道如何改变方向。

进行微调

商界人士热衷于重塑、颠覆和转型，但做出重大改变毕竟存在风险。颠覆性的转变可能给人留下只是做表面文章的印象，或让我们愈发偏离正轨。与其进行巨大的转变，不如朝着正确的方向进行一系列微调。

Adobe 的人力资源业务合作伙伴乔纳森·莫迪卡就是微调方向的典范。他被安排参与一个备受瞩目的项目，为两位资深商业领导者开发一款新的课程。在每次会议开始时，他首先会为会议定下基调："我有几个假设，需要听听两位的意见。"其中一位资深商业领导者对他的假设提出质疑，他并没有因此变得戒备或反应过激。相反，他暂停下来，后退一步，表示："麻烦您和我说明一下，您想看到怎样不同的效果。"他通过一系列问题获取反馈，以便更加清晰地理解问题和对方想要达成的目标。会议结束后，莫迪卡听取了两人的反馈，并着手尝试他们提出的建议，直到发现最合适的方法为止。

莫迪卡没有过度反应，也没有矫枉过正。同样，在接受新的反馈时，你也可以问问自己："想要更加接近目标、有更大的影响力，我能做的最小的改变是什么呢？"正如彼得·西姆斯（Peter Sims）在《小赌大胜》（*Little Bets*）中所写的那样："一旦取得了一个小胜利，便会产生推动取得另一个小胜利的力量。"一系列的微调能够积累势能，有助于避免大的灾难。

承认错误，重振士气

我 17 岁那年，一家婚纱店雇我做改衣裁缝。我从小就开始做针线活，做过舞会礼服和燕尾服，能够非常熟练地使用缝纫机。大部分的改衣工作相对简单，但当一位叫作凯西的穿 6 码①衣服的女士相中了一件 12 码②的样衣时，我的改衣技术经受了一次考验。我只能把婚纱样衣拆开重做。让凯西和我都很开心的是，成品非常合身。

凯西在距离婚礼 4 天时来取婚纱，我恰恰在这时闯了一个大祸。门店经理让我对婚纱进行最后一次熨烫，她可真是用错了人。我虽然知道改过的衣服应该熨烫，但我讨厌这项工作。一是因为这项工作很费力，二是因为我觉得这种工作不该由我这样高水平的人来完成。就这样，我不情不愿地加热熨斗，开始熨烫。把熨斗放在婚纱上时，我惊恐地发现涤纶面料和蕾丝表层皱缩起来。我赶紧拿开熨斗，婚纱的上半部分已经被烫出了一个大洞！我屏息凝神，无法相信自己刚刚闯下的祸：不仅是对这件婚纱，而且是对一位 4 天后就要结婚的新娘。我怎么能干出这样的事？！

这是一个严重的失误，遇到这种事，有的人可能想要编造一些关于熨斗失灵的谎话糊弄过去。然而，这完全是我的错，而且没法掩饰。因此，我走到准新娘等候的地方，跟她打了个招呼，然后实事求是地告诉她："凯西，我刚刚在你的婚纱上面烫出了一个大洞，特别显眼。但我会把婚纱修补好的，两天之内它就能完美如初。"不难想象，凯西吓坏了。但让我惊讶的是，她居然没有大嚷大叫（尽管这么做也理所应当）。她听完了我的计划，对我修补婚纱的能力表示信任。

第二天放学后，我开车穿过城区，把修补婚纱所需的材料全部买齐，然后把烫坏的婚纱上的镶条全部换新。这一次，我在熨婚纱的时候小心翼翼，

---

① 大约相当于中国的中小码。——译者注

② 大约相当于中国的超大码。——译者注

带着自豪感完成了这份平淡无奇的工作。两天后，来取婚纱的凯西对我赞不绝口。其实，这份功劳应该归她。那件烫坏的婚纱和那位宽容的新娘，让我学会了快速弥补错误的诀窍：大方承认错误，勇于承担责任，然后迅速而彻底地加以改正，贡献超出他人预期的价值。

勇于承认错误并快速弥补，这是顶级贡献者和贡献不足者之间的区别因素之一。承认错误并不容易，但若着眼于成长，这件事就显得不那么困难了。囿于固定型思维的人，会将错误视为失败和自身局限性的体现，而拥有成长型思维的人则认为，失败是一个改进自我、修复关系的机会。

一位著名生物医学工程领域的教授写了一篇文章，他得出了一些不太准确的结论，医学专家在网上炸开了锅，纷纷对他进行批评。他没有为自己的论点辩护，而是立即在 Twitter 上公开致歉，表示："我犯了错误。感谢所有提出建设性批评意见的人。"如果犯了错误，以下步骤可以帮助你重建信心：

1. 发现问题。在大家异口同声地提出批评、要求你改变方向的时候，你或许能够认识到一部分问题。然而，如果你误判了形势或是做出了不当的行为，就会对别人的声音充耳不闻。想要认识到问题所在，唯一的方法就是询问那些愿意向你坦白残酷真相的人。

2. 承认自己的错误。如果你隐瞒或淡化错误，别人可能会对你的能力和你对现实的判断提出质疑。如果你能够坦诚地讨论自己的失误，谈话方向就会从指责和掩饰转向共同解决问题。通过大方承认自己的错误，你也给别人提供了开诚布公的机会。

3. 迅速改正问题。大量研究表明，快速有效地解决突发问题，能够提高客户满意度。不要只满足于承认错误，还要迅速而彻底地加以改正。

4. 充分解决问题。每一份工作都包括枯燥乏味的低级别任务。职场中的"大牌"们会挑选那些光鲜亮丽的任务，把漏洞留给其他人去填补，但明星员工会自上而下地全面解决问题。那些能够全面处理工作的人，日后会被委以重任。

承认错误不仅能让我们远离麻烦，也能帮助我们保持清醒的自我认知。诺贝尔经济学奖得主保罗·克鲁格曼（Paul Krugman）这样写道：

> 每个人都会做出糟糕的预测，老天知道，我也如此。但是当你总是犯错，尤其总在一个方向上犯错时，就该进行自我反省，并从错误中吸取教训，思考自己为什么会做错？是不是受了动机性推理[①]的蛊惑，笃信希望成真的现实，而没有遵循逻辑和实证？然而，想要进行这样的自我反省，必须首先愿意承认自己错了。

若能尽早承认错误并迅速改正，就会让对方明白，他们提供的反馈是有效的，我们正在汲取经验和教训。

习惯 3：及时汇报

布莱登·汉考克（Braden Hancock）是硅谷一家非常有前途的初创公司 Snorkel AI 的联合创始人兼技术主管。这是一家从斯坦福大学计算机科学系的一个著名实验室分离出来的机器学习公司。汉考克拥有一份令人惊叹的简历，作为一位年轻的专业人士，他曾在美国空军研究实验室、谷歌和Facebook 实习过，领取过约翰斯·霍普金斯大学、麻省理工学院和斯坦福大学的研究助理奖学金，拥有机械工程本科学位和斯坦福大学的计算机科学博士学位。

汉考克聪明过人，也非常勤奋。另外，他还是个谦逊而友善的人，我指的是发自内心的谦逊和真诚的友善。但他的成功靠的并不仅仅是聪明、努

[①] 动机性推理是认知科学和社会心理学中的一种现象，指人们在为自己辩护或做决定时会基于自己的愿望，而不是基于对证据的如实解读。——译者注

力、谦逊和友善。汉考克之所以能获得如此多的成就，是因为他比别人更喜欢寻求指导，而管理者和导师也乐于对他进行投资。

年轻时，汉考克想成为一名机械工程师，进行尖端科学研究。幸运的是，美国空军研究实验室恰好位于他的家乡俄亥俄州代顿市，于是，他便在那里找到了一份实习工作。他并不满足于上班和完成上级分配的工作，而是会要求他的上级约翰·克拉克（John Clark）多给他些挑战和历练。克拉克是一位充满激情的科学家，每当他布置了非常具有挑战性的工作，汉考克就会前往实验室中堪称世界一流的图书馆查阅资料。克拉克表示："我认识一些在这个实验室工作了几十年的科学家，他们一次也没去过那个图书馆。"

大学一年级后，汉考克又一次为克拉克工作。汉考克要求做一个有挑战性的项目，好让他有机会获得研究生院的奖学金。于是，克拉克给他布置了一个通常留给高年级研究生的问题，让他想办法减少喷气式发动机超越音速时内部冲击波的强度。克拉克对问题进行了明确阐释，并给出了具体指导。然后，汉考克便着手独立解决问题。需要了解更多信息时，他便到图书馆查阅资料；陷入困境时，他便向克拉克求助。

汉考克利用这一项目申报了享有盛誉的美国国家科学技术奖。宣布将美国国家科学技术奖颁发给仍是大一新生的汉考克时，评委激动地表示："这个奖项的分量，远远超出了他所受的教育程度。"汉考克一直与克拉克保持着联系，向克拉克汇报实习工作和项目为他带来的新机遇。

尽管缺乏计算机编程经验，汉考克最终还是获得了约翰斯·霍普金斯大学的实习机会，并在计算机科学副教授马克·德雷泽（Mark Dredze）的指导下工作。在报到之前，汉考克学完了一套在线编程课程，以便尽快起步；一进入实验室，他就使用自然语言处理技术来分析社交媒体上公众对枪支管制等公共问题的观点变化。他主动寻求指导，全力解决问题，并在陷入困境时寻求具体的帮助。取得进展后，他会去找德雷泽教授，就下一步的工作内容达成一致。那次的实习机会为汉考克开辟了一条新的职业道路，又进一步为他带来了在斯坦福大学攻读计算机科学博士学位的机会。每走一步，汉考克都会及时汇报，让德雷泽知道这些指导帮助他前进到了哪一步。

在着手博士研究项目时，汉考克想要寻找一位导师，并很快注意到了克里斯·雷（Chris Ré）这位杰出的教授兼科技创业家。克里斯·雷博士给出了他对所有研究生的建议：参加每周的午餐会议。会上，现任实验室成员会讨论和旁听他们的项目，从中挑选合适的人选。一些研究生虽然前来旁听，但因为没有分配到项目而失望，有些人找到了契合兴趣和技能的项目。汉考克采取了不同的方法。他注意到，克里斯·雷博士非常信任一位名叫亚历克斯·拉特纳（Alex Ratner）的二年级研究生，于是他便主动提出帮助拉特纳。一如往常，汉考克迅速解决了第一个问题，并提出对于接下来步骤的构想，遇到困难时寻求指导，调整方向，及时汇报。经过这样的几个周期后，他开始参与到克里斯·雷博士实验室最热门的项目中，创造了"Snorkel"①技术的雏形。现在，汉考克在一家公司与克里斯·雷博士和拉特纳并肩共事。

汉考克在争取和最大限度利用机遇时，会遵循这样的规律：他会寻找工作能力出色的人，然后加入他们感兴趣的项目。他会做好功课，解决问题，超出所有人预期。他会及时汇报，告知管理者工作已经完成，以及他们的建议产生了怎样的效果。这种方式不仅目标明确，而且切实有效，不仅刺激了他人的指导基因，也使他步入了投资循环期。鉴于汉考克展现的能力，他的导师们也乐意继续对他进行下一轮的投资。

德雷泽表示，目睹一个人的成长能带给人极大的满足感。他表示："不久前，我在一个网络研讨会上听到了有关 Snorkel 的话题。我立即上线，告诉大家汉考克是我的学生！"克拉克表示："汉考克是个特别出色的人。我

---

① 一项人工智能技术，从事数据标记工作，帮助机器学习系统训练。——译者注

想把毕生绝学都传授给他。俗话说，好人并不总是赢，但汉考克赢了。我希望他能一直赢下去。"他继续说道："汉考克不是那种会浪费机会的人。他值得你把最有价值的东西都赠予他。"

管理者愿意投资，但他们希望投资一个闭环系统，而不是把资源扔进一个无底的黑匣子之中。寻求指导并及时汇报，这样一来，你便会让对方知道他对你的投资已经产生了回报。

当然，在进入职场时，汉考克已经接受过良好的教育，也有获得指导的渠道。然而，让他得以更进一步发展的，正是这种及时汇报的做事方法。无论从哪里起步，及时汇报的做法都能让你走得更远。

限制学习能力的 3 个陷阱

持有普通员工思维的专业人士寻求稳定、躲避风浪，明星员工则会适应不断变化的风向。持有普通员工思维的人，会固守过去奏效的方法。正如一位管理者所说，这就是"学习者"和"自诩无所不知者"之间的区别。后者会规避不稳定的情况，对让人不安的信息视而不见。客户驱动的创新、新科技、重组、意料之外的新职责和 360 度反馈等因素，都会让他们感到不安。在极端情况下，他们甚至开始对那些提供必要纠正性反馈的人敬而远之。以一位思爱普员工为例，由于不喜欢从上级那里得到反馈，遇到上级在办公室的日子，她便干脆不来上班。

这种避免不适的倾向反映了一种固定型思维，持有这种思维的人们认为自己的基本能力已经定型，不会出现太大的变化。当人们持有固定型思维时，就会刻意表现出聪明的样子，为避免显得愚蠢而不遗余力。这种思维让原本聪明能干的人固守自己最熟悉的领域，或是在脆弱不安时紧紧抓住自己最熟悉的东西不放。这种追求良好表现的渴望，会导致人们对反馈产生两种截然不同的态度：一种是逃避，另一种则是痴迷。这两种极端态度都包含着陷阱，也就是说，这些做法看似有益，实际上削弱了人们所贡献的价值。

固守优势

"到受人肯定的地方，不要到被人容忍的地方"，这听来似乎是个不错的职业建议。每个人都希望自己的独特优势能被人看到和欣赏。享受各种肯定的反馈，当然要比在批评和纠正中艰难跋涉愉快得多。然而，如果一味沉迷于掌声，我们就会与现实脱节，难以发现自己的弱点。如果固守优势，我们可能会放弃参与没有把握赢的游戏。更有甚者，不惜在游戏规则上作假，就像某位瑞典足球运动员在球场上当守门员时那样，他把门柱向里移动几厘米，让对手难以得分。[①]

管理者当然应该发掘和利用团队成员的天赋，但是，一心只想发挥长处会对一个人的成长不利。在一个瞬息万变的环境中，每个人都需要不断成长。只有在将适应和调整的能力视为真正的优势时，我们才能做出最有价值的贡献。

不懂装懂

为了跟上不断变化的节奏，我们经常假装强大。我们想要表现得胜券在握，因此会在工作中不懂装懂：说合适的话，使用最新的专业术语，表现出一副知道自己在做什么的样子。点头假装明白自己在做什么，实际上一头雾水，这样的事情，我也曾经做过。然而，"伪装到出头之日"这一经典做法的问题在于，虽然这种做法在刚开始有激发信心的作用，但最终会限制我们

---

① 丹麦籍球员金·克里斯滕森（Kim Christensen）曾在其效力的哥德堡体育俱乐部对阵奥雷布洛球队的比赛中，将不稳的门柱往里踢，使球门变小。——译者注

学习，并妨碍别人为我们提供所需的反馈。不懂装懂或虚张声势都会为反馈设立障碍，给别人留下我们无须接受反馈的错误印象。

与其努力装出自信，不如表明自己对困境的清晰认知，表现出接受反馈的意愿。表明挑战的难度非常大，自己确实有需要改进的空间，这可以增加同事对你的信心。坦诚表明你还没有答案，但你愿意虚心学习，能够打开一扇大门，迎来所需的反馈和指导。

过于依赖反馈

当我们走向极端，不断寻求反馈，不停询问上级"我做得怎么样"时，便是过于依赖反馈，甚至对反馈达到了依恋的程度。这种痴迷于反馈的态度带来的问题是，其出发点往往围绕个人，比如"我做得怎么样"，而不是"工作是否达到目标"。在上级看来，这些询问更像是在寻求肯定，而不是反馈。这种以自我为中心的方式会让管理者感到精疲力竭。因为他们不是在指导一个人的工作，而是在满足一个人的自负情绪。

防止落入陷阱的一个有效的方法就是定期获得工作反馈，不将反馈视为为获得关注而提出的特殊请求，而是工作流程的自然副产品。另外，不要只向管理者寻求反馈。管理者只是你的信息来源之一，要从多个渠道寻求反馈。最重要的是，与其让别人对你的表现进行反馈，不如寻求对工作方法的见解。

在我们的采访中，有数十名管理者在抱怨员工没有对既有问题进行纠正或解决。但他们后来在采访中承认，实际上，他们从未与员工讨论过这个问题。管理者为什么会隐瞒如此重要的信息？如果管理者将给予反馈视为一种负担，便会选择缄口不语。你会发现，真正的问题并不在于大多数员工不愿寻求反馈，而在于他们对反馈求而不得。

无法接受纠正性反馈的思维不仅限制了个人的成长，也限制了组织的变革。当寻求肯定而非反馈成为组织内部的一种规范时，组织文化就会成为转型的阻力。组织内部的公关机器大声喊道："我们做得很好！"这种噪声会淹没组织内部成员的抱负和志向。简单来说，如果固执己见，我们就会止步不前。无论是个人还是整个组织，都可能被束缚于限制成长的角色之中（见图4-1）。

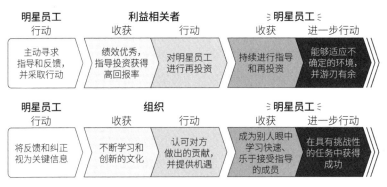

图 4-1　价值的构建：寻求反馈，做出调整

与普通员工相比，管理者只需给予明星员工少许指导，就可能获得可观的收益。明星员工能够主动寻求反馈并采取行动，因此他们不仅能达成目标，也能获得源源不断的指导，帮助他们把该完成的工作做好，并开发出更多具有创新性的方法，来适应充满不确定性的全新环境。

在反思自己硕果累累的演艺生涯时，小杰森·罗巴兹沉思道："每一天，我们要么成长，要么停滞不前……我们每时每刻都在成为不同的人。"明星员工和伟人一样，都在不断适应和调整。

终点线不是终点，而是一种过渡和一条通往新事物的通道。 米歇尔·奥巴马（Michelle Obama）在她的回忆录《成为》（Becoming）中捕捉到了这个真相。在这本书的结尾处，她写道："我仍然在进步，我希望自己永远都在进步。对于我来说，'成为'并不是指到达某个地方或实现某个目标。相反，我认为'成为'是一种前进的动力，一种进化的手段，一种不断追求更好的自己的方式……'成为'就是永远不要放弃一个理念：前路漫漫，成长不止。"

在成长的过程中，我们常常需要放慢脚步，平稳呼吸，思考自己走过的道路，以便更好地进步。有的时候，我们或许要效仿什雷斯塔，通过散步按下重启键。我们需要在哪个领域抛弃现有的观点，与时俱进？我们需要在哪些方面放弃过去奏效的方法，以便找出更适合当前现实的方法？

有的时候，想要不偏离正轨，我们只需进行微调。**与其追求巨大的改变，不如掌握微调的艺术。**征求意见，寻求指导并采取行动，然后偶尔回头让我们的指导者知道，在他们的帮助下，我们找到了自己的路。这种做法可以提醒他们，他们进行了一项非常值得的投资，他们智慧的种子，已经种在了肥沃的土壤上。

明星员工自我修炼　　IMPACT PLAYERS ◆ ⋯⋯⋯⋯⋯⋯⋯

以下内容为有志成为领导者的各位提供了一些建议，有助于实践"寻求反馈，做出调整"这一关键要素。

锦囊妙计

1. **寻求指导，而不仅仅是反馈。**由于反馈重在评价而不是改善，因此，如果你能寻求建议或指导而不仅仅是反馈，便很可能得到更多且更有分量的回应。与其让别人对你的表现给出反馈，不如寻求一些能帮助你更好地完成任务的建议或指导。你可以提出这样的问题，"我想把这件事做好，你有什么建议吗？""你有什么建议可以帮助我下次做这件事时表现得更好吗？""我该多做什么？""我该少做什么？""如果我下次只做出一个改变，你有什么建议？"

2. **散步解压。**即使对于最自信的学习者来说，反馈仍会伤害到他们的自尊心。像运动员一样，你可以通过散步来摆脱小创伤产生的刺痛。下面的策略，可以帮助你在接受反馈和做出回应之间创造缓冲空间，从而有助于防止你反应过激：

- 试试"重启散步"。你可以通过散步清理一下大脑。
- 把问题说出来。与朋友或同事讨论你听到的反馈，然后再做出反应。
- 假设对方抱有善意。假设给予你反馈的人抱有最大的善意，假设他们站在你这边，想要帮助你改进工作。
- 重新整理。争取时间整理收到的反馈，制订相应的计划。务必表达你对别人提供反馈的感激之情。
- 开诚布公。坦诚表示你对反馈的第一反应是戒备。让对方知道，你能够理解他们的见解并采取行动，一旦大脑的杏仁核平静下来，你就会处理这些信息，并降低戒备。

3. **及时汇报**。对于那些给过你反馈和指导的人，不要让他们对你利用反馈的方法心存疑问。充分展示这些反馈产生的效果，阐明你要如何利用对方在你身上的投资。你的汇报可以包含以下内容：

- 你给了我什么信息。
- 我是如何利用的。
- 产生了什么结果。
- 我为别人提供了怎样的帮助。
- 我的下一步计划是什么。

若能及时汇报，对方就能看到他对你的投资产生了怎样的回报，以及这样的回报会持续为你和他人带来怎样的收益。这样一来，他们就更有可能对你进行进一步投资。

安全提示

1. **鼓励别人发言**。无论级别高低，在对他人提供纠正性反馈时，每个人都会感到难为情。你可以尝试用下面的方法为他人打造一个安全的环境：

- 主动告知。告知对方，为了达到目标，你需要知道自己在哪些方面出现了失误。
- 做出反应。不要起戒心，不要找借口，不要报复。认真倾听，通过提问了解情况。
- 给出回应。感谢他人的建议，让他人知道他们的建议能够如何帮助你达成目标。

2. **将你的进步公之于众**。首先，让对方知道你对收到的反馈进行了怎样的利用。然后更进一步，把你的大致学习轨迹公之于众，让其他同事知道：

- 你从内部人员和外部顾客那里得到了什么评价。
- 你从中得到了什么见解。
- 你正在根据这些见解做出怎样的调整。

从普通到卓越的
进阶指南

IMPACT
PLAYERS

	普通员工思维	明星员工思维
		适应和调整
行为 ⇒	固守自身优势	相信自己有成长和进步的价值（自信）
理念 ⇒	认为自己的能力不会有太大的变化，所以，变化是一种威胁（谨慎）	相信能力可以通过努力和良好的教育得到开发（成长型思维）相信自己具备稳定的价值和能力（内在价值）
习惯 ⇒	寻求肯定 固执己见	寻求指导 调整方向 及时汇报
影响 ⇒	限制了个人的职业成长，也限制了组织的变革能力	建立起乐于接受指导的声誉，不仅让自己更上一层楼，而且加强了组织中学习和创新的文化，有助于组织与时俱进

需要避免的陷阱： ⇒ （1）固守优势
（2）不懂装懂
（3）过于依赖反馈

IMPACT PLAYERS

How to Take the Lead, Play Bigger, and Multiply Your Impact

第 5 章

共同担责，轻松工作

管理者眼中的普通员工	VS	管理者眼中的明星员工
他是一位多产的实干家，比团队里的任何人做的都多。		他看到大家为准备幻灯片浪费了太多时间，于是开发出一种工具来解决这个问题，并在全球推广。他为我们节省了数百小时的工作时间。
他专注于那些不属于优先事项且与主业无关的项目。		这不是他分内的工作，但他还是完成了。
如果这里是阿波罗13号，危机当前，工程经理把装零件的工具箱放在桌子上，告诉大家："让我们赶紧解决问题。"他会回答："但我15分钟后就要下班了。"		他不断调整方向，成为人才领域的专家。
他专注的目标与我们的目标完全不一致。		他着眼于全局，致力于帮所有人解决问题。

人类似乎有某种怪异的脾性，喜欢把简单的事情复杂化。

——沃伦·巴菲特

1964 年的阿拉斯加大地震是北美有史以来最强烈的地震，也是世界第二强烈的地震。这场地震撕裂了阿拉斯加中南部大片地区，导致大量建筑物倒塌，形成裂隙，洋底移动引发了海啸。这场大地震的重灾区，就在有 4.5 万人口的安克雷奇市。

杰妮·钱斯（Genie Chance）是安克雷奇市的一位居民，也是一位妻子和 3 个孩子的母亲，她在当地广播电台做兼职记者。当这场超级大地震于 3 月 27 日下午 5 时 36 分发生时，她正在开车，车上还有她的儿子。她开车进城时，汽车突然颠簸起来。他们看到，停着的汽车撞在一起，行人纷纷失去平衡，窗户炸裂，道路如波浪般翻涌。钱斯意识到，这不是一件小事。4 分半钟的骚动和混乱之后，钱斯作为记者的职业本能开始发挥作用。她开车到警察局和消防部门收集信息，以便快速整理出一则简讯。然后，她和儿子一起到达市中心，在那里目睹了地震的破坏程度。一座新建的 5 层百货商店倒塌，两个街区都陷入了地面的一条裂隙中。

钱斯的故事被记录在乔恩·穆阿莱姆（Jon Mooallem）的著作《抓住机遇的钱斯！》（*This Is Chance!*）中。穆阿莱姆写道："钱斯知道，安克雷奇市的居民居住分散，彼此隔绝。城市电网崩溃，大部分电话线路被切断。他们没有途径获悉到底发生了什么，也不知道自己所处的城市遭遇了多么严重的灾祸。"

钱斯匆匆赶回家，看到另外两个孩子平安无事后，便继续工作。电台开始利用辅助电源进行广播，钱斯用车里的便携式无线电设备进行了第一次报道。她播报了自己所掌握的信息，提醒听众关注邻居的安危。她把自己的无线电设备交给警察和消防队长进行广播，没想到，他们却把广播的任务委派给了她。正如穆阿莱姆所说，她的声音将这座城市中的人们凝聚在一起。城市停电，气温降到零度以下，居民被困在房屋里，钱斯从容的希望之声减轻了民众的恐慌情绪，将大家团结在一起，带领大家度过了最具挑战性的时刻。

刚开始的时候，钱斯广播的是当地政府提供的重要信息。她列出了公共避难所的位置，并播报了制作净水的具体方法。很快，她的工作便不再局限于报道新闻，还包括协调初步的应急响应工作。官员和志愿者会把信息发给钱斯，让她发出求救信号："所有福特岭的电工和水管工，速到 700 号楼集合。"就这样，她把资源对接给最需要帮助的人员和地区。社区的居民聚集在一起，组成了一支组织松散但工作高效的先遣急救队。被困的居民被解救出来，破坏的线路得到修复。钱斯让听众们放心，她表示，最为混乱的局势已经得到了控制。

现实的危险虽然已经开始降低，但仍然人心惶惶，人们还牵挂着亲友的安危。钱斯开始帮助市民报平安，例如，"给肯尼斯·萨德勒（Kenneth Sadler）捎个信，说萨德勒太太平安无事""给基奈的沃尔特·哈特（Walter Hart）捎个信，说李·哈特（Lee Hart）很好""告诉波因特霍普的蒂姆·墨菲（Tim Murphy）和比尔·萨默维尔（Bill Somerville），家人一切安好"。

通过广播，钱斯传达了"你不是一个人"的信息。"虽然损失惨重，但大家的心情似乎还好。"一位研究人员表示，"人们觉得彼此之间存在着一种联系，这是一种很多人日常生活中缺乏的亲切感。这种心心相连的感觉，似乎让他们显得不那么痛苦了。"

钱斯的直播持续了 59 个小时（其间她只小睡过几次），她动用智慧和能力为社会热心奉献。一位同事表示，她的报道"为避免人们恐慌和混乱起到了不可或缺的作用"，并指出她能一边冷静地鼓励他人，一边"在这么长的时间里肩负起如此沉重的责任，但声音中没有表现出一丝紧张和压力"。穆阿莱姆写道："这些信息为人们提供了一种安慰，同时，传达信息的声音本身也是一种慰藉。"他补充道："她成为人们眼中阿拉斯加州的代言人，代表着全州人民的机智与沉着。"钱斯的报道缓解了这段艰难时期的沉重气氛，让艰苦的工作变得不再那么难以忍受。

回到工作中来，你是习惯把简单的事情变复杂，还是把复杂的事情变得简单呢？遇到困难和重任时，团队中的明星员工能让工作变得轻松。这些人虽然无法帮助大家减少工作量，但能使工作的过程变得更加轻松、愉悦。

明星员工思维模型的第五大关键要素，涉及明星员工和领导者应对压力和苛责的方式。我们将探讨如何减轻工作负担，以及明星员工如何为自己和团队打造出积极而高效的工作环境。我们将认识一批高绩效、低维护成本的超级明星，他们来自世界各地，包括瓦尔多夫、波士顿、迪拜以及旧金山湾区。探讨完这些超级明星如何让繁重的工作变得轻松之后，我们将回到安克雷奇市，探讨钱斯这样的人所产生的持久影响。

通过深入探讨，我们能够找到减轻工作负担的方式，这些方式不仅能让我们变得平易近人，也便于别人接触到我们最好的一面。最重要的是，我们将探讨人们为何同样重视低维护成本与高绩效这两种特质，尤其是在当前的形势下。当前，管理者和团队都面临着无休止的要求、持续的压力和职业倦怠，如果不加注意，这种情况便会像野火一样蔓延，使大批职场人士深受其害。

增加负担，还是与人方便

我们的工作就像不断积累的债务，无论我们走到何处，都会如影随形。从某种程度来说，大多数专业人士有这样的感受：每周都有太多的工作要做，有太多的新工具和技术要掌握，信息多得处理不完，想要全部记在脑中就更不可能了，而这还只是日常工作。2019 年，美国全职员工每个工作日的平均工作时长为 8.5 小时，每逢周末和假日，还有三分之一的人处于工作状态。根据《哈佛商业评论》的报道，高层管理者、经理和专业人士每周要工作 72 小时。曾经有节令性的高压工作现已成为常态。一位企业管理者这样评价自己的工作量："这感觉就像背着孩子、牵着狗爬山，每次停下来喘口气的时候，就有人往我的背包里再添一块石头。"

然而，我们的工作量所带来的压力只是整体工作压力的一部分。在一项调查中，超过一半的受访者表示，他们工作压力的主要来源与工作量无关，他们认为难以处理人际关系、工作与生活难以平衡，以及缺乏安全感等因素才是造成压力的罪魁祸首。职场中的明争暗斗和纷繁杂事制造了摩擦，复杂的合作关系和无休无止的会议占据了大量时间。另一项研究发现，美国员工平均每周花在处理工作冲突上的时间长达 2.8 小时。罗伯·克罗斯（Rob Cross）、雷布·雷布勒（Reb Rebele）和亚当·格兰特（Adam Grant）的一项研究估计，在过去的 20 年里，员工花在协作性事务上的时间增加了至少 50%，从而产生了大量额外的会议和电子邮件，给协作方造成了负担，并且可能使组织陷入停滞状态。这些因素增加了隐形的工作量，可能导致员工产生职业倦怠。

与此同时，那些方便我们在任何地方展开工作的科技，也促使我们随时随地处于工作状态之中。美国创新领导力中心（The Center for Creative Leadership）发现，携带智能手机的员工平均每天花在工作沟通上的时间为3.5 小时。在过去的 20 年中，工作就如不断上涨的洪水一般渗入我们的家庭，其中，那些为了家庭承担第二份工作的专业人士压力最大。2020 年，全世界都在躲避新冠疫情带来的威胁，而工作和家庭的界限也在这时变得模糊。居家办公风潮的突然来袭就像一阵海啸，让一些人因同时处理太多工作而苦苦挣扎，另一些人则因独立工作而困于与世隔绝的"孤岛"。

工作总会让我们感到疲惫不堪。根据盖洛普 2019 年的一项研究，80%的全职员工都有精疲力竭的感觉。若是把时间和精力花在与团队一起克服困难上，还情有可原，但我们把大部分精力花在了不可逾越的障碍和固执的同事身上，没有什么成效可言。成功应对挑战能让人精神振奋，但处理无意义的冲突只会徒增疲劳。在处理办公室的钩心斗角、矛盾冲突和复杂的同事关系上，我们浪费了太多的精力和智慧。

除此之外，我们还可能在无意之间使问题变得更加严重。当压力增大、工作量增加时，普通员工不会主动提供帮助，反而会寻求帮助，依赖上级帮他们减轻负担。这种做法，无异于在管理者的背包里多加一块石头。有些人很难共事，会给同事带来巨大的负担。但大多数人不会主动挑起冲突，看似在推动工作，实则在添乱，加大了工作噪声，徒增压力。

艾尔是一家全球科技公司工程部门的首席运营官，能力很强，工作勤奋，通常是公司最后一个离开办公室的人。她认真肯干，能够完成自己所有的工作，同时也喜欢帮别人纠正错误和完成工作。她告诉工程主管："他们的工作质量实在太差，我不插手不行。"而被纠正的对象往往觉得她是在贬低自己，因此会极力阻止她将工作推翻重做。上级则经常被牵扯其中主持公道。这位上级表示："她或许完成了工作，但在过程中把别人惹得闷闷不乐。从表面来看，她好像是在贡献价值，实际上却是在添乱。"

如果一个人制造的工作噪声大过价值，就会为管理者和同事增加额外负担，反过来也会让自己的工作难上加难。然而，在面对同样的工作量和苛责时，一些人却能帮忙减轻负担。这些人能让繁重的工作变得容易，让工作过程更加轻松愉快。他们并不会承担别人的工作，而是会减少没有实际意义的工作，从而提供一种助力。他们能打造出轻松的氛围，减轻压力并增加工作乐趣，通过这种途径减轻职业倦怠。明星员工会规避明争暗斗和尔虞我诈，巩固组织中合作和包容的文化。与此同时，他们也会建立良好的声誉，成为人人都想与之合作的认真务实的高效员工。他们让同事的工作变得更加轻松，自己的工作也随之变得更加顺利。以下是一些明星员工让工作变得轻松的实例。

凯西·沃德（Cathy Ward）是思爱普英国分公司创新服务部的全球首席运营官。卡尔·杜斯（Karl Doose）是她手下的业务经理。思爱普的大多数高层管理者都配有一位负责财务和业务分析的业务经理，协助高层管理者确保公司盈利和正常运营。然而，并不是每个人都能拥有像杜斯这样优秀的业务经理。

杜斯担任业务经理时只有 23 岁。虽然年纪轻轻，但他认为自己的角色对公司至关重要。开始新工作时，他查看了"参谋长"[1]这个比他高出一两个级别的职位的职责，以便更好地了解现有职位的职责。然后，他为沃德制作了一份 3 页的幻灯片。在第一页上，他阐述了怎样才算在这一职位上拥有漂亮的成绩。在第二页上，他评估了自己目前的能力。在第三页上，他概述了自己的发展计划。

杜斯表示："我的职责就是让我的上级成功。凡是对她重要的事情，对我也同样重要。如果我能给她脸上增光，我脸上也有光。"这样说来，杜斯

---

[1] 大型组织中高层管理者的主要助手，通常在首席执行官和业务经理直接报告团队之间起到缓冲作用。——译者注

完成的不只是业务经理的工作，他也一直在分析上级的工作，想象她怎样做才能让团队取得成功。他不会等沃德或团队的其他人要求他做出分析，而是会预测沃德的日程安排，根据过去的需要预测她需要的信息和结论。举例来说，如果沃德马上要进行一次客户评估，杜斯便会在对方开口之前整理好一套幻灯片并给她发电子邮件："您下周有一次客户评估。这套幻灯片应该能派上用场。"

杜斯的聪明之处在于他能够快速处理数据，并从信息中提炼出最精要的观点。沃德表示："杜斯会认真聆听，把问题理解透彻，有时仅用半小时就能整理好切中要害、结构清晰的资料。"杜斯发现，简短而清晰的沟通会使他的想法对别人产生更大的影响和价值。例如，他发现一份沃德或团队的其他成员可能会感兴趣的长达 30 页的白皮书，便会附上一张便条："我知道你可能没有时间阅读，所以在此把 5 个要点总结了出来。"用沃德的话来说，杜斯的高速学习和沟通能力"常为公司节省时间"。

对于杜斯来说，提炼关键信息不仅是为了方便上级，也便于他与团队成员，甚至公司外部人士共享信息。有一次，沃德刚在德国开完一整天的会，突然收到了公司产品开发主管的紧急信息。产品开发主管要向公司董事会作一次重要的报告，问沃德的团队能否帮他写一份执行摘要，因为他听说她的团队对此很在行。沃德向同样刚刚开完一整天会议的杜斯讲了大致情况。接到这个邀请，杜斯跃跃欲试，打起精神迎接挑战。沃德乘坐飞机回到伦敦，1 小时后下飞机时，便收到了一封电子邮件，附件里是杜斯刚制作好的幻灯片。原来，杜斯已经浏览了这位产品开发主管制作的完整详细的幻灯片，从中提取出关键信息，并制作了一套新的幻灯片。沃德表示："新的幻灯片简直无懈可击，让原来的幻灯片焕然一新。"同一天，杜斯收到了来自那位产品开发主管的信息："杜斯，虽然直到今天早上才认识你……但我已经成了你的粉丝。你怎么能这么快就把平平无奇的幻灯片变得如此精彩？感谢你，期待与你展开更多合作。"

杜斯不仅方便了上级的工作，而且让每个人的工作都变得更加轻松。沃德表示："我很容易把杜斯当成同级对待，因为他的做事风格和同级无异。"他因此得到了许多机会，以极快的速度了解了公司的业务，并成为晋升候选人。前不久，他被提升为参谋长，这也理所当然，因为他早已在工作中拿出了"参谋长"的派头。

在工作压力越来越大的时候，你是会向上级寻求慰藉，把工作推给同事，增加他们的负担，还是会选择贡献力量，让大家的工作变得更加轻松呢？

做团队的"横梁"

当工作量激增成为常态，管理者通常会寻求外部增援来完成工作，也就是靠增加团队成员数量来完成任务。他们的逻辑是：团队面临更多工作，因此需要更多的成员。新招募的成员可以缓解压力，但人手的增加也会加重管理负担。因为这意味着有更多的人需要指导，更多的问题有待解决，一对一的会议越来越多，协调成本越来越高，通常还会引出更多钩心斗角的事件。

明星员工不同于通过招募而来的增援人员。他们的作用是加固团队结构，就像横梁和钢筋混凝土柱能加固结构，使建筑承受更大的负荷一样。其他的同事可能会增加团队工作量，明星员工却会让工作变得轻松。他们的工作方式能够团结整个团队，使团队成员共同承担重任。

明星员工将他人严苛的需求视为自己提供支持和帮助的机会。这种帮助他人的习惯始于一种归属感，即他们认为自己是团队中重要的一员，他们独特的优势能够得到认可，他们被人需要和重视。他们坚信，自己是团队中的关键组成部分。

莱昂内尔·雷蒙恩（Lionel Lemoine）是 Adobe 西欧、中东及非洲地区的解决方案咨询总监，他建立起一个温馨的集体，营造出归属感。他的影响不仅限于自己的团队，更延伸到了整家公司。雷蒙恩的上级克里斯·塔普林（Chris Taplin）表示："雷蒙恩是个平易近人的人。他为公司带来了巨大的活力。他身边的人能感觉到，他会把他人关心的事情放在心上。"很多人知道，雷蒙恩在他的办公桌上放了一碗巧克力，相当于办公室版的欢迎垫 ①。雷蒙恩是法国人，在巴黎工作，他坦言："我是个巧克力迷，总会在碗里放 10 种不同口味的巧克力。"这些都是上等巧克力，口感丝滑醇厚。员工喜欢跑到雷蒙恩的办公桌旁，喝喝咖啡，吃点巧克力，再聊上几句，气氛既轻松又愉快。那碗巧克力仿佛代表雷蒙恩在说："过来坐下，跟我聊聊天吧，这里欢迎你。"

来看一个截然相反的例子。一位在一家大型活动公司任职的专业会计也在办公桌上的显眼位置放了一碗巧克力。她不像雷蒙恩那样是为了营造轻松友好的氛围，而是一旦用巧克力"诱骗"到同事，就会用没完没了的牢骚和抱怨进行"突袭"。她的同事很快就发现，这种慷慨是个陷阱。巧克力是她的网，来访者则是她的猎物。巧克力代表她发出的信息好像是："现在，你得任我宰割了。"她没有建立起温馨的集体，而是在"诱骗"大家成为她的宣泄渠道。

感受到自己成为集体的一员时，人们会变得更积极，对集体的责任感也会更强。这就是研究者兼倡导者阿什·布坎南（Ash Buchanan）所说的"受益型思维"（benefit mindset），这是成长型思维的延伸。利用这种思维，我们不仅会寻求成长和发挥自己的潜力，而且会选择一种有益于所有人的方式成长。布坎南写道："利用受益型思维，我们会明白自己并不是无依无靠的独立个体。我们是相互依存的生物，属于一个庞大的全球生态系统。"这种思维所传达的理念是：我可以贡献力量，为大家增加幸福感。

---

① 主人放在住所门边的小地毯，供客人在进门前擦鞋底用。——译者注

雷蒙恩表示："我在领导和合作中采取的思维是，我是有用的，我可以发挥影响力。"他解释了这种思维的基本原理："在协助别人成功时，在帮助别人解决问题或推动项目发展时，我感到自己能发挥出更大的影响力。"支撑这种思维的，不仅是利他主义。雷蒙恩承认："如果我的上级能取得成功，我在公司的日子也会好过一些。"他的上级能感受到这种支持，也知道雷蒙恩是在照顾所有利益相关者的需求，包括上级、员工和公司外部客户。他的上级表示："我知道，他会做有益于公司的事情。"值得一提的是，雷蒙恩在每封电子邮件的落款中都会写上"为了 Adobe 的利益"几个字。

无论是制造归属感还是服务大家庭，都传达出一种贡献的理念，即我的努力能让团队成员的工作更加轻松。带着这种理念，具有挑战性的工作量就不再是需要我们独自承担的重任。我们既不是他人奋斗的旁观者，也不是给他人增加负担的始作俑者。我们可以发挥自己的优势，减轻大家的工作量，让每个人的工作都变得更加轻松。

3 个习惯，让工作变轻松

遇到充满挑战的工作时，容易合作的团队成员便显得尤为珍贵，在变化无常、充满不确定性和危机的时期更是如此。那些让所有人的工作变得轻松的人，是团队中不可或缺的宝藏。

那么，管理者最欣赏的员工特质是什么呢？排在第三位的，是"对队友伸出援手"。这种行为不仅惹人喜爱，而且是明星员工必须具备的良好特质。就像家有一群儿女的父母一样，他们无力同时照顾所有孩子，因此需要年长的孩子帮助年幼的孩子。此外，管理者希望和那些随和亲切的人，也就是那些易于相处、易于理解、易于建立关系的人一起共事，同时也喜欢和乐于合作、善于推进工作的人合作。当两个人才的智力和能力齐平时，你难道不会首选平易近人的那位吗？

相反，那些给团队制造混乱、冲突或矛盾的员工对管理者而言是一种包袱，对团队来说是一种负担。从本质上说，管理者希望员工协助他们完成团队工作，而不是制造额外的麻烦。表 5-1 展示了员工应当如何在面对严苛的需求时积累声誉。

表 5-1　面对严苛的需求时折损声誉和积累声誉的因素

因素	具体做法
折损声誉的因素	不断询问上级自己下一次升职或加薪的事宜 发送啰唆冗长的邮件 说同事的坏话，制造混乱、冲突和矛盾 要求管理者重新考虑已经做好的决定 对信息和事实视而不见 开会迟到，一心多用，打断他人发言
积累声誉的因素	帮助队友 带来正能量，享受工作，逗大家开怀大笑 配合上级 开门见山，直言不讳 做好功课，有备而来

接下来，我们将探讨明星员工让工作变轻松的 3 个习惯，看看他们如何为自己和他人减轻负担。

习惯 1：保持低维护成本

在管理者的口中，很多典型贡献者虽然能力强，但很浪费他人时间，有的人会提出在理的观点，但需要用冗长的语言来表达。这种人就像一辆耗油的巨型悍马汽车：虽然能把人送到目的地，但会在过程中消耗大量能源。一位深有感触的管理者这样评价一位普通员工："他知识渊博、表现出色，但爱找事且固执己见。跟他相处，真是事倍功半。"

从另一方面来说，管理者口中的顶级贡献者，是高绩效且低维护成本的人，就像是性能优异的理想汽车，无须消耗太多能耗，也能有优异的表现。我们的调查数据显示，顶级贡献者的表现一贯以低维护成本和低矛盾摩擦著称，远比典型贡献者和贡献不足者要好。①这些精力充沛的员工能够承担巨大的工作量，而不会徒增麻烦。正如"美国心理学之父"威廉·詹姆斯（William James）所写："智者的艺术，就是深谙忽视之道。"同样，成为明星员工的秘诀不在于选择做什么，而在于选择不做什么。明星员工不会让事情复杂化，不会制造摩擦，也不会过度沟通。比起明争暗斗，他们更喜欢创造价值。就像卡尔·杜斯一样，他们行动敏捷且易于合作。他们就像人们钟爱的车型一样，高效可靠、经济节能，可以完成很多工作，却不需要太多监管。

降低摩擦

根据我们采访的管理者的说法，明星员工会规避费力和徒劳的事务，比如指责、抱怨、炫耀和争权夺利。他们也会远离那些煽动冲突但不产生效果的明枪暗箭和无事生非。这些都是低效的活动，是减缓进展或阻碍合作的摩擦因素。他们很少参与这些纷争，而是通过提高效率系数（efficiency factor）②来保证绩效。

IMPACT PLAYERS

明星员工工作技巧

明星员工提高效率的秘诀

明星员工不会：

1. 参与内部斗争。

2. 与同事闹矛盾或起争执。

3. 浪费时间。

---

① 怀斯曼集团的研究表明：经常能够保持低维护成本和低矛盾摩擦的顶级贡献者为 89.97%，总能做到这一点的顶级贡献者占 62.6%；经常这样做的典型贡献者为 40.64%，总能做到这一点的典型贡献者占 14.44%；经常这样做的贡献不足者为 15.9%，总能做到这一点的贡献不足者只占 3.3%。

② 标准工作时间与实际工作时间之比。——译者注

4. 抱怨，指责他人，沉溺于消极情绪。

5. 炫耀，争权夺利，与同事进行恶性竞争。

明星员工会选择通过降低摩擦的方式开展工作。他们会简化工作流程、减轻冲突和因固执己见产生的阻力，从而减少前进路上的障碍。他们或许有自己坚持的观点和清晰的立场，但他们的观点机动灵活，因此也更容易发生改变，仿佛他们的办公室挂着一块牌子，上面写着"接受反馈（无论我的观点听起来多么有说服力）"。让我们来看看前文介绍过的几位明星员工。

保罗·福吉（塔吉特百货公司供应链主管）被称为"平易近人的典范"。塔吉特百货公司的副总裁表示："福吉不会让谣言或斗争成为工作的阻力。他能清晰地表达想法，也愿意学习，不怕改变。"

当菲奥娜·苏（谷歌媒体实验室的策划经理）和她的上级约翰·塔奇滕哈根就一项新媒体战略发生分歧时，菲奥娜·苏想让塔奇滕哈根明白，尽管她有自己的观点，但并不会固执己见。她通过手稿向塔奇滕哈根展示了自己的想法，还特地自制了卡片，而没有使用华而不实的幻灯片。她把废纸一分为四，只用关键词和简单图像展示自己的想法。在轻松的气氛中，两人针对10个粗略想法进行探讨，并共同制订了一个计划。

在提出创意时，扎克·卡普兰（第4章中的谷歌品牌营销经理）并没有阻止同事进行批评和给出反馈。即使在接受完反对意见之后，他也会对团队的进步表示庆祝，并感谢同事为他的想法添砖加瓦。

运用这种降低摩擦的工作方式，明星员工不断进步，也让管理者得以更快速且更自由地前进，正如 Adobe 的一位管理者对明星员工的评价："他让我的工作变得非常轻松，或者说，他帮我卸下了与理念不同之人打交道的负担。"

字字珠玑

这些明星员工贡献了优秀的绩效，他们能用低成本的做法取得高性价比的回报。他们说话带有清晰的目的性，而不是想到哪儿说到哪儿，他们惜字如金，说话虽少，却意味深长，在团队中尤为如此。他们或许有许多信息要表达，但不会全部说出来。他们会带着清晰的目的贡献力量，始终明白什么时候该放手一搏，什么时候该谨慎保守。他们不会把所有想法和盘托出，而是针对自己可以发挥最大影响力的问题表态，话虽不多，但掷地有声。

《半吊子专家》播客的主持人莫妮卡·帕德曼承认，在采访期间，她需要多加留心，才能掌握好何时该发表意见，何时该缄口不言。与有趣的人交谈时，人们很自然地想要发表意见，表现出机智幽默的一面。但是，帕德曼已经学会了审视自己的意图，并懂得在开口前问自己：我说这些话是因为有必要，还是想让对方听到我的意见？她总结道："我们不必把想到的都说出来……我觉得，我们都有不断把自己的想法传递给所有人的执念……但现实不一定如此，我可以萌生出某个想法，这个想法很有趣，但不传达给别人也无伤大雅。"用帕德曼的话来说，想要发挥出最大的影响力，我们就要掌握"何时插话，何时不语"的艺术。

你的声音是否掷地有声？你的表达是否易于理解？如果你想要突显影响力，那就少说些话，减少在会议上发言的次数，发表切题、独特、有证据支撑的想法和评论。为了确保你的观点铿锵有力，请务必简明扼要。"明智布局表达筹码"将有助于你的贡献事半功倍，并产生双赢的效果。这样一来，你不仅能为其他人打造更大的贡献空间，你的发言也会更加富有感召力。想让自己的话语更有分量，你可以这样做：

1.　一件事只说一次，但要表达清楚。

2. 在提出相反的观点时，增加观点的可信度。

3. 增加一个简短的开场白，让人们知道，你马上要表述一个重要的观点（比如："接下来，我想跟大家分享一个观点"）。

时刻做好准备

如果你曾经有过一辆问题频出的汽车，就会知道汽车在无法启动时有多惹人心烦。你要时刻祈祷汽车能在你需要时顺利启动，你会时时刻刻提心吊胆。与此相反，如果你开过质量可靠的汽车，就体验过确信汽车一定能够启动的安全感。在需要的时候随时能够出发，这是一辆好车的重要特点。在我们的职业生涯中也是如此：时刻做好挺身而出或投身其中的准备，能让我们的贡献更有的放矢。

明星员工能够保持随时投入工作的姿态：在会议上，他们做好了随时参与的准备，时刻准备贡献力量。如果想要有发言权，我们就需要具备随时做出贡献的能力，无论是提出计划，汇报情况，权衡关键决策，还是顶替缺席的同事。若能成为别人眼中可靠且随时能够上阵的人，我们就能在关键时刻发挥影响力。

绰号"钢锯"、以力量著称的美国橄榄球运动员杰克·雷诺兹（Jack Reynolds），就是时刻处于准备状态的典范。在比赛日，其他队员会穿着T恤和宽松的运动裤吃早餐，然后在更衣室穿好比赛服。但这不是"钢锯"的作风。吃早餐时，他会"全副武装"：戴好护具和头盔，在眼下涂上黑道，双手绑上绷带。在比尔·坎贝尔奖杯峰会上，雷诺兹在旧金山49人队时的前队友罗尼·洛特（Ronnie Lott）回忆道："他总是最先对我们说，'喂，伙计们，我已经准备好了，现在就开始吧'。"最有价值的球员，可以在接到上场通知的一瞬间就做好出场迎战的准备。

如果我们想要在关键时刻发挥影响力，就要做好随时参与的准备。

习惯 2：减轻他人负担

安迪是一家科技公司的财务经理，应上级要求对部门的支出模式进行分析。在计算完数字之后，他把电子表格发给上级，附上"请查看附件文档"的信息，然后在自己的任务清单中将这一项工作划掉。然而在上级看来，安迪相当于在他的任务清单上多添了一项内容，安迪的上级表示："现在，安迪等于是给我布置了作业。他把数据都抛给了我，却没有做定性分析。"

可以把这个案例与希拉里·卡普兰·绍莫尔尧伊（Hilary Caplan Somorjai）的例子做一个对比。绍莫尔尧伊是一位机敏且才华横溢的专业人士，我曾有幸与她在甲骨文公司共事。作为全球人力资源开发主管，我的本职工作要求极严，我平时还要完成公司管理委员会的各种项目。工作和家务让我忙得不可开交。我有两个年幼的孩子，还有一个即将出生。我必须做出取舍，才能推动工作与生活正常运行。我向来热衷于阅读管理类杂志，但苦于时间不够用，除了电子邮件和孩子们的睡前故事，我几乎放弃了阅读其他文本。但我明白，想要高效工作，我需要及时了解经典管理案例和最新管理理念。绍莫尔尧伊虽然有自己的工作任务，但也理解我面对的挑战。有一天，她来到我的办公室，聊到我面对的困难，她问我："如果我帮你阅读，会不会对你有所帮助？"她告诉我，她准备每天阅读《哈佛商业评论》和《华尔街日报》，然后把相关文章的摘要发给我。这与她的本职工作毫不相干，但是个很棒的提议。虽然这远远超出了她的正式工作职责范畴，但她提议的方式是那么谦逊客气。于是，我欣然接受。这件事发生在 20 多年以前，但时至今日，我仍然能感受到那种如释重负的轻松感。

上文中的财务经理安迪增加了上级的负担，相比之下，绍莫尔尧伊却能够帮我分忧。明星员工不仅能做好自己的工作，还能帮助同事把工作做好，从而减少上级的烦恼。在为上级和同事减轻负担的同时，他们自己也会从中受益。

主动分担

让我们来看看凯伦·卡普兰（Karen Kaplan）的职业生涯。她通过减轻别人的工作负担，赢得了进入公司高层的机会。1982年，卡普兰向希尔·霍利迪（Hill Holliday）广告公司发出申请，想找一份轻松的工作，方便她腾出时间准备法学院的入学考试。公司给了她一份接待员的工作，这看上去非常适合她。没想到，当公司创始人把这份工作交给她时，却说："恭喜你，卡普兰，现在你就是公司的形象大使和代言人了。"她回忆道："我惊呆了。他好像把这份工作看得至关重要，所以我觉得应该认真对待。于是我全心全意投入工作中去。"严格来说，负责前台工作的卡普兰并没有专门的上级管理，因此她下定决心要成为"前台的首席执行官"，确保整个前台秩序的有条不紊。例如，当旅行社的机票通过快递送达时，她并不直接打电话让收件人去取，而是亲自送票上门。除此之外，她还主动为同事安排行程。

很快，卡普兰便被安排了更重要的工作，帮助那些肩负着沉重客户任务的同事处理工作。她主动提出为他们分担一些工作量。对此，大多数人欣然接受。一位管理者经常在会见客户时打盹，因此她便提出替他主持会议。很快，她就开始管理主要业务。后来，整个业务都被交到了她的手上。不到20年的时间，她便成为公司总裁。2013年，她被任命为希尔·霍利迪广告公司的董事长兼首席执行官。她回忆道："我最喜欢的几位上级都非常机智，就是有点儿懒。他们让我帮忙分担工作，在我需要帮助时，他们也会给我有效的指导。"通过帮助上级分担责任，她逐渐培养出高层管理者的思维方式和处事方式，为自己的晋升做好了准备，成为值得信赖的管理者。

发挥天赋

约翰·马尔卡（Jhon Merca）是一位在阿联酋工作的年轻内容创作者，网名"Jruzz"。他曾在迪拜的培训和咨询公司Biz Group任职，公司的首席执行官名叫赫尔瑟·杰克逊（Hazel Jackson）。与所有优秀的领导者一样，杰克逊养成了发掘团队成员天赋的习惯。发挥天赋是人们很容易做到的事情，无须付出太多努力，不需要报酬奖励，甚至无须别人要求就能灵活自如地做到。杰克逊的团队召开会议，讨论如何最大限度地利用公司所有人的天赋。他们给 Jruzz 起了"创意喜剧明星"这一绰号，因为他为媒体部门的工作带来了无尽的欢乐和创意。多年后，Jruzz 创办了自己的视频制作公司"创意喜剧演员"（他的前雇主 Biz Group 成为他最重要的客户），用自己与生俱来的天赋为公司命名。当我与 Jruzz 会面时，他穿着一件黑色和青绿色相间的马球衫，左胸上方绣着他的公司名"创意喜剧演员"。当我问起公司名的由来时，他咧嘴笑了起来："这是我与生俱来的天赋。"这是他向世界宣传自己的方式："这就是我和我的工作：我创意满满，快乐幽默。不要只是雇用我，让我的创意也为你所用吧。"他不仅发挥了自己的天赋，也用这种方式方便大家更好地对他的天赋加以利用。

怎样才能方便上级和同事发掘出你的天赋，并最大限度地利用它呢？当然，你并不需要把自己与生俱来的天赋绣在衬衫上，也不用把它作为公司名，但是，你或许需要给上级和同事一些指引，做一些简单的说明，把这些说明看成一本你的"用户指南"。一本好的产品用户指南会向用户介绍产品的设计目的和使用方法，同样，你的"用户指南"也会帮助大家了解你的天赋，以及如何充分利用它。

运用与生俱来的天赋，我们可以轻松出色地完成工作，用最少的努力发挥出最大的影响，让所有人的工作都变得更加轻松。此外，当我们伸出援手，主动把自己的天赋供他人所用时，我们的声誉也会随影响力的扩大而积累。那么，我们如何才能发挥自己的天赋，便于别人对此加以利用呢？

习惯 3：让气氛更加轻松

人们喜欢和明星员工一起共事，因为他们不仅能贡献价值，而且很乐于合作。有的人会让工作氛围变得沉重，明星员工却如习习微风。他们帮助其他人在工作中展示出最好的一面，营造一种明快的氛围，从而更有效地剔除那些没有实际意义的工作。打造积极而高效的工作环境的方法有很多，以下列举的是明星员工用来改善工作环境、让气氛更加轻松的 4 种方法。

制造欢乐

如果把工作场所比作剧院，那么明星员工参演的绝非闹剧，而是欢乐的喜剧。他们会为紧张的气氛带来欢乐，使艰苦的工作变得轻松有趣，并避免那些将人们的工作干劲吸干耗尽的明争暗斗。有些人是名副其实的喜剧演员，能逗得所有人开怀大笑，比如某位爱在公共场合说俏皮话来打破紧张气氛的机智同事，不过大多数人只是具备幽默感的普通人。从技术部门到销售部门，许多管理者会用"快乐""有趣""能够自嘲""逗我发笑""大家的开心果"来形容部门中的明星员工。他们用笑声渡过难关、驱走绝望，并用幽默感将大家凝聚在一起。一位管理者这样评价他眼中的明星员工："他注重成效，很会做事，但他也很有趣，能够自嘲，很讨人喜欢。与他共事的人，都感受到了他的重视。"

斯坦福大学教授詹妮弗·阿克尔（Jennifer Aaker）和娜奥米·巴格多纳斯（Naomi Bagdonas）在她们的《严肃地讲幽默》（*Humor, Seriously*）一书中指出，幽默是帮助人们完成重要工作的最有力的工具。她们坚称，幽默让人们显得更有能力和自信，同时还能加强人际关系，释放创造力，在困难时期增强人们的韧性。这两位作者的想法和我自己的研究都表明，高层管理者喜欢和有幽默感的人一起工作（这可能是因为高层管理者的日子往往很难熬）。我们的研究表明，"享受工作，逗大家开心"在管理者最欣赏的员工特质中排第八位。阿克尔和巴格多纳斯发现，98% 的高层管理者更喜欢和有幽默感的员工共事；84% 的高层管理者认为，有幽默感的员工的工作成果更令人满意。

如果你还是不能信服幽默的力量，那就看看管理顾问阿德里安·高斯蒂克（Adrian Gostick）的《欢乐效应》（*The Levity Effect*）一书。他在这本书中引用了多项职场研究，并得出结论：幽默可以加强人际关系，减少压力，增加同理心，在有趣的氛围中工作的人效率更高，人际交往更得心应手，且缺勤率更低。

　　一些明星员工用幽默营造轻松的氛围，另一些则把充满挑战的艰难时刻转变为振奋人心的体验。也就是说，相比于在海滩上一起玩乐的安逸，和他们共事的感觉更像是一起攀爬高山的刺激。还有一些人可能类似于玛丽·波平斯（Mary Poppins）①，她曾经说过："在每一份工作中，都有欢乐存在。"这些人能够创造出一种轻松愉悦的气氛，将日常工作变成游戏，让乏味无聊的工作变得不那么难以忍受。

　　例如，在接任思爱普北美区售前管理服务主管时，汉娜·达茨（Hannah Datz）接管了一个通过数次并购拼凑而成的约 100 人的松散群体。这群人背景迥异、彼此毫无交集，团队士气也很低落。达茨知道，她需要对团队文化做出实质性的改变，而且必须迅速行动。她将并购而来的不同小组混合在一起，划分成新的小组，并给每个小组分配了一个项目：为他们的一个产品解决方案创作出一个富有创意的故事。每个小组创作出的故事要与整个团队相关，还要具有实际意义。与此同时，达茨还在其中加入了一个博得团队成员双手赞成的有趣活动：每个小组都要向整个团队展示自己的故事，比比谁的最精彩。思爱普的全球副总裁、达茨的上级萨拉·琼斯（Sara Jones）表示："能产生如此大影响力的公司内部项目，我还是第一次看见。现在，他们已经完成了 11 个项目，我在他们身上看到了团队精神和深厚的同事情谊。"公司并购后的员工流失率通常很高，能达到 40%，但在达茨趣味十足而富有成效的领导下，共有 98% 的员工选择留下。

表达感恩

　　在《带着感激领导》（*Leading with Gratitude*）一书中，阿德里安·高斯

---

① 1964 年的美国歌舞剧《欢乐满人间》（*Mary Poppins*）中的主角，她是一位由仙女化身成的保姆，来到人间帮助班克斯家的两位孩子重拾欢乐。

蒂克和切斯特·埃尔顿（Chester Elton）非常坚定地指出，当领导者感恩团队成员的付出时，团队成员的绩效会相应提高。感恩的益处是双向的，常怀感恩之心可以减轻焦虑和抑郁情绪，增强免疫系统，降低血压，衍生出更高层次的快乐。专注、投入和表达感恩，都可以减轻压力在工作场所内外所产生的负面影响。除此之外，感恩是能够传染的：人们在工作场所表达感恩能够产生连锁反应，推动组织文化朝着积极的方向发展。掌握了明星员工思维，我们就能像庆祝自己的成功一样，为同事的成功感到由衷的快乐。我们会关注和宣传工作杰出的员工，让大家知道他们的工作成果受到了认可。

谷歌的品牌营销经理扎克·卡普兰不仅工作出色，还能认可队友的出色表现。他的品牌营销主管泰勒·巴尔解释道，卡普兰经常会对别人所做的工作表示欣赏，喜欢和同事在线"击掌庆祝"，这是巴尔团队正式表达赏识的一种方法。巴尔表示："在过去的6年里，我一直在记录团队成员给我的击掌次数。在6个月的时间里，卡普兰一共给我送出了69次击掌。"为了便于大家理解这个数字的意义，巴尔指出："卡普兰在6个月内和我击掌的次数，要比其他人在6年里都多。我认识的一些人，连寄送自己婚礼的感谢信都要拖上6个月。"这样的做法，为卡普兰带来了滚雪球一般的效应，大家也越来越喜欢和他一起工作。被问到为什么愿意和别人击掌庆祝时，卡普兰回答："我喜欢别人和我击掌，并且觉得别人也和我一样。"他的母亲凯伦·卡普兰，就是那位从"前台的首席执行官"晋升为整家广告公司首席执行官的女性。扎克·卡普兰分享了一个从母亲身上学到的理念：在点亮另一支蜡烛时，你的蜡烛的光辉不会有丝毫黯淡。

展现人性

我们采访的管理者表示，在明星员工中能够增加他人幸福感和安全感的人的比例，比普通员工平均多出2.3倍。在管理者眼中，明星员工不是那种爱管闲事、危言耸听或好心帮倒忙的人。他们会将人情味注入工作场所，将同事当成完整的人来对待，认识到每位同事承受的压力（和享受的快乐）远不止工作本身，由此提升大家的幸福感。

苏·沃恩克（Sue Warnke）是 Salesforce 公司的内容体验高级总监。她干劲十足，不但能够承担多重职责，还能节省出精力来应对生活中的挑战。她是一位强大的领导者和颇有成效的贡献者，致力于将 Salesforce 打造成一家多元共融的公司。除此之外，她还是 3 个正值青春期的孩子的母亲，其中最小的一个孩子患有难治的精神疾病。2020 年初，儿子的病情加重，沃恩克请了假，在这段困难重重的时期，她和已经在家照顾孩子的丈夫一起将全部精力放在儿子身上。离开公司之前，她在公司的内网上发帖分享了自己的故事。这是一封非常真诚的帖子，她在帖子中讲述了家庭的困境，希望为有类似经历的人们带来慰藉。超过 1.3 万名员工阅读、分享或评论了她的帖子，她的帖子是一种展现人性的表达，在世界各地引起了共鸣。

一个月过去了，在儿子的病情有所好转后，沃恩克重返工作岗位。一天，她正在开会时，两名员工走了进来，手里拿着一根扫帚长短的杆子，上面挂着几百只成串的千纸鹤。沃恩克说，这缤纷的色彩就像组成了一幅令人惊叹的画作。还没等她反应过来，又有几个人走进来，举着另一幅由千纸鹤组成的彩幕，还拖着一只巨大的箱子，里面装着更多尚未串起来的千纸鹤。那么，大家为什么要送来这么多的千纸鹤呢？

在 1.3 万名看过沃恩克帖子的员工中，有一位名叫林恩·列维（Lynn Levy）的女性。当沃恩克请假照顾儿子时，列维决定为她的儿子串起一串串千纸鹤。这是日本一种古老的传统，传说 1 000 只纸鹤可以为苦难之人带来和平和疗愈。列维的想法在公司引发了一场小运动。许多员工都在午休时间和团队会议期间叠起千纸鹤来。大家一起折纸，谈笑风生，也加深了彼此的沟通。列维用图表记录进度，并鼓励大家，希望能在沃恩克 3 月回来上班之前凑齐 1 000 只千纸鹤。从慕尼黑、纽约、伦敦、丹佛、达拉斯、萨里、新加坡到新泽西，公司的员工开始从世界各地给她寄来千纸鹤。有一段时间，列维每天要去收发室三四次。很快，千纸鹤的数量就超过了 1 000 只、2 000只，最后达到了 3 000 只。旧金山公司的员工将千纸鹤串在一起。最终，数百名参与者一共寄来了 3 122 只千纸鹤。

鹤象征着支持，有双重含义：鸟的翅膀为飞行提供助力，而英文中的"鹤"（crane）也有"起重机"的意思，意为可以举起非常沉重的负载。沃恩克这样描述这个善举所产生的影响：

> 有天晚上，我凝视着这五彩的海洋，想象折叠出这些千纸鹤的双手。每个人都从自己的一天中抽出一点时间，去关爱一个素昧平生的人。我仿佛看到大家融汇成一个大家庭，他们一起折纸，一起交谈，一起分享，一起欢笑。许多人说，参加折纸聚会是他们在公司中度过的一段最美好的时光。在我的眼中，这些由背景各异的员工制作出的五彩千纸鹤，是深沉的大爱、同情心和多样性的象征。

当我们把同事视为鲜活的人而不是资源时，便能建立起一种联系，让大家更加轻松地承担起各自的责任。同时，这也能将大家凝聚在一起，齐心协力，共同面对困难和危机。下面是乔恩·穆阿莱姆转述了两位社会科学家针对自然灾害对人类影响的研究成果：

> 在日常生活中，我们独自承受苦难。任何痛苦和挣扎，最终都会让我们与他人隔绝，我们甚至会因为认为别人的日子过得比自己好而心生怨怼。然而，在灾难面前，我们要作为一个集体共渡艰辛。创伤和死亡，这些我们在日常生活中秘而不宣的东西，会作为一种公共现象暴露在每个人的面前……所有休戚与共之人的心，都被一种非常强大的力量凝聚在一起。

穆阿莱姆认为，想要应对灾难，最有效的力量就是彼此团结起来。

为同事发声

明星员工能让包括管理者在内的其他人的工作变得轻松，还能营造出一种积极高效的工作环境，但这并不意味着他们会对沉重的话题避而远之。他们利用自己的威信提出大家不愿面对的话题，为在组织中可能缺乏发言权的同事发声。他们并非仅仅抱怨不公，而是通过领导力来引导大家面对难以解决的问题。

Salesforce 的高级副总裁莱拉·塞卡（Leyla Seka）为公司效力十多载，她注意到公司里女性的薪酬低于男性，觉得自己有义务为此做点什么。于是，她找到公司的人力资源执行副总裁辛迪·罗宾斯（Cindy Robbins），一起会见了公司的创始人兼首席执行官马克·贝尼奥夫（Marc Benioff）。两人述说了自己的担忧，贝尼奥夫最初持怀疑态度，毕竟，与公司价值观如此南辕北辙的事情，任何领导者都很难大方承认。最终，他同意对公司共计 1.7 万名员工的薪酬进行审计。审计的结果揭示出薪酬不平等的问题，最终，公司为 6% 的员工进行了加薪。

塞卡和罗宾斯提出了一个棘手的问题，这样的问题必然不会让首席执行官欣然接受。然而，她们仍然选择为同事发声，让首席执行官看到了不平等现象的存在，确保公司遵循应有的价值观。同样，我们也需要发挥自己的感召力，展开难以启齿但意义重大的对话，以便让人人都能最大限度地做出贡献并因贡献得到赏识。

限制感召力发挥的 4 个陷阱

拥有普通员工思维的专业人士并不一定是难以相处的员工。他们可能只是消耗了管理资源，为管理者和同事增加了负担。如果将他人的重大需求视为对自己利益的威胁，认定自己只能向管理者寻求帮助，我们就沦为了同事眼中消极的依赖者，而不是积极的增援者。

与管理者频繁见面

我们很容易认为，向管理者争取更多见面时间有助于晋升。电视剧《广告狂人》(*Mad Man*)记录了 20 世纪 60 年代纽约麦迪逊大道上广告主管的工作和生活，其中的一个场景很能说明问题。在当时的职场环境中，员工需要经常去老板或客户的办公室寒暄闲聊，或者在下班后和老板或客户喝上一杯，顺便巴结逢迎。大家的理念是，关系比成果更重要，与上级相处融洽是身份的象征，一定能够带来成功。

然而，数据显示，管理者花在低绩效员工身上的时间与产出不成比例（一项研究显示，他们花在低绩效员工身上的时间仅占工作时间的 26%）。你可能猜到了，管理者不爱在这些人身上投入时间。美国国家航空航天局的一位管理者这样描述一位喜欢奉承的航天任务经理："他会和你聊天，以为你想要与他探讨一些无关紧要的话题。在他看来，如果关系够好，你就会忽略真正的问题。"这位管理者坦言，每当在会议日程上看到那个人的名字时，他就试图回避会议。他不是唯一这样做的人。SpaceX 的一位管理者也曾打电话抱怨航天任务经理浪费了他们的时间，威胁到成果的产出，这位管理者不得不采取措施止损。我们与其花更多的时间与人会面，不如努力降低自己的维护成本，确保自己的工作成果得到重视。我们要充分利用与别人见面的时间，找出制胜事项，争取资源，获取指导，确保达到目标。

过分彰显自我

过分彰显自我，可能会让我们的感召力打折扣。如果说话太频繁或太啰唆，人们就不会认真倾听我们的发言，我们的发言就成了白噪声。在遇到事关重大且让我们充满热情的话题时，我们尤其容易过于急切地表达。我们可能认为对方仍在倾听，因为大多数人仍会出于礼貌点头附和，实际上，就像面对一只对所有人和事叫个不停的狗一样，别人已经屏蔽了我们的声音。如果我们想让自己的声音被听到，秘诀就在于有目的性地做出贡献，知道什么时候该彰显自我，什么时候该克制。**如果我们想让自己的影响力最大化，那就请做到话虽不多，但掷地有声。**

错误做法

以下 4 种常见的错误做法会浪费你的筹码，削减你的影响力和可信度：

1. 人云亦云：空洞地附和别人的评论。
2. 讲题外话：偏离主题，说些表面看似有趣实则无关紧要的话。
3. 重复强调：为了强调而重复观点。
4. 滔滔不绝：妄图通过一段漫无边际的独白来阐明观点。

过度分享私事

大多数专业人士觉得职场氛围变得越来越轻松，这不仅指着装要求更加宽松，也意味着我们不必把真实的自我暂时隐藏起来。然而，在"休闲星期五"①着装太过随意的人，以及在分享信息时口无遮拦的人，往往缺乏独立健全的人格，也认识不到每个人的生活有他们自己的侧重点，总是把自己的生活事无巨细地向同事倾吐。一位管理者这样描述一位爱跟别人讲私事的员工："人人都听说过他对孩子共同监护权的不满，也听说过他的前妻在抚养孩子上如何不称职。生活中原本应有许多只杯子，但他仿佛把所有杯子里的东西一股脑儿全倒进了一只杯子中。"当杯子里的水溢出来后，其他人也感到尴尬。我们虽然无须在工作中时时一丝不苟，但也不要穿着紧身泳裤去参加团建中的漂流之旅。如果我们想要打造具有亲和力的工作氛围，无须将私事悉数倾诉，不要过度分享私事或对他人的言行刨根问底，要认识到，别人在工作之外有完整的生活。

---

① 指每星期的便装日，这是由美国公司自发组织的职场活动。——译者注

只在场外助威

几年前，我和一位同事联手组织了一场全球领导力论坛。这是一次大胆而富有挑战性的尝试。每到达一个里程碑，我的这位同事都会赞美我的工作成果，并对我的每一次成功表示由衷的高兴。起初，我觉得自己受到了肯定，但是当我意识到所有繁重工作都压在我的身上，而对方只负责为我加油鼓劲时，我便逐渐厌倦了这种赞美。我向这位同事表达了自己的看法。没想到，他同意了我的说法，并对我解释道："我贡献的是希望和信念，包括我们必将成功的信念，还有对你的信念。"啊，原来如此。我告诉那位可爱的同事，虽然我对他的支持心存感恩，但我已经足够自信了。我最需要他做的，是更好地完成分内工作。值得赞扬的是，他做到了。这样一来，我们两人都可以为彼此摇旗呐喊了。在同事处理困难工作的时候，为他们加油鼓劲不失为一种好方法，但当他们需要我们上场出力时，单单摇旗呐喊就不那么鼓舞人心了。遇到不公或违反道德规范的行为时，相比于从旁助威，勇于站出来表明观点更加重要。当同事急需队友或支持者的时候，我们不要只在场外当啦啦队长。

遇到困难时，如果我们成为依赖者而不是增援者，不仅会给管理者造成压力和挫败感，还有可能迫使他们站在"万事通"的高位，落入微观管理的陷阱，甚至贬损其他员工。而这，就是我称为"贬损者"的管理者的首要特征。

如果再极端一点，依赖者会认为别人理应为我们提供帮助和资源。这会让管理者精疲力竭，并对团队文化产生腐蚀性，破坏团队的凝聚力和协作精神。这是因为，依赖者消耗了管理者的精力和资源，却无法为集体做出贡献。大家会渐渐远离依赖者，从而形成派系，加剧明争暗斗，让有害风气渗透到组织文化中。

相比之下，明星员工平易近人，可以轻松快速地圆满完成工作，为大家节省时间。他们通过自己的力量帮助处于困境中的团队成员，为管理者腾出时间，使其得以有效管理，而不是囿于微观管理。他们被视为管理者和利益相关者的助手，有机会积累宝贵的管理经验和影响力。因此，在晋升到更高级且更具有挑战性的职位时，他们已经做好了准备，而其他人也愿意在他们麾下工作。此外，通过营造充满包容度和归属感的积极而高效的工作环境，明星员工也巩固了组织中合作和包容的文化，减少了职业倦怠带来的危害。同时，他们也建立了低维护成本、高绩效的声誉，成为人们愿意共事的对象。他们是重要工作的首选执行者，也会被纳入最关键的项目之中（见图5-1）。

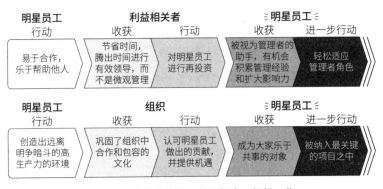

图 5-1　价值的构建：共同担责，轻松工作

美式橄榄球是一项极其激烈的运动。球员们面对的对手不仅想要阻碍他们前进，而且想要把他们击垮。其中，或许没有哪个球员比四分卫承担的压力更大，四分卫必须观察场地形势，找出无人防守的球员，在大量对方锋线球员迎面冲来时立即做出决定。或许，没有哪个四分卫会指望有对手为他减轻压力。

然而，这件事恰恰发生在史蒂夫·杨（Steve Young）身上。史蒂夫·杨是旧金山49人队的"名人堂"四分卫，两次获得美国国家橄榄球联盟"最有价值球员"称号，他的对手雷吉·怀特（Reggie White）是一个令人生畏的防守端锋，也是国家橄榄球联盟历史上擒杀次数最多的球员，到2000年退役时，他已成功进行了 198 次四分卫擒杀。他强壮、敏捷、高大，有着 1.96 米的身高和 136 公斤的体重。除此之外，怀特声如洪钟，会一边在球场上向前冲，一边大声咆哮尖叫。史蒂夫·杨说："怀特会把挡路的人统统撞开。我刚开始后退传球时，就能听到怀特朝我冲过来的声音。"

史蒂夫·杨解释了怀特被称为伟大球手的原因：在令人肾上腺素飙升的激烈而疯狂的竞赛中，怀特总是把史蒂夫·杨的安全放在心上。史蒂夫·杨说："他会竭尽所能完成他的职责，然后立马抓住我，翻身在地，好让我跌倒在他的身上。"没错，怀特尽到了自己的职责，但与此同时，他也会尽己所能，避免让史蒂夫·杨受伤。史蒂夫·杨继续说："然后他就会问，'嘿，史蒂夫·杨，你还好吧？'"史蒂夫·杨会回答："怀特，我现在不太好。"有时他也会问："喂，你爸爸一切都好吗？"

即使在高强度的工作环境中，也可能存在轻松的因素。如果连一位身材魁梧的运动员都能帮对手更好地承受沉重的打击，那么在职场中，这当然也是可能的。无论是在运动场还是职场中，明星员工都能让繁重的工作变得轻松。

随着工作范围的逐渐扩大，并渗透到生活的方方面面，工作越来越繁重，但我们有充分的理由让工作变得更加轻松，伤害更少，快乐更多。我们或许无法减少工作量，但只要抱着正确的心态，便可以为所有人减少无意义的工作。当我们减轻他人负担时，可能发现工作环境得到了改善，而且自己的负担也随之减轻。

明星员工自我修炼 IMPACT PLAYERS ◆ ·······················

以下内容为有志成为领导者的各位提供了一些建议，有助于实践"共同担责，轻松工作"这一关键要素。

锦囊妙计

1. **直入主题。**容易合作的人通常也更容易被人理解。他们说话直入主题，能清楚表达自己的想法。如果你想让自己的观点更加清晰，可以在以下技巧中任选一种加以尝试：

- 把观点限制在 250 字以内。

- 在你的书面报告或口头简报中添加执行摘要。可以是一段带有关键词的文字，也可以是一个附有结论的句子。在提交报告时，先写执行摘要，然后根据需要添加细节。

- 给管理者或其他同事转发邮件时，附上对邮件往来内容的概述，再加上你的问题或要求。

- 打球要进三分球。同样，你也可以把自己的想法或一系列对话总结成 3 个明确的要点。

2. **明智布局筹码。**在一场重要的会议开始前，给自己规定一个"筹码预算"，每一个筹码，都代表你在会议上发表的一条评论或贡献的一个建议所对应的发言秒数。有节制地运用你的筹码，当你的想法具备以下条件时，再发表出来：

- 切题。这个问题是否与你的上级或利益相关者直接相关？如果这个问题不包含在会议的具体议程中，是否涉及更广泛的目标？

- 有据可查。这个见解是否基于数据和其他证据？你是否利用数据提出了一个全面的观点，并将观点的对立面也展现了出来？

- 独一无二。你的观点是对已经说过的内容的补充，还是仅仅在重申一个观点？你的想法或见解是否反映了你独特的角色、观点或技能？

- 言简意赅。你的观点是否简洁明了？有些人需要更谨慎地运用筹码，而有些人可能需要更自由地表达想法。无论你属于哪种人，无论是装在口袋里的具体筹码还是脑中的抽象筹码，都是一种提醒你有目的、有价值地行动的法宝。

3. **发掘你的天赋。**如果不清楚自己的天赋是什么，你可以给6个朋友或同事分别发一封电子邮件或一条短信，从而快速获得全面的视角。你可以使用以下模板，方便对方给出回应：

你好，我非常希望听取你的建议。我想要更好地理解如何在工作中发掘自己的天赋，更好地在我熟悉的领域中发挥作用。从你的角度来看，我的天赋是什么呢？如果需要提示，以下几个问题供你参考。

第一，我最擅长的事情是什么？

第二，我做起来最轻松的事情是什么？

第三，在没有人要求的情况下，我会主动去做的事情是什么？

第四，我在哪些事情上比周围的人做得更好？

谢谢你！你的建议将帮助我最大限度地贡献自己的力量。

4. **创建你的"用户指南"。**如果你觉得自己是一把精密的瑞士军刀，却被别人当作锤子一样野蛮使用，那么，你可能需要让团队懂得如何有效地利用你的天赋。创建一份你的"用户指南"，包含以下内容：

- 天赋：你的大脑能够轻松自如地应对的事情是什么？
- 用途：天赋可以通过哪些途径运用在工作中？
- 指导和维护：想要把工作做到最好，你需要从别人那里得到什么样的反馈和支持？
- 注意事项：你容易在什么地方停滞不前或偏离航道，大家该如何帮助你走上正轨？

安全提示

    1. **发挥你的天赋。** 在发挥你的天赋时，请切记：

- 明确你的意图。天赋是指人们天生具备的才华，即能够轻松、自由、出色地完成事情的能力。你需要让大家知道，你真心热爱和擅长能够发挥这种天赋的工作，也渴望利用这种天赋做出更有意义的贡献。

- 不要妄自尊大。不要要求只在你的天赋范围内工作。发现了自己的天赋，并不意味着你应该对不擅长或不感兴趣的领域避而远之。

- 慢慢来。想让别人通过更多途径对你的天赋加以利用时，请给对方留出思考的时间。试着把对话分成几个部分：分享你的意图，探讨你的天赋，讨论天赋的新用途。

- 有来有往。除了讨论自己的天赋之外，也要抓住机会去认识和关注团队中其他人的天赋，包括你上级的天赋。

    2. **防止过度分享。** 大多数人希望被当作一个完整的人来对待，而不仅仅是一个雇员。但是，对于工作和个人生活之间的界线，每个人都有不同的适应程度。如果你不介意讨论私人生活，请采取以下防范措施：

- 只透露你愿意公开分享的东西。

- 你可以进行分享，但不要打听对方的隐私（这样做，有利于对方自愿做出回应）。

- 在分享得到赞赏和反馈后，你再继续往下说。如果同事没有回应，这可能表示你的分享没有引起对方的共鸣。

    3. **确保你的贡献是有效的。** 不要成为这样的客人：在晚会中提前到场，主动提出为最后的准备工作贡献力量，但不停地寻取指导、关注和确认，成为大家的累赘或麻烦。尝试以下 3 个方法，确保你的贡献能带来益处而不是负担：

- 不要问："我能帮什么忙？"而要问："如果我帮你做这件事，会有什么益处吗？"
- 不要问："你想让我怎么做？"而要问："我该了解哪些具体的要求，还是该自行判断？"
- 让对方知道你做了什么，如果对方想让你尝试另一种方法，也请对方及时告知。

	普通员工思维	明星员工思维
		营造积极轻松的工作环境
行为 ➡	增加团队的负担	我的努力能让团队成员的工作更轻松（贡献）
理念 ➡	我需要管理者的帮助（依赖）	我是团队中重要的一员（归属感）
		我可以在协助别人成功时，感到自己发挥出更大的影响力（受益型思维）
习惯 ➡	需要关注 寻求帮助 增加压力	保持低维护成本 减轻他人负担 让气氛更加轻松
影响 ➡	这种心态增加了管理者和团队的负担，在困难时期尤为如此	建立低维护成本、高绩效的声誉，成为人们愿意共事的对象，巩固了组织中合作和包容的文化

需要避免的陷阱： ➡ （1）与管理者频繁见面
（2）过分彰显自我
（3）过度分享私事
（4）只在场外助威

IMPACT PLAYERS

How to Take the Lead, Play Bigger, and Multiply Your Impact

第二部分

明星员工思维模型的
实际应用

IMPACT PLAYERS

How to Take the Lead, Play Bigger, and Multiply Your Impact

第 6 章

不费力也能加倍发挥影响力

有些人认为，站在大舞台的亮光下，会让人变得
伟大起来。然而亮光所揭示的，只是你在黑暗中
所做的工作。

——杰夫·巴耶纳鲁（Jeff Bajenaru）[1]

到目前为止，我们已经对明星员工思维模型的 5 大关键要素和实践方法
进行了解析，也探讨了如何衡量真正有价值的贡献。在这一章，我们的重点
将转移到个人身上，看看我们可以通过哪些方法来强化明星员工思维。我们
将从一个较为极端的案例开始。案例的主人公虽然淋漓尽致地体现了明星员
工思维，但为之付出了巨大的代价。他战胜了艰难的逆境，经过一番心理斗
争才接受新的思维，并为改变自己付出了巨大的努力。

费尔南多·卡里洛（Fernando Carrillo）住在英国伦敦，是一家非营
利性组织的首席执行官、播客主持人兼圣公会牧师。他友善、乐观，对待
工作全心全意。他不仅在工作上很出色，而且通过自己的工作态度感染了
许多人，使他们也加入了他的组织。参加过卡里洛主持的"伦敦领导力"
（London's Leadership）播客的嘉宾，都对他精心准备的问题印象深刻，并
且感觉自己的人格得到了尊重，想法也得到了重视。他所在的非营利性组

---

[1] 美国前职业棒球投手，现任投球教练。——译者注

织井水慈善（Well Water）的合作者十分欣赏他的积极态度和对业务的娴熟，以及他为组织成员打造归属感和使命感的能力。一位合作者表示："即使面对艰难的挑战，他仍然保持幽默感，鼓舞着我们的士气。"

卡里洛似乎是一个天生的明星员工，但具备明星员工思维并不是他与生俱来的天赋。卡里洛出生在迈阿密的一所监狱，他的母亲被关在那里，父亲很快没了音讯。在他 4 岁的时候，母亲进了戒毒所，卡里洛被带往伦敦，以便住得离亲戚近一些。

卡里洛 15 岁就辍学了，没有工作资格，没有前途，也没有成年人的指引。17 岁时，他被关进了少年犯管教所。他本以为自己的处境会在出狱后有所改善，但在获释后，情况却急转直下，他掉进了毒品和犯罪的深渊。在不确定性和压力面前，他所知道的唯一应对方法就是逃避。在他看来，自己没有人爱，孤苦无依，注定是一个失败者。每一次犯错，这种想法便会更深地侵入他的信念之中。

卡里洛在一家餐厅找了一份后厨的工作。固定的日程安排让他的生活变得规律，也给了他坚持下去的理由。他生活在一个毒品泛滥的环境中，毒瘾很容易复发，但与此同时，他也在一点一滴地积累着小小的成功。证明他实力的事越来越多，他开始相信，自己有能力学习、适应和改变。一位朋友请他一起去教堂，他接受了邀请。在这座为伦敦拉美裔人服务的教堂里，他被支持和鼓励他的人包围。在与毒瘾做斗争时，一位导师出现在他的生命中，指明了他今后人生的方向，教会他什么是责任心，让他感受到无条件的爱。后来，卡里洛考入一所大学的预科班，成为一名学生，找到了通往大学的道路。每一次成功，都强化了他萌芽中的成长型思维，让他渐渐看到新的可能性。当他把注意力从自己的困境转移到周围人的需求上时，想法也随之改变。他开始相信，自己可以为社会做出贡献，为世界带来意义重大的改变。

随着生活的逐步稳定，他开始关注那些面临困境的年轻人。他开始指导年轻人，也发现了自己服务他人的热情。他感到自己变得越来越强大，并开始积极面对挑战。在一位朋友的帮助下，他在伦敦为问题青少年开设了一家健身房。他在威斯敏斯特大学取得了西班牙语国际商务学士学位，之后又获得了神学学位。他开始在布朗普顿圣三一堂做学生牧师，这是一座地处伦敦市中心的圣公会教堂。为了帮助年轻人利用技能服务社区，他创立了井水慈善，旨在培养助力消除世界贫困的领导者。与此同时，他继续推进自己的学业，获得了密德萨斯大学基督教领导力硕士学位。2020 年 9 月，在一个安静的周日上午，卡里洛在伦敦圣保罗大教堂被任命为圣公会牧师。

卡里洛告诉我们，这种行动上的彻底改变，是思想上的几次深刻变化促成的，一切都始于他对自己价值认知的改变。"刚开始的时候，我感受不到自己的价值，但后来逐渐意识到自己的价值所在。"他说，"我知道自己的价值，知道自己有值得与人分享的东西。"这种新的价值认知，来自他对自己精神世界的发掘。每天早晨，他都会读一段自我宣言，这段宣言反映了他的内在价值和对自己身份的认知。一旦坚信自己作为人的价值，他便能够通过全新的视角看待自己的能力。现在，年近 30 岁的他回忆："我记不清具体的日子，但我清晰记得，某一天，一觉醒来的我感到自己充满力量。我觉得自己非常强大，有能力面对更大的挑战。"

因为更清晰地认识到自己的力量，他开始通过不同的角度理解挑战和逆境。在他看来，极端的挑战与其说是威胁，不如说是成长的机遇。或许，最能反映这一点的例证，就是他对反馈的重视。他解释道："在学会接受反馈之前，我经历了漫长的旅程。"在此之前，他曾对反馈避而远之，因为这些反馈实在太伤人了。在他看来，反馈是针对他个人的，是对他人格的攻击，也是对他能力的侮辱。他说："负面的反馈强化了我对自己的消极看法，它提醒我，我是一个永远都不够好的局外人，软弱得不堪一击。"随着时间的推移，他对反馈的态度发生了转变。每天阅读自我宣言使他坚信自己的价值，给了他改变行为的信心。现在的卡里洛对反馈抱有完全不同的态度。他说："现在的我，总在寻求反馈。我非常希望有人能告诉我怎样才能提升，怎样才能做得更好。反馈为我提供了最佳的成长机遇。"

通过井水慈善、播客节目和教堂服务，卡里洛不断培养着能够改变世界的年轻领导者。他的工作动力来自一种信念，就是每个人都可以成为领导者，无论他现在的处境如何，也不管他过去经历过什么。与此同时，他没有停止自我提升的脚步，每周都会与导师见面，每天写日记。他与一名总裁教练①合作，一起为其他领导者提供辅导。后来，他跻身马歇尔·戈德史密斯百佳教练（Marshall Goldsmith 100 Coaches）之列。这是一个由卓有成就的总裁教练、作家和领导者组成的群体，他们利用自己的才华，助力优秀的人和组织更上一层楼。

改变需要时间。在这过程中，我们可能偶尔会有顿悟或颠覆式的体验，但是，大多数改变是缓慢的，以几乎难以察觉的方式循序渐进地发生。我们每迈出一步，新思维都会得到强化，新行动也会得到巩固。正如卡里洛所说："在一条路上走得越远，一切就变得越自然。几乎在不知不觉之中，我们就有了新的生活方式。"

虽然我们无法控制生活和工作的环境，却能控制自己的反应，改变自己的思维和行动。大多数专家认为，行动建立在思维的基础上，我们必须先改变思维，行动就会随之改变。还有些专家则认为，尝试新行动可能会带来新思维。但有一点是大家都认同的，那就是：改变思维和行动并不容易，改变别人对我们的看法也不容易。接下来，我将为大家提供一些方法，让改变变得稍微容易一些。我要帮助大家深入探究明星员工思维的根源。

---

① 总裁教练主要针对公司首席执行官等核心高层管理者进行辅导，能够有效提升高层管理者的领导和管理技能。——译者注

2 个基本理念，强化明星员工思维模型

我从辅导领导者的经验中发现，**大多数变革之所以失败，通常是由于领导者野心过大，而不是缺乏野心**。我们总是试图一口气尝试太多新的做法。加里·凯勒（Gary Keller）在他的著作《最重要的事，只有一件》（*The One Thing*）中写道："想要成功，无须做到想象中那么自律，原因很简单：成功是做对的事，而不是把每件事都做对。"在尝试实践明星员工思维模型时也是如此。虽然我们可能深受本书介绍的许多事例的鼓舞，并相信可以通过类似的方法为自己和同事创造更大的价值，但是我们可能会力不从心，以失败告终。事实上，在明星员工思维模型的 5 大关键要素中，能做到 3～4 种（准确地说，是 3.17 种）就能成为明星员工。但是，即使我们想要做到其中的 3 种，或是完美实践几招"锦囊妙计"，也是一项艰巨的任务。

如果想要培养明星员工思维，我们可以通过更加有效和可持续的方式来达成。我们与其同时进行多种浮于表面的实践，不如专注于 2 个基本理念。正如速度和手眼协调等身体能力是进行各项运动的基础一样，这 2 个基本理念也是所有明星员工成事的基础。我们若能加以实践，便会自然而然地做出正确行动。第一个基本理念，是以工作所服务的个人和集体的视角看待问题；第二个基本理念，则是在被别人视作威胁的领域找到机会。转换视角有助于一个人自然而然地改变行动，并引发多种影响。

理念 1：转换视角

面对问题时，以行动为导向的专业人士会对情况进行评估，承担责任并迅速采取行动。然而，他们很容易选择错误的目标。大多数的专业人士会囿于固定思维，一味专注于自己认为最重要的事情，无法转换视角。他们的意图是积极的，观点却是错误的。人们的视野一旦受到局限，影响力也会受到限制。

为了扩大影响力，我们必须知道什么东西对他人有益，必须训练自己的思维，通过他人的视角去看待事物。也就是说，我们必须通过利益相关者的视角去看待问题。使劲盯着看、眯起眼睛或是瞪大眼睛去看，并不一定会让我们看得更加清晰。我们应该转换视角，从不同的角度观察情况，从而让视野更广阔。正如詹姆斯·迪肯（James Deacon）所说："你所看到的东西不仅取决于你在看什么，还取决于你从哪里看。"

J. 邦纳·里奇（J. Bonner Ritchie）是我很喜欢的一位教授，这一理念就是从他那里学到的。他不仅是许多人尊敬的导师，也通过虚心学习，成为促进世界和平的明星员工。

里奇是杨百翰大学万豪管理学院的组织行为学教授，也是东耶路撒冷一个卫星校区的常驻学者，这个校区位于这座历史名城东部边缘的斯科普斯山。里奇在东耶路撒冷工作和生活了几个月，教授领导学课程，并在当地社区开展培训项目。一天，里奇在开车回家时走了一条捷径，穿过东耶路撒冷巴勒斯坦区域一个叫艾萨维耶的地方。当他开车穿过街区的时候，一群少年围住了他的车，开始扔石头。他们扔的不是鹅卵石，而是大得足以当作武器使用的石块。道路很窄，里奇无处躲避。几块石头砸进了汽窗，他的肩膀受到了撞击。他低头一看，发现自己的白衬衫沾满了鲜血。他设法把车倒出去，赶在事态升级之前离开了。逃离危险后，他先开车回家，然后去了医院。医生从他的手臂和脸部取下了 30 块玻璃碎片。

经过一天的休养，缠着绷带的里奇再次来到艾萨维耶，想要从攻击他的人那里获得更多信息。一天前，被乱石砸中的他充满了怒火，但他之所以回到这里，是为了理解，而不是报复。他带了一名翻译。这一次，他没有开车，而是步行到了村里。他要求和村长对话，说想和孩子们谈谈，弄清楚他们砸车的原因。村长表示了歉意，并找来 3 个手足无措的男孩。里奇告诉男孩，他想和他们交朋友，然后问道："你们为什么要这么做？"孩子们解释说，他的车挂着以色列的黄色牌照，而不是巴勒斯坦的蓝色牌照，并补充道："我们感谢你做的一切，但你的车罪该万死。"对于男孩们来说，这个车牌是侵占的象征。里奇边听，边与几个男孩和村里的其他人详谈起来。在事后回忆当时的情况时，他写道："我倾听着他们的沮丧和绝望，虽然我不接受暴力，但能理解他们对自由和独立的渴望。就这样，我们不再互相为敌，而是成了朋友。"

里奇与东耶路撒冷的犹太群体和阿拉伯群体建立了深厚的友谊，这只是他诸多经历中的一段。这3个艾萨维耶的男孩偶尔会去大学拜访他，有时还给他带去礼物。他继续在这所大学工作，并举办领导力工作坊，把阿拉伯和犹太社区的领导者凝聚在一起。在大家的眼中，他是一位善于搭建桥梁和热爱思考的领导者，能理解双方的立场，但绝不会偏袒任何一方。

1993年春天，里奇突然接到一通电话，来电者是巴勒斯坦解放组织（简称巴解组织）领导人亚西尔·阿拉法特（Yasser Arafat）手下的一位工作人员。这位工作人员告诉他，阿拉法特听说里奇善于在犹太群体和阿拉伯群体之间搭建桥梁，希望在突尼斯的巴解组织总部与他会面。几天之后，里奇便被蒙上眼睛，经过多段车程，穿过数个秘密隧道，被带去与阿拉法特会面。见面后，阿拉法特向他问好，并解释了当下的形势。原来，阿拉法特第一次得到与以色列进行和平谈判的机会，但是巴解组织执行委员会的一半成员强烈反对与以色列和解。阿拉法特将在一周后与以色列时任总理伊扎克·拉宾（Yitzhak Rabin）会面，请里奇在接下来的几天里与他的团队协作，帮助委员会成员接受和平谈判的理念。里奇表示同意。在接下来的一周，阿拉法特和拉宾开始了和平谈判，并于当年秋天签署了《奥斯陆协议》（Oslo Accord）。

里奇并没有紧盯着如何处理自己的伤口，而是努力拓宽视野，了解对方对他的看法，考虑从另一个角度处理问题。虽然《奥斯陆协议》是无数人努力的结果，但里奇之所以能做出重要贡献，是因为他愿意通过别人的视角来看世界。这种更加广阔的视野，使他得以扮演更具影响力的角色。

我们能通过什么途径来提升影响和拓宽视野呢？是依赖于片面的价值观，还是从利益相关者的角度看待问题？从别人的视角看待问题，能让我们的视野更加广阔。当我们将别人重视的东西放在重要位置时，便能找到正确的方向，提升自己的影响力。

从利益相关者的角度看问题，明确对方重视的事物，方便我们更好地理解他们的关注点和需求。如此一来，即使遇到领导力真空地带，我们也不会束手无策地等待被别人赋权，而是有能力站出来带领大家前进。了解了管理者肩负的重担，我们就不会跑到他们的办公室争取更多面对面交谈的时间，而是积极承担责任，让他们的工作变得轻松。简而言之，当我们转换视角时，便能增加自己的影响力。

图 6-1 展示了转换视角这一基本理念如何有助于我们践行明星员工思维模型的 5 大关键要素，以及如何帮助我们识别和规避普通员工可能会落入的陷阱。以下是一些简单的方法，可以帮助我们转换视角，从更有效的切入点采取行动。

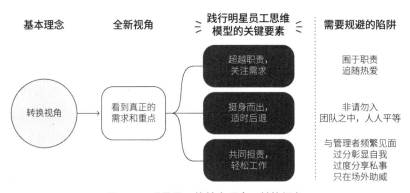

图 6-1　明星员工的基本理念：转换视角

放大视角。试着从我们在组织或工作中所处的位置上后退一步，放大视角，用广角镜头来看待自己的处境。问问自己：其他参与者是谁？他们的成功需要我付出哪些努力？处于下游、受到我的工作影响的人有哪些？谁能够从我的工作中获益最多？我的什么行为能为他们带来最大的收益？

换位思考。 除了放大视角，我们还可以尝试从别人的角度看问题。我们只需问问对方：从你的视角来看，这件事是怎么样的？你觉得我可能遗漏了什么？这些问题对你个人有什么影响？对你来说，做到什么程度才算成功？抑或，我们可以站在利益相关者的立场上，更好地理解对方对某种情况的看法。我们可以在会议中换一个座位，或者参加一场自己通常不会出席的会议。我们可以陪同事一起拜访客户，用一天的时间做自己产品的用户，或者自愿提出在别人缺勤时帮忙处理工作。这种做法，可以帮助我们理解和改善服务对象的体验。

耐心倾听。 有效的工作通常始于好奇心、同理心和倾听，但是，我们是否有足够长的时间倾听，以便加深对事情的理解？《所谓会带人，就是会提问》（*The Coaching Habbit*）一书的作者迈克尔·邦吉·斯塔尼尔（Michael Bungay Stanier）问道："你能否保持好奇心久一点，采取行动和提出建议的速度慢一点？"我们前面提到的思爱普的巴西软件架构师保罗·巴特本德，就是这种做法的典范。和大多数商业应用程序软件架构师一样，巴特本德研究客户的需求，设计出符合业务需求的应用程序模块，然后采访客户，以确保完全理解对方的需求。在倾听的过程中，大多数软件架构师会将注意力从收集信息转移到解决问题，并开始思考如何提供解决方案。巴特本德与大多数软件架构师的不同之处，在于他倾听的时间很长。他告诉我们："我通常会花整整一星期的时间去倾听。"尽管他有备而来，对软件解决方案也很了解，但还是会抑制住分享专业知识或切换到解决问题模式的冲动。他解释道："我会试着把和客户相处的所有时间都花在理解问题上，而不试图给出任何解决方案。我会等到下一个阶段再分享解决方案。"他承认，连续 5 天，每天倾听 4～5 小时，有时真的很难做到，但回报是可观的。巴特本德的同事和客户都知道，他设计出的软件不仅质量更好，而且更符合客户需求、更加有效。

如果能够克制自己，少说话多倾听，你的工作会得到哪些改进？你能通过放大视角、换位思考、耐心倾听来增加自己的影响力吗？

理念 2：更换镜头

在模棱两可的形势中运筹帷幄，是优秀领导者的一项基本能力，这是我从里奇教授那里学到的诸多经验之一。**最好的领导者会减少不确定性，为团队创造稳定环境。**他们需要学会适应不确定性，从而坚持足够长的时间，将未知转化为机遇。这种对不确定性或者逆境的适应能力，是明星员工的特征之一，也是明星员工与普通员工的核心区别之一。事实上，本书引言中介绍的 5 项日常挑战，即棘手的问题、职能不明确、未预见的障碍、不断变化的目标和严苛的需求，与罗夏墨迹测验①很相似。在同样的条件下，面对不确定性，绝大多数人看到的是必须规避的威胁，但明星员工看到的是贡献价值的机遇。美国女童子军前首席执行官弗朗西斯·赫塞尔宾（Frances Hesselbein）就掌握了明星员工思维模型，她表示："我们把变化视为机遇，而不是威胁。"

把不确定性视为机遇而不是威胁，这种能力可以对一个人的抗压性产生深远影响。认知心理学家理查德·拉扎勒斯（Richard Lazarus）和苏珊·福克曼（Susan Folkman）将这种能力称为"评价力"，即一个人面对和解读生活中压力来源的方式和能力。他们得出结论，在初步评价中，个体会关注一件事情对个人目标产生的积极影响或威胁。在二次评价中，个体会对自己应对具体情况的能力或资源进行评价。如果我们把团队缺少正式领导者视为一个机遇，当我们认为自己有足够的能力领导同事时，便会站出来带头。然而，如果我们将同一情况判定为威胁，便会寻求领导者的意见，希望由他们来应对不确定的情况并提供指导。

---

① 瑞士精神科医生兼精神病学家赫曼·罗夏（Hermann Rorschach）创立的心理测试，通过人们对墨渍卡片的解读投射其心理特征。——译者注

这两种世界观的区别，好比凸面镜和凹面镜。把不确定性视为一种威胁，就好像是透过凸面镜看事物，使光线汇聚在一个焦点上，而这个焦点往往就是我们自己。使用威胁镜头时，我们就会变得短视。因为我们视野狭隘，只关注环境对我们的影响，容易觉得自己孤立无援，缺乏掌控力或组织的支持（见图 6-2）。

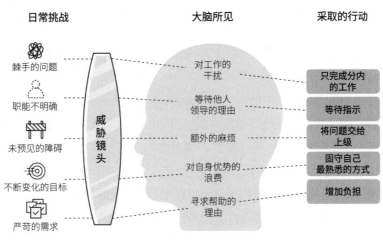

图 6-2 威胁镜头

透过机遇镜头来看待不确定的情况时，得到的图像范围会更加广阔，我们也更容易看到周围发生的事情。这与凹面镜发散光线产生的效果相似。透过机遇镜头，我们可以拓宽视野，扩大选择空间和目标范围，进而发掘自己的选择带来的好处和坏处，以及为利益相关者带来的收益（见图 6-3）。

让我们来最后回顾一下我参加甲骨文领袖论坛的经历，看看当时的我如何将危机转变为机遇。当时，第一场为期一星期的项目已经进行了一半。一切都进展得很顺利，后来，团队成员需要了解公司战略，从而完成一个重大项目。就在那时，我听到了一些不同意见。课程管理者把我拉到一边，和我解释了详情：原来，有的团队成员认为与其完成指定的项目，不如就如何改进公司战略向高层管理者提供反馈，从而做出更大的贡献。

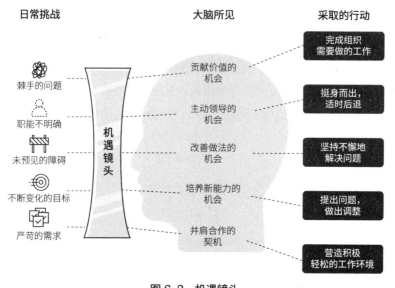

图 6-3　机遇镜头

这是个不小的变动。我们为这个项目投入了大量的时间和资源，高层管理者希望第二天就能拿到解决方案。另外，这是一个风险非常大的偏离正轨的变动。改进公司战略的会议看似意义重大，但很容易演变成吐槽和揭短大会。高层管理者一般不喜欢惊喜，穿"新衣服"的皇帝也并不希望听到别人揭露他没穿衣服。

一位我非常尊敬的外聘顾问告诫道："我强烈建议不要这样做，还是让团队保持原计划吧。"我的部分团队成员则表示，这种选择的风险不仅高，而且高到了我必须足够疯狂才敢承担后果的地步。我当然明白他们的顾虑，很明显，这种选择可能会导致一发不可收的局面，尤其是对我来说。然而从另一方面来讲，这种选择也可能带来可观的益处。因为这可以帮助我们彻底调整战略，方便公司每个人更好地理解战略。实际上，在全公司传播公司战略，也正是高层管理者希望团队管理者做的。在思考大家提出的意见时，我设想了各种可能性：造成大家不满的会不会是责任心呢？这次变动会不会带来突破？这种突破是否正是公司当前所需的呢？我能不能对局势加以把控，斩获胜利、避免灾难？

我们无法联系到那些高层管理者，相比之下，最能给出指导意见的人就是我。我是该选择安全的道路，还是踏上崎岖不平却有可能带来更大进展的道路呢？

我决定让团队成员从高层管理者的角度改进公司战略，这是磨炼他们战略思维能力的最佳方式。在得知可以自由地重新定义自己的工作时，整个团队都很兴奋，或许还有点惊讶。然而我也明确表示，自由与义务是相伴相生的。"做价值的创造者，而不仅仅是现状的批评者。"我提醒大家，然后补充道，"我相信大家，请不要让我失望。"我虽然确信新方法带来的好处超过了风险，但仍需要征得高层管理者的同意。事不宜迟，我赶忙致电 3 位高层管理者。由于当时征求同意为时已晚，因此，我向他们讲述了做此决定的理由，并请他们对此保持开放的心态。刚开始的时候，他们确实有些气恼，但同时也充满了期待。

我的团队一直工作到深夜，交出了一份让人眼前一亮的报告。高层管理者也给出了理想的回应。其间难免出现几个尴尬的时刻，但这些刚刚崭露头角的领导者引发的涟漪，造成了一股变革的浪潮，带来了更加清晰而有说服力的战略。正是因为我们选择了一条不平坦的道路，才将差点成形的哗变扭转成为一场变革。

放下威胁镜头，透过机遇镜头观察，我们就能将威胁扭转为机遇。

在这一过程中，我们可以利用认知重构（一种心理学技巧，指识别、挑战和改变看待情境的视角）来帮助自己看到机遇。改变根深蒂固的信念，或许需要加倍的努力和教练或治疗师的帮助，尤其是涉及恐惧这一情绪时。一旦熟能生巧，对情境进行认知重构便可以像更改智能手机滤镜一样简单。我们可以利用以下 4 个步骤，将威胁重新定义为机遇：

1. 认识到充满不确定性的情况。要注意那些充满不确定性和困难的情况，遇到这种情况，明星员工的思考和反应往往与其他人截然不同。棘手的问题、职能不明确、未预见的障碍、不断变化的目标和严苛的需求都可以作为信号，让我们暂停下来，检查自己应当使用哪种镜头。

2. 检查自己的镜头。注意自己的想法和反应。思考以下问题，检查是否有迹象表明我们是在透过威胁镜头观察形势。

    ◆ 我的主要关注点是否放在负面的威胁而不是正面的机遇上？

    ◆ 我是否在向内观望而不是向外展望？

    ◆ 我是否认为自己缺乏能力、权力或资源？

3. 对自己面临的情境进行重构。透过机遇镜头审视情况，找出当前对自己造成威胁的情况，然后提出这些问题。

    ◆ 明星员工会如何将这种情况视为贡献价值的机遇？

    ◆ 这种情况会对我本人的目标产生怎样的积极作用？

    ◆ 我可以利用哪些能力和资源来应对当前的不确定性？

4. 换上机遇镜头。现在考虑一下，如果把这种情况视为一个机遇，我们会采取什么不同的做法。我们可以问问自己：透过机遇镜头看问题，会引发出哪些思维和行动？

将不确定性重新定义为机遇，能够促使我们更加大胆地行动。然而，只是对不确定性进行重新定义可能还不够。通常，不确定性中包含着风险，我们也应该致力于消除其中的风险。在上文的例子中，当我把电话打到甲骨文公司高层管理者家中，解释我做出决定的理由并通知他们重新调整期望时，就是在消除潜在的风险。

想在面对无法控制的情况时调整心态，首先要改变我们看待和诠释这些棘手的情况的方式。转换视角和更换镜头可以帮助我们选择正确的道路。然而，想把这种方法坚持下去，我们需要的不仅仅是信念。我们还需要证据，证明明星员工思维模型的确能带来更大的价值，能增加个人的感召力和影响力。

冒险有道

下面 3 种方法可以让你在冒险时减少风险，将不确定性转化为机遇。

1. 承认风险。识别潜在的危险，保持机警，注意危险的迹象。

2. 设定预期。向大家讲明形势，解释有利的机遇和不利的风险，让对方知道你对他们有何要求。

3. 设定界限。建立阈值和止损点，将负面影响降至最低，并准备好备选方案。

通过收集证据验证进步

我们在开始尝试改变时，往往比较顺利，但很少能善始善终。原因在于，我们总是想要单纯用意志力来推动改变，而不是以循序渐进的进步作为证据，通过验证自己的进步来激励自己做出改变。

我的一位前同事收到了许多人的反馈，说他是一个强大的领导者，但不善于合作，尤其是在支持同事方面。收到这些反馈之后，他明白这个问题会限制他的职业发展，因此便为解决这个问题制订了计划。他用 72 磅的英文粗体字打印了一张提醒字条，贴在办公桌前的墙上。字条上写着：找到需要做的事情，不求荣誉，只管去做。

贴上这张字条后不久，我注意到，他开始有意地帮助同事。这种做法虽显刻意和生硬，但他的确在做正确的事。没过几个星期，那张字条就被取了下来。我认为这是一个积极的信号，证明他已经发现了团队合作的乐趣，不再需要提示。然而在不久之后，他又重回老路，紧盯自己的目标，坚持站在聚光灯下。他曾想要"伪装到成功那天"，却没有坚持下来。他坚信成为领导者能给自己带来更多的荣誉，而脆弱的新思维就这样被旧思维压倒了。

哈佛大学的罗伯特·基根（Robert Kegan）和丽萨·莱希（Lisa Lahey）将这种现象称为"对改变的免疫"。在《哈佛商业评论》上的一篇题为《人们不愿改变的真正原因》（*The Real Reason People Won't Change*）的文章中，他们写道："很多人即使真心想改变，却仍在不知不觉中将能量投入截然相反的方向。由此产生的动态平衡延缓了改变，这股力量看似是对改变的抵抗，实际上是对改变的一种个人免疫。"从表面来看，我的这位前同事一直甘愿扮演配角，但他在支持同事方面做的努力，却与他根深蒂固的思维产生了对抗。他看不出支持他人为何会给自己带来成功，因此又回到了旧思维中。他虽然有意志力，却因为缺乏证据支持而最终选择了放弃。

18世纪的苏格兰哲学家大卫·休谟（David Hume）曾说过："明智的人……根据证据的多少来确定信仰的深浅。"为此，我将介绍3种方法，帮助你利用证据来形成明星员工思维。

方法1：进行实验并收集证据

新的思维和行动是脆弱的，如果没有证据的支撑，便会被旧的思维和行动压倒。证据会对刚刚萌芽的思维形成一种支撑，就像树苗周围的支架一般，直到树苗强壮到能够自己挺直为止。不要依靠意志力或是在办公桌上贴一张字条来履行承诺，想要获得进一步和更持久的收获，你可以通过积累证据，为这种新的思维和行动提供充分的理由。正如基根和莱希所建议的，找出可能阻止你采取新行动的旧思维之后，你就需要积极寻求能够挑战旧思维的证据，并证明新思维的有效性。

当你想要尝试一种新行为或接受一种新思维时，把这看作一次实验。不要轻率地一头扎进去，要像科学家那样思考：先假设，然后通过实验来检验假设，并收集证据。明星员工的行动框架是利用科学方法开发出来的。实践证明，这些思维和行动对我们研究中的明星员工切实有效。但是，你不必完全听信我的话，而是应该自己进行尝试。你应该把这些方法当作假设，自己去证明真伪。

例如，来自新西兰的商业战略专家安德鲁·里奇（Andrew Ritchie）决定验证一个假设，看看是不是在会议上说话越少，产生的影响越大。在公司的季度战略规划会上，他尝试了本书前文提到的"明智布局筹码"。在快节奏的全天会议中，大家纷纷进行激烈的辩论。作为公司的商业战略专家，里奇通常是会议中最直言不讳的发言者之一。

会前，里奇确定了 3 个他必须发表的观点。其中的 2 个用在他想要推进的 2 个项目上，另一个则留给他想要讨论的关键话题。他提前分配好了"观点筹码"，准备通过罗列要点的方式分享自己独特的观点和证据，以便确保发言的简洁。一位同事给他发信息，问他为什么一反常态、如此安静，他回答："我这是在谨慎布局自己的筹码。"同事回复了一个竖大拇指的图标。

里奇以做外科手术般的精准度布局了自己的筹码。那天会议结束时，他想要推进的 2 个项目已经获得了批准，他想要讨论的关键话题也如他所愿引起了热烈的讨论。此外，由于里奇用心听取了别人的观点，因此可以更清晰地看到大家想要达成的目标，他表示："当我一头扎进辩论中时，便容易忽视大家的潜在需求。"

里奇与我们分享了他的实验结果，通过明智地布局筹码，他不仅实现了自己想要的结果，还获得了新的视角和见解。这些证据，足以鼓励他再次尝试这种方法。他曾经认为，频繁的发言能够增加自己的感召力，而这次的经历对这种旧思维提出了挑战。

当你在实践明星员工思维模型时，需要采取行动，并收集证据。利用以下问题，你可以收集证据，了解新做法产生的有效性：

1. 你要采取什么不同的做法？
2. 别人对你的做法有什么不同的反应？
3. 这种做法是否产生了你希望的结果？
4. 有什么迹象表明这种做法要优于之前的做法？
5. 有什么迹象表明这种做法不如之前的做法有效？

重复实验，直到收集到可支持新思维的压倒性证据，你也可以根据具体情况对实验方法进行调整。把那些得到证据巩固或是被证明正确的思维记录下来。如果实验没能产生好的结果，你可以回归可靠的旧思维和旧行动。当你尝试新行动时，请寻找挑战旧思维、支持更为有效的新思维和新行动的证据。

方法 2：彰显你的价值和贡献

针对感知与意义这一主题，哲学家通过一个简单且大家都不陌生的思想实验提出了一个问题：如果森林里的一棵树倒了，周围没有人听到，能认为这棵树发出了声音吗？同样，我们可能会问：如果有人做出了重大贡献但无人注意，这种贡献有价值吗？也许有价值。实际上，价值必须既被客户或利益相关者感知到，也被他们接受。

在整本书中，我一直在谈论贡献不足带来的悲剧，即聪明、能干、勤奋的人会被虚假价值诱惑，从而削弱自己的影响力。然而，当具有明星员工思维、做出突出贡献的员工不被人赏识或关注时，这种遭人忽视的悲剧或许更加令人感到可惜。这些员工可能是在幕后工作的无名英雄，也可能是弱势群体中的一员，因此没有受到广泛关注。他们的工作常常被人轻视，他们的心声也常常遭人忽略。显然，建立一家多元共融组织的责任就落在了管理者身上。此外，管理者有责任超越表象，识别团队中风格各异的人才。即使如此，帮助管理者和利益相关者更清楚地看到你的能力肯定没有坏处。那么，你该怎么做才能确保你的工作不被忽视，让别人看到你所做贡献的真正价值和影响呢？

彰显内在价值

英特尔公司也面临过类似的难题：公司推出了一款有价值的产品，但客户视而不见。那是 20 世纪 90 年代初，个人电脑革命正在如火如荼地进行。在购买台式电脑和笔记本电脑时，世界各地的公司和个人都会找 IBM 以及大量与他们的产品兼容的计算机制造商，比如康柏和东芝。每台计算机都装有一个微处理器，这是一种集成电路，是计算机的中央处理器，它本质上是计算机的大脑。英特尔公司是微处理器市场的领导者，大约 85% 与 IBM 产品兼容的台式电脑都安装有英特尔公司的微处理器，因此，需求的暴增为英特尔公司提供了巨大的机遇。但与此同时，这也带来了一个问题。

英特尔公司的微处理器在计算机制造商和技术狂人之中享有盛誉，他们理解并欣赏英特尔公司的技术和品质优势。然而，终端用户直接购买电脑的情况越来越多，而大多数人连主板和主机都分不清。英特尔公司需要在终端用户中培养出同样的声誉，并帮助他们理解使用英特尔 486 处理器的电脑能运行得更快、性能更强。

于是，"内置英特尔"（Intel Inside）这个具有历史意义的品牌宣传活动应运而生。活动的标志设计很简单，仅仅是将"Intel Inside™"几个字围在一个圆圈之中。英特尔公司鼓励计算机制造商在电脑上贴这个标志。此举让这些计算机制造商的产品脱颖而出，方便非技术人员一眼看到使用英特尔公司微处理器的计算机的价值。"内置英特尔"活动使英特尔成为一个家喻户晓的品牌。现在，用户在购买没有这个标识的笔记本电脑时会三思而后行。英特尔公司的高性能微处理器虽然价值显著，但这样的价值并未被用户充分了解。这项品牌宣传活动使英特尔公司微处理器的价值得到了用户的广泛关注。想要增加影响力的人，或许也需要做出类似英特尔公司的行动。

宣传自己的贡献

像英特尔公司一样，你可能需要让别人看到你贡献的价值，才能得到认可。你无须发起一项数百万美元的宣传活动，也不用厚着脸皮进行自我推销或品牌宣传。但你或许需要更积极地宣传自己的贡献，尤其是针对那些悄无声息或需要在幕后完成的工作。

想要知道如何做好这一点，你可以观察老练的高级餐厅服务员的微小举动。一位优秀的服务员会在幕后高效工作，但也会在关键时刻现身，让你知道他为你做了什么。他可能会说："我已经帮您催菜，确保您能在用餐后准时到达剧院。"他的话语里面包含着有效的信息。这种巧妙的方法能够提醒顾客，他正在默默提供着有价值的服务。

许多从事支持性工作的人员表示，他们能通过帮助别人，获得实实在在的成就感。然而，即使你在专业上非常优秀，但如果工作成果没有被关注或受到欣赏，你仍然会错失成长的机会，甚至容易被公司裁员。即使是职场中默默奉献的"圣人"，也应该得到认可和赞赏。

有很多方法可以巧妙地让别人注意到你的贡献。你想要达到被人关注的目的，有时只需给出一些信息即可，比如"在昨天工作组会议中上级交给的一系列问题我已经处理过了，你不用担心"。如果你的工作涉及例行流程，那就试着对流程进行创新。如果新流程能取得成功，人们便会注意到你的贡献。即使失败，人们也会关注到你的努力并更加珍惜以前的流程。如果工作经常得不到别人的注意，你可以趁着外出度假的时候把属于你的工作职责交给你的同事或经理，以彰显自己的重要性。

明星员工工作技巧

彰显贡献的 6 种方法

1. 发出信号。让别人知道，你为了方便他们的工作做出了怎样的贡献。不要过分强调细节，只要让对方知道你的贡献为他们减少了哪些负担。

2. 制造惊喜。做超出别人期望的事，对方一定会注意到。

3. 创新和分享。对流程加以改进，与你的同事或团队分享创新的成果。你的贡献会得到认可，你的同事也会因此受益。

4. 分享认可和成果。定期分享你收到的赞美和荣誉，或者让你的客户和合作者来分享，你也可以将自己取得的成果告诉别人。

5. 培养声援者。与同行和利益相关者建立相互支持的关系。为彼此的成功鼓劲叫好，在共同利益相关者面前抬高对方。

6. 推销工作，不要推销自己。将自我与工作分开，这会让你更容易分享和接收成功的消息。

黛布拉·斯黛佩尔（Debra Steppel）是一家理财策划公司的高级副总裁，负责管理所有后台技术和营销业务。除此之外，她还需要承担家庭的责任。当她因为怀孕而不得不卧床休息几个月时，丈夫承担起了洗衣服的家务。他意识到，提着一大篮脏衣服经过上下两段楼梯，对他那身高只有 1.52 米的妻子来说是多么困难。于是，他在妻子生完孩子后继续承担为家人洗衣服的责任，而且在过去的 20 年里每周都坚持这么做。斯黛佩尔总结道："有些事情必须亲身经历，才能真正理解其中的不易。"

除了确保自己的贡献得到彰显，我们也应该用同样的方式对待杰出而默默无闻的同事。如果同事属于弱势群体，抑或我们拥有更大的权力和更多的机会，我们就更要做到这一点。我们可以放大对方的声音，确保他们的心声得到倾听，而不是被别人操纵。我们可以公开支持他们，宣传他们取得的成绩，讲述我们从他们身上学到的东西。当他们不在场的时候，我们可以提及他们，建议大家多关注他们。领导力领域的作家凯文·克鲁斯（Kevin Kruse）准确地捕捉到了同盟关系的重要性和前景："在会议上突显和声援弱势的同事，有助于让他们的观点得到倾听。除此之外的另一个好处是让每个人都知道，他们是团队中既有影响力又有价值的成员。"当所有人的贡献都得到认可时，我们不仅充分利用了所有人的才华，还能激励每个人尽最大努力做出贡献。

IMPACT PLAYERS
明星员工工作技巧

明星员工的绩效保证

那些凭借努力持续获得成功的人，也就是那些每次都能通过正确的方式完成所有工作的人，自然拥有更高的可信度和影响力。如果你想要树立这种稳定可靠的形象，从一开始就要把工作完成得漂漂亮亮，那么在为上级或客户做第一份工作时，务必圆满完成，无须他人提醒，也不要疏远他人。将这个循环重复下去，你就会成为一个完美完成分内工作，且为他人减轻工作负担的人，从而得到大家的信赖，并被视为低风险、高收益的投资对象，让同事和利益相关者愿意为你投入时间和资源。

方法 3：证明自己成长

除了方便别人看到我们在做的事情，我们还应向同事和上级展示我们是怎样的人，让对方注意到我们在职业上的成长。根据我作为总裁教练的经验，许多人虽然能够迅速成长，但无法快速建立声誉，有时甚至一直原地踏步。哈佛大学教练学院的创始人卡罗尔·考夫曼（Carol Kauffman）估计，从我们在行为上做出重大转变到获得他人的承认，可能需要长达数月的时间，而表面的改进则需要更长时间获得他人认可。如果我们之前的行为被人视为消极的，那么让其他人认识到我们新行为中的积极性可能需要 6 个月到 1 年的时间。这是为什么呢？

大多数人遭受着各种信息和变化的轰炸，很多时候难以招架。麻省理工学院综合学习计划副主任杰夫·迪芬巴赫（Jeff Dieffenbach）表示："虽然周围的变化在不断加速，但可以肯定的是，大脑的神经可塑性并没有随之变快。换句话说，世界变化的速度可能已经超过了人类思维处理这些变化的速度。"此外，即使同事注意到了你的新行为，有可能仍然不愿意改变对你的看法。如果你过去是个很难相处的人，你的同事可能已经给你贴上了难以相处、固执己见、以自我为中心的标签。他们已经将你置于受罚席，不愿对你敞开心扉。

应该如何向同事、上级和客户证明你的成长？除了要有耐心，你可能还需要宣传自己的成果，利用证据来验证自己的进步。一些公司会宣布即将进行的产品升级和服务改良，这就是一个有效的实例。通常情况下，当零售商店翻新时，商店管理人员会立即通知顾客，往往还会挂上一条巨大的"新店即将开幕"或"新品即将上架"的横幅。他们还可能附上一张翻新后的新店概念图或设计图，并加上"很抱歉为您带来不便"的标语。就这样，带着对新店的期待，顾客便能容忍商店翻新期间造成的混乱，也更有可能在新店开业时关注到商店在哪些方面得到了改进。

同样，如果想让同事注意到你改进后的工作方式，你也可以向他们描述未来的前景。描述未来的前景，能够促使对方在心中建立一个类似案例档案的文件夹，在里面收集关于你的行为转变的证据。我们来举一个例子，假设在上级的眼中，尤里是一个喜欢把问题交给上级而不是自己寻找解决方案的人，如果他开始学着自己默默处理问题，上级是不太可能注意到的。我们假设尤里传达了想要把工作坚持到底的意图，并担起责任，直到问题被彻底解决。在下一次员工会议上，尤里简要地提及某个问题，并告诉团队成员他正在处理。这样一来，这件事就会被团队成员记住。他的上级在接下来的一个星期会注意到，虽然没人要求，但尤里一直在与团队合作解决流程问题。尤里甚至可以到上级的办公室做临时拜访，礼貌地汇报大致进度。之后，尤里在接到有关这一问题的电子邮件时，给出了"我正在处理"的回复。现在，他的上级有了许多证据，足以拼出一个全新的故事：尤里能完美地完成工作，而不是一遇到问题就马上交给上级。通过这样的表现方式，在尤里的工作方式发生改变后，人们对他的看法也会发生改变。

改变声誉和改变行为一样重要，需要你进行认真思考并付出相应努力。**不要只改变工作方式，而是要向利益相关者展示这些改变，向他们描绘前景，帮助他们收集你改变的证据，方便他们的认知更好地与现实同步。**

当然，认知与现实的差距不同步的情况也有可能出现。有的时候，你可能已经无力再扭转局势。在这种情况下，你需要的可能不仅仅是一种新的方法，而是另辟蹊径，从头开始。

我们探讨了一些帮助你更加充分地实践明星员工思维模型的工作方式。但是，采用这些高影响、高价值的工作方式并不是为了补救过失，而是为了成长和进步，从而对自己做出的贡献掌握主动权。通过自我管理，你可以从习惯微观管理的上级手下解放出来，为自己创造条件，以最大的努力做出最有价值的贡献。正如人道主义者兼作家谢弗·戈夫（Bob Goff）所说："阻碍我们成功的不是我们不具备的条件，而是我们不去利用的条件。"

为了对自己的贡献掌握主动权，圣公会牧师、播客主持人兼首席执行官费尔南多·卡里洛必须首先对自己的生活掌握主动权。然而，即使是最顶尖的专业人士也仍有空间和意愿做出更具影响力的贡献。布莱德利·库珀（Bradley Cooper）就是这样一个人，这位全球家喻户晓的明星曾在《宿醉》（*The Hangover*）、《乌云背后的幸福线》（*Silver Linings Playbook*）、《美国骗局》（*American Hustle*）、《美国狙击手》（*American Sniper*）等数十部热门电影中担任主演，还在《银河护卫队》（*Guardians of the Galaxy*）中为变异浣熊"火箭"配音。

2016 年，库珀稳居顶尖演员之列，获得了 4 次奥斯卡提名，是好莱坞收入最高的演员，还两次跻身《时代》杂志"最具影响力人物"榜单。然而，他觉得自己的潜力并没有得到充分发挥，仍有可挖掘的空间。《纽约时报》记者塔菲·布罗德瑟－阿克纳（Taffy Brodesser-Akner）写道："拍完《美国狙击手》后，库珀觉得自己在演戏方面做得已经够多了。他曾经热爱演戏，现在也一样热爱。但是，是时候进行一些别的尝试了。他觉得自己好像还没有充分利用自身条件。"

尽管在表演领域已成绩斐然，但当导演并不容易。阿克纳接着写道："有人告诉他，他只能做演员。在他的表演生涯中，人们只是一味给他安排与之前如出一辙的角色……终于，他把《一个明星的诞生》（*A Star is Born*）的剧本推销给了华纳兄弟。华纳最终拿出了 3 800 万美元不含营销成本的经费。"库珀的导演处女作《一个明星的诞生》于 2018 年上映，获得了包括最佳影片在内的 8 项奥斯卡奖提名。这样的首秀成绩堪称不俗，毕竟，他的导演生涯才刚刚开始。

大多数人希望得到一份让他们能发挥最大作用和做出最大贡献的工作。我们应该在日常工作中做到时时留心，但在职业生涯中，一些关键的拐点需要格外警惕。这些拐点可能出现在职业生涯刚开始时、换工作时、休息后重返职场时，或是对消极或平庸的思维和工作模式重新调整时。但也许没有什么比我们处于巅峰时期，说服自己和他人相信我们还能通过更有效的方式做出贡献更困难、更关键了。

我们可以坐等别人发现我们真正的天赋和能力，也可以自己投身到游戏之中。我们不需要成为老板也能够掌握贡献的主动权，不需要位居最显眼的岗位也能贡献价值。明星员工思维模型鼓励我们做出最大贡献。如果我们通往管理者职位和获取更大感召力的道路尚不清晰，那就请接受这句简单明了的鼓励：无论我们处于哪个阶段，只管开始行动。尝试明星员工思维模型能够让我们更好地感知自己的处境，并更加准确地把握方向。

你可能会为没有早些了解明星员工思维模型而感到惋惜，但现在为时不晚。有一句老话说得好："种树最好的时机是 20 年前，其次是现在。"因此，现在就行动起来，但不要满足于此。不要仅仅满足于拥有一份工作，无论你的职位是什么，都要努力发挥出意义重大的影响。你所创造的价值将会翻倍、产生复利，为你带来回报。

本章阐述了应该如何培养明星员工思维模型的5大关键要素，同时也提供了强化明星员工思维模型的2个基本理念。无论是转变思维和行动，还是改变别人对我们的看法，都不是容易的事情。

1. 强化明星员工思维模型的2个基本理念。 与其同时尝试明星员工思维模型的5大关键要素，不如专注于2个基本理念：

- 理念1：转换视角。从另一个人的视角来审视情况和问题，有助于培养明星员工思维。你可以尝试通过放大视角、换位思考和耐心倾听来转换视角。

- 理念2：更换镜头。我们可以通过将不确定性看作机遇而不是威胁来转换视角，这正是明星员工思维的根源所在。

2. 通过收集证据验证进步。 与其试图纯粹用意志力来推动改变，不如通过证据来验证你的进步。收集和分享能够证明你的贡献的证据，让自己的贡献被别人感知和接受：

- 方法1：进行实验并收集证据。把明星员工的思维模型当作假设，自行进行实验。你可以通过收集证据，来验证假设的真伪。

- 方法2：彰显你的价值和贡献。为了确保你的工作不被忽视，应该让大家了解你在幕后所做的工作。

- 方法3：证明你的成长。如果想让利益相关者注意到你在职业上的成长，那就为他们描述一个前景，告诉他们接下来会发生什么，帮助他们收集你改变的证据。

IMPACT PLAYERS

How to Take the Lead, Play Bigger, and Multiply Your Impact

第 7 章

打造一支"全明星"团队

一个人不能改变一个组织，优秀的文化和优秀的人却可以。

——弗朗西斯·赫塞尔宾（Frances Hesselbein）

　　"梦之队"是人们对 1992 年出征奥运会的美国篮球队的昵称，其阵容包括许多伟大的篮球明星：迈克尔·乔丹、"魔术师"埃尔文·约翰逊（Earvin Johnson）、拉里·伯德（Larry Bird）、查尔斯·巴克利（Charles Barkley）、卡尔·马龙（Karl Malone）、约翰·斯托克顿（John Stockton）等，真可谓群星璀璨。当然，我们在其他体育项目中也见过类似的"梦之队"：1970 年赢得世界杯冠军的巴西国家男子足球队，1980 年苏联奥运会上的"红色机器"冰球队，还有赢得 2019 年女足世界杯的美国国家女子足球队。这样的"梦之队"在历史长河的各个领域俯拾皆是，明星般的人才在强大的领导力下凝聚在一起，比如意大利文艺复兴时期的一众艺术家，还有 5 次斩获诺贝尔奖的居里家族成员。

　　在现代职场中，我们也能找到许多"梦之队"，比如美国国家航空航天局的火星探测器团队，或是由蒂娜·菲（Tina Fey）和艾米·波勒（Amy Poehler）领衔的《周六夜现场》（*Saturday Night Live*）演员群体。如果运气够好，你会在这样的团队中工作过，或是有幸担任团队领导者。最好的领导者不会期望全凭运气偶遇"梦之队",而是有一套组建这类团队的方法,即使是在充满挑战的环境之中,他们依然能组建起这样一支团队。

2013—2014赛季结束时,费城76人队在82场比赛中只赢了19场,在当年的美国职业篮球联赛中排名倒数第二。在赛场之外,他们的表现同样糟糕:在30支球队的联盟中,他们在赞助方面排名垫底,在有20 000多个座位的赛场上,他们的赛季门票的销量只有寥寥3 400张。球队需要彻底扭转局面。为了实现这一目标,斯科特·奥尼尔被任命为首席执行官。在接下来的4年里,他带领球队完成了一项重大变革。到2017—2018赛季结束时,费城76人队赢了52场比赛,在联盟中排名第五。更重要的是,他们的销售业绩从最后一名跃至榜首,在赞助、上座率、客户满意度和留存率等方面都在联盟中处于领跑地位。

费城76人队取得了很大的进步,但奥尼尔知道,球队销售部门的职能也急需改进。他请来詹克·雷诺兹(Jake Reynolds)担任票务销售和服务副总裁,并交给他一项艰巨的任务:想出对策,为一支输球率为胜率3倍的球队卖票。在雷诺兹的带领下,费城76人队销售部门的业绩一路攀上巅峰,更令人难以置信的是,销售业绩竟在球队赢球之前就已经出现大幅提升。那么,他们到底是怎么做到的呢?

雷诺兹是一位充满激情、全身心投入工作的领导者,他能从人们身上获取能量,通过投资他人、帮助他人、见证他人成长汲取力量。奥尼尔说,他是"我见过的最优秀的领导者"。雷诺兹知道,费城76人队的管理者无法控制球场上发生的事情,但可以控制人员、流程和文化等因素。他坚信,这样的组合一定能够打造出精品。在他看来,如果他和管理者能够"雇用合适的人才,并将他们安排在合适的岗位上,让他们接受适当的培训和发展,沉浸在一个充满趣味、竞争和活力的环境中,便能获得成功"。

即使是在球队输球时,雷诺兹也能让销售变得有趣。他说:"我们贩卖的要么是胜利，要么是希望。"他们选择贩卖希望，并且乐此不疲。销售人员的赛前会议中有悬浮滑板、烟雾机、抽奖和啦啦队，这让他们感觉公司的会议更像是球赛。这种方式深得千禧一代团队成员的喜爱。他们每天都在热闹的环境中工作，开放式的办公室中充满了笑声和欢呼声。大家甚至不得不用打响指来代替拍手，这样才不会打扰旁边专心工作的员工。《体育画报》（Sports Illustrated）的一篇文章写道，雷诺兹表示："一不小心，我们就会开心过头。"雷诺兹克服万难，让销售变得有趣，尽管球队仍在不断输球，但门票销量一直在增长。

一般情况下，那些没有打赢比赛的球队往往会削减销售人员，与此相反，费城76人队却加速发展，把销售部门从28人扩大到115人，组建了美国职业篮球协会中最大的销售团队。雷诺兹精心挑选了思维与团队文化契合的人才，将有竞争力（competitive）、好奇心（curious）、愿意接受指导（coachable）的人集合在一起，这就是他所说的具备"三C品质"的员工。他认为，只要能将渴望胜利、不完成任务不罢休、愿意倾听和学习的人才纳入团队，团队管理者就能把其他技能教给他们。

随着团队规模的扩大，首席执行官奥尼尔鼓励雷诺兹对管理团队进行升级，用更有经验和更有能力的领导者替换掉部分现有成员。奥尼尔表示："我们不能用6个月的时间坐等着看大家的表现。我需要雷诺兹解雇一些人，建立一支真正的管理团队。"奥尼尔尤其想让雷诺兹换掉一位经理，连他自己都承认："我对雷诺兹施加了很大的压力，坚持要将这个人扫地出门。"而雷诺兹却以同样的坚持来应对这种压力。他反驳道："我需要你信任我，让我来负责自己的工作。"奥尼尔虽然惊讶，但也很高兴看到雷诺兹全身心地投入到工作中。雷诺兹继续说："我告诉过你，这件事尽管交给我处理。我已经更换了4位经理，但我想把这位经理留下。我觉得她有潜力，让我好好培养她吧。"雷诺兹果然说到做到。奥尼尔也自豪地承认："现在，她已经成了我们团队中的一位明星员工。"

无论当时还是现在，培养团队成员都是雷诺兹的首要任务。据他自己估算，他将多达 50% 的时间用来培养和指导自己的团队成员。除花在一对一培训上的时间之外，整个管理团队每周还要花 1 小时聚在一起学习，他们会阅读和讨论某篇文章，观看一场演讲，或是听一段播客。说来也巧，就在我联系雷诺兹接受采访的那个星期，他的团队刚刚讨论过我的著作《成为乘法领导者：如何帮助员工成就卓越》和《新鲜感：如何保持工作的永久激情与动力》（ Rookie Smarts ）。雷诺兹深信，对于自己领导的每一支"全明星"团队，他在早期所做的最关键的一件事，就是创造一个同事之间可以相互学习的空间。虽然团队的主教练是他，但团队的所有成员都有挑战彼此的权利，尤其是当有人需要调整的时候。雷诺兹表示："在坚持这种思维模式方面，我们时而在线，时而掉线。有的时候，我们也会因为外部力量而偏离正轨。"所有人都偶尔会有这种疏忽，如果留心，便能及时发现。然而，我们很容易忽视自己的弱点，因此才需要队友在我们出错时对我们提出挑战，监督我们践行承诺。

费城 76 人队的转变是一个历经多年的过程，那些本想有好的销售业绩的销售团队，可能会因为场上令人沮丧的记分牌而灰心丧气。因此，雷诺兹特地给销售部门办公室安装了专属记分牌，突显团队的进步：墙上领先选手的积分牌上会显示出明星员工的名字和面孔，天花板上吊着横幅，上面写着获得晋升的销售人员的名字和重大成就纪录。雷诺兹和管理团队每星期都会颁发"最有价值成员"奖，获奖者由团队成员投票选出。他们每季度还会设定一个堪比美国职业篮球协会选秀日一样激动人心的晋升日。这种文化虽然鼓励竞争，但销售人员明白，他们彼此并非竞争关系；作为一个整体，他们的目标是成为顶级的销售团队。每次比赛结束后，雷诺兹都会提高标准和挑战难度。他明白，如果不给大家设置新的挑战会带来怎样的后果："团队停滞不前时，人才便会流失。"

随着时间的推移，一些伟大的球员为了新的机会离开了费城 76 人队，但这支球队的管理层却一直实力不减，这是因为，雷诺兹和他的管理团队建立了一种能够应对挑战的文化，不会因球队在某个赛季成绩不佳或部分员工的离职而受到不良的影响。雷诺兹本人后来也获得了更大的机会，成为新泽西魔鬼冰球队的总裁。"费城76人队销售团队的文化是其成功的主要驱动力。"美国职业篮球协会球队营销和商业运营高级副总裁布兰登·多诺霍（Brendan Donohue）表示，"这种文化充满活力和趣味，富有感染力，可以让一群努力工作的专业人士全身心融入比个人更加伟大的集体之中"。这样的团队，有益于培养明星员工思维。

对于绝大多数管理者来说，团队中有一两个明星员工已经很难得，但最优秀的管理者，则希望拥有一支全部由明星员工组成的团队。这虽然听起来不大可能，但"全明星"团队的产生并非运气和巧合，也不能单靠妄想将合适的成员在合适的时间奇迹般地聚集在一起。"梦之队"不是一场虚幻的梦。管理者要用正确的心态精心挑选球员，将他们作为个体和团队进行培养，从而孕育出一种强大而健康的文化。这是一种大胆、果决且充满野心的领导行为，需要目的明确的培训和恰到好处的指导来保驾护航。

本章是针对管理者的。我们将探讨管理者如何打造一支"梦之队"，也就是一支"全明星"团队，鼓励团队成员一起协作，建立一种更加稳定持久的文化。我们将探索管理者如何做到以下4点：

1. 雇用更多明星员工。
2. 巩固明星员工思维模型。
3. 在整个团队中复制明星员工思维模型。
4. 建立正确的文化，即包容多样人才，重视那些很容易"被忽视"的人才。

此外，我们还会探索明星员工在"乘法领导者"指引下产生的魔力，以及这种领导方式为何不仅能打造出一种良好的工作环境，而且能产生卓越的工作成果。让我们先来探索管理者如何为团队招纳更多的明星员工。

为团队招纳更多的明星员工

本书中讨论的明星员工的每一种品质都很重要且有价值。但是有些品质更容易培养，有些品质是根深蒂固的性格特征的产物，因此较难改变，比如认为自己可以掌控生活的品质。其他品质则是生活经验的副产品，往往会随着新的经验和证据改变，比如从挫折中复原的韧性。

想要建立一支"全明星"团队，最佳策略就是雇用那些已经具备最难培养的品质的人才，并积极培养他们的其他品质。当然，想要做到这一点，我们需要知道对一个人来说最难培养的品质是哪一种。尽管讨论各种思维和行动益处的文章比比皆是，但关于相对易学性①的研究寥寥无几。为了更好地了解最容易和最难改变的思维和行动，我向在这个领域颇具洞察力的专业人士求助，这些人都是总裁教练。我特地询问了马歇尔·戈德史密斯百佳总裁教练协会的教练。这个协会由来自世界各地的百名顶级总裁教练组成，创始人是杰出总裁教练和多产作家马歇尔·戈德史密斯（*Marshall Goldsmith*）。

总裁教练为世界各地的领导者提供指导，辅导他们掌握我在本书中提及的思维和行动，我们就他们的实践经验提出了一系列问题。我们询问了他们辅导干预的大致成功率：辅导对象是否成功掌握了理想的思维和行动？辅导对象是否能够长期保持这些思维和行动？这给他们原有的思维和行动带来了微调还是彻底的颠覆？利用他们的回答，我们对明星员工的 12 种行为和 11 种思维的易学性进行了评估。虽然还需进行更多的研究才能判断明星员工特质的可辅导性，但我们已经在他们的回答中发现了清晰的规律。对于每一种思维和行动，都有个案表明，热情和投入的参与者取得了显著的进步，总体来说，针对其中一部分思维和行动进行的干预更有成效。图 7-1 列举了这些总裁教练的见解，我们将各种特征按照辅导的难易度分为 3 类，并概述了每一类的易学性。

---

① 指掌握某种技能或熟悉新产品用法的容易程度和速度。——译者注

思维		
自控内核：把控事件结果的是我自己，而不是外部力量 **灵活变通**：我无须经过正式授权，也能承担责任 **机遇思维**：我把不确定性和挑战视为机遇而不是威胁 **受益型思维**：我可以在协助别人的成功时，感到自己发挥出更大的影响力	**内在价值**：相信自己具备稳定的价值和能力 **能动性**：自主行动，做出决定 **毅力**：我能坚持不懈，完成任务	**成长型思维**：相信能力可以通过努力和良好的教育得到开发 **归属感**：我是团队中重要的一员 **主动性**：我可以改善现状 **韧性**：我能克服逆境
行动		
领导和跟随：能带头，也能被他人领导 **认清重点**：不必被告知，也能明确重点 **注入轻松**：为工作带来幽默、乐趣和轻松，让艰难的处境变得容易	**预见挑战**：预见问题并找到解决办法 **坚守责任**：对结果负责，而不是将问题推给管理层 **换位思考**：从别人的视角看问题	**寻求反馈**：寻求反馈、纠正相反的观点 **提供帮助**：向同事和上级提供帮助和支持 **影响他人**：通过感召力而不是权威让他人参与进来 **心怀大局**：了解大局，而不是只做分内的事

图 7-1 明星员工思维和行动的可辅导性

了解哪一种思维和行动最难辅导，有利于管理者和组织优化人才培训计划。我们从总裁教练那里收集到的观点表明，公司应该聘用那些自我指导能力强、有集体意识、对不确定性有高容忍度、即使在重压下也能与他人愉快合作的人。

将这些特质视为最基本的要求，管理者就可以把培训和教练资源投入能够真正产生收益的地方。这种开发人才的方法更有助于管理者突破阻碍，成为积极主动的教练。人才开发方面的专业人士通常认为，管理者不对员工进行培训，是因为他们缺乏培训技巧或时间不够。但在通常情况下，管理者虽然会尝试对员工进行培训，却会在看不到效果时选择放弃。如果我们想让自己的管理者成为积极主动的教练，就帮助他们将精力集中在能够看到明确回报的领域。

行为面试法有助于我们找到具备明星员工思维的应聘者。这种流行的面试方法关注应聘者如何处理特殊情况，将应聘者过去的做法视为预测他们未来行为的最佳参照。行为面试法的问题往往是尖锐的、具有探索性的和具体的，旨在获取可经考证和推敲的证据，验证应聘者的能力。

利用行为面试法，我们可以确定应聘者如何应对 5 种最能让明星员工脱颖而出的日常挑战。领导力咨询公司智睿咨询（DDI）创建了广为人知的 STAR 面试法，使用这种方法的面试官，会鼓励应聘者描述出背景（Situation）、任务（Task）、行动（Action）和结果（Result）。我对 STAR 面试法稍作修改，把 STAR 改成"SOAR"，也就是将"任务"换成"视角"（Outlook）。例如，我们可以用表 7-1 的问题和标准来判断应聘者处理棘手问题的方法，并确定对方是竭尽全力采取了最有效的行动，还是仅仅做了自己分内的工作。

表 7-1　SOAR 招聘技巧

步骤	问题	明星员工的情况	普通员工的情况
背景	有的问题虽然会影响很多人，但不属于任何人的职责范畴，你能跟我讲讲你在工作中发现的一个这样的问题吗	曾经处理过棘手的问题	没有处理过或者看不见棘手的问题
视角	你是如何看待这种情况的？有哪些处理方法可选	把这种情况看作一个有利的机会	将这种情况看作对本职工作的干扰
行为	你是怎么处理的	处理需要完成的工作。知道重点，并且在最需要自己的领域积极投身工作	只做分内的工作。眼界狭窄，只着眼于指定岗位上的工作
结果	产生的结果如何	关注利益相关者的利益	只注重自己的利益

我在前文中提到过的本·普特曼，现在是电动汽车制造商里维安（Rivian）公司的学习和开发副总裁。在最近的一波招聘热潮中，普特曼需要在短短2个月内招聘10名新员工，他所使用的就是行为面试法。里维安公司是一家快速增长的公司，在电动汽车业务中，瞬息万变的不确定性不可避免，而普特曼想要寻找的，就是能够在不确定性中高效工作的人员。他决定深入研究每位应聘者面对棘手的问题和职能不明确的情况时的处理方法，这是将明星员工与普通员工区分开来的2项关键因素。在进行了6次面试后，他指出："我虽然不确定自己已经掌握了识别明星员工的方法，但这种方法确实能让我知道不该雇用哪些人。"在接下来的面试过程中，他不仅听出了不同应聘者在做事方法上的明显差异，还注意到他们肢体语言的不同。他点评道："我问他们如何处理棘手的问题时，那些能适应不确定性的人会向前倾身并露出微笑。而认为这个挑战具有威胁性的应聘者往往会向后靠，拱手表示放弃。"在使用了行为面试法之后，他总结道："我需要那些能将不确定性转化为机遇的人，因此，明确该寻找具有怎样的思维和行动的人是非常重要的。"

明星员工不愿意与糟糕的管理者合作，因此，如果你想要招聘明星员工，最有效的策略就是成为一个能激发他们发挥出最大能力的管理者。

创造双重条件，助力团队成长

有的时候，你可以在招聘中着重关注应聘者的明星员工思维，并营造便于他们展现这种思维的条件。如果你在一个积极引进人才的组织里工作（例如高速发展的初创公司、员工流失率高的公司或大学体育队），这一点尤其重要。然而，很少有管理者有条件在组织起步时就精心挑选和组建自己的"梦之队"。较为常见的情况是，他们可能会从别人那里接手一批员工，拼凑成一支难以驾驭的跨职能团队，抑或被上级"赠予"一位频频犯错的暑期实习生。他们需要通过调动这些人的能力，打造出一支"梦之队"。在这种情况下，管理者的职责就是对现有的人才进行培训。

遇到这种情况，管理者的工作更像是扮演一位明智的家长，而不是一位球探或星探。作为管理者，你无法选择自己的团队成员，只能找方法与现有成员一起合作。说实话，我又何尝不想让自己的孩子变成门萨俱乐部的天才成员，有着奥林匹克水平的运动潜力和时装模特的长相。然而，每个孩子既有优点也有缺点。明智的父母不会试图把孩子强行培养成自己的理想型，而是会帮助他们扬长避短。

你或许无法完全自主选择自己的团队成员，但通过与现有人才携手共进，你可以建立一支具备明星员工思维的团队。本书的每章末尾提供了一套"从普通到卓越的进阶指南"，教练在训练队员时可以参考。然而，人才开发所涉及的领域并非一套指南就能囊括。管理者需要创造一个环境，方便团队成员培养正确的思维和行动。正如我们在詹克·雷诺兹和费城 76 人队的例子中所看到的，如果想让团队成员有积极的态度，你就需要打造一个积极的环境。

营造舒适与紧张兼备的氛围

最优秀的管理者会营造一种舒适与紧张兼备的氛围。他们会帮助员工消除恐惧，营造安全感，让他们最大限度地发挥思考能力。与此同时，他们还会建立一个能够调动人们干劲的紧张而严肃的环境，鼓励大家尽最大努力工作。正如哈佛商学院的教授艾米·埃德蒙森（Amy Edmonson）在《无畏的组织》（*The Fearless Organization*）一书中所写："想要释放个人和集体的能力，管理者就必须培养一种安全的心理氛围，让员工自由提出想法、分享信息和汇报失误。"

不过，仅靠安全的环境，无法带来优秀的业绩。埃德蒙森接着写道："管理者不仅需要为员工建立心理上的安全感，还必须设立高标准，激励和帮助员工达到这些标准。"最优秀的管理者会营造出实现高绩效所需的紧张气氛，例如建立高期望、提供坦诚的反馈、向员工问责。换句话说，管理者一旦创造出积极的工作环境，便会期望员工拿出优秀的业绩。

如果管理者只创造了这些条件中的一个，会发生什么情况？如果管理者没有首先打下安全、信任和尊重的基础，就对员工发起严苛的挑战，又会产生怎样的后果？这样一来，挑战带来的就是焦虑，而不是成长。与之相反，如果管理者能够打造一个为员工成长提供支持的环境，却从不要求员工去面对那些真正有难度的挑战，员工虽然会心存感激，但会停滞不前。只有在舒适与紧张兼备的条件下，人们才能有最优秀的表现，并获得最有效的成长。

5 大领导习惯，鼓励团队积极行为

创造一个舒适与紧张兼备的环境，让每个人都可以放心尝试和大胆失败，同时敢于应对挑战和拿出最好的表现，这是管理者、教练和导师的基本任务之一。这对于建立一支能够处理不确定性和逆境中的团队也是至关重要的。管理者需要首先营造出舒适感，然后再指导员工应对挑战。

以下 5 大领导习惯，能够鼓励团队中的积极正面行为：前 2 种有助于打造安全的环境；后 3 种则能够帮助团队挑战极限。

习惯 1：定义制胜事项。如果想让团队成员超越岗位界限，去处理那些组织需要他们完成的工作，那就帮助他们辨别最重要的任务。第一步，你可以尝试共享战略任务或年度目标，但这些目标往往会随着环境的变化而变化。你可以定义制胜事项，将其作为重中之重，以此帮助团队成员认识到重点工作。例如，我在甲骨文大学担任副校长时，开展的项目数量之多使我很难分清轻重缓急。在需要把精力转移到几个新项目上的时候，我没有召开管理会议，也没有向所有员工下发文件，而是在办公室公示了 3 项优先事项。内容很短，总共可能不超过 10 个英文单词，形式不花哨，也没有经过装帧。

我只是将内容用记号笔写在白板上，但足以让大家对重要事项一目了然，明白自己最应该在什么地方发挥作用。管理者想要向员工说明工作重点，并不需要借助精心准备的演讲或花费不菲的宣传活动，只需把脑中优先的待办事项列出即可。我们也无须把这些信息铭刻在石头上，只需让员工注意到它们，并保持内容更新，以便组织随需求变化而快速适应。

习惯 2：重新定义领导模式。创新正日益成为一项团队活动，需要不同的观点和集体智慧才能实现。职场上的团队往往是短期的，形成、合作和解散都很便捷，相比于体育联盟，其运作方式更像一支临时拼凑的球队。团队成员需要游刃有余地在冲锋陷阵和退居幕后之间转换。想要参与到这种流动性强的领导模式之中，不太自信的员工以及那些对管理岗位不感兴趣的员工可能需要得到鼓励后才会勇敢站出来。如果让这些不情愿的领导者在挺身而出和适时后退之间灵活切换，就要提供给他们一条退路。要让他们知道，成为指定的领导者有时只是一项临时任务，仅限于项目期间甚至某场会议，而不是一份长期的工作。

一些团队成员需要鼓励和支持才能站出来并领导团队，而另一些团队成员则需要接受指导才能学会退居幕后、支持他人。对于后者，团队管理者（或高级主管）可以以身作则，开发出一种进退有度的领导风格，让大家看到自己如何与同级组织并肩合作，或是如何在级别较低成员领导的项目中贡献力量。我们要向团队展示，无论是作为跟随者还是作为领导者，自己都可以充满激情地工作。在跟随者的位置上表现杰出并不代表升职无望，而是领导者成长过程中的一部分。

习惯 3：让员工坚持到工作完成。如果想让团队成员更加出色地完成工作，我们可能需要让他们先坚持完成一项工作，然后再进行下一项。我们来看看 Coatue 对冲基金的董事长丹·罗斯（Dan Rose）在亚马逊为迭戈·皮亚森蒂尼（Diego Piacentini）效力时学到的一课，他在 Twitter 上讲述了这段经历。

2004 年，罗斯抓住机会加入了亚马逊刚成立的 Kindle 团队，这是一支令人兴奋的新团队，他做好了迎接改变的准备。在过去的两年间，他一直在经营亚马逊的手机商店，将这块亚马逊版图上的分支业务从倒闭边缘挽救回来，使之成为亚马逊增长最快的业务。但随着时间的推移，竞争对手不断逼近，业务增长停滞。就在这时，亚马逊邀请罗斯加入 Kindle 团队，他接受了邀请。罗斯写道："这样一来，我不仅有机会开创一份新业务，还可以离开目前的业务板块，让别人来收拾残局。"

在罗斯计划展开新工作的前一周，亚马逊全球零售主管皮亚森蒂尼把他叫到办公室。"他解释说，如果我目前的工作没有做好，就得不到新的机遇。"罗斯回忆道，"只要我能让目前的业务重回正轨，再聘用一位比我更强的继任者，他就让我加入 Kindle 团队。"

这席话肯定让人难以接受。"我的新机遇被无限期搁置，我认识到自己在目前的职位上做得很失败。"罗斯写道。为了弥补目前业务的不足，他投入了 6 个月的时间。后来，罗斯让业务重新加速发展并找到了一位强有力的接班人，这时，皮亚森蒂尼才允许他加入 Kindle 团队。

"一年前，一切都顺风顺水。"罗斯写道，"每个人都说我是一颗冉冉升起的新星。然后，形势急转直下，我试图逃到新部门找一份新工作。但是，公司和领导者会向员工问责……逃走并投身到新业务中的做法很诱人，但我要抵制诱惑，坚持到工作完成，以填补自己留下的漏洞为豪，展现出主人翁意识。"

要求员工对自己的工作负责时，我们等于是在发出一条强有力的信息，即他们的工作很重要，我们相信他们足够强大，即使遇到困难，他们也能坚持留在战场上。

习惯 4：对事不对人。想要有最佳表现，人们通常需要两种类型的信息。一种是表明方向的信息：目标是什么，以及这个目标为什么重要。换句话说，就是确定目标。另一种是对绩效进行反馈的信息：我是否真的实现了目标，我的做法是否正确。大多数管理者在通常情况下不愿给予反馈，因为大多数人不愿成为坏消息的传递者。但即使是面对正面反馈，我们也会心生犹豫。原因就在于，大多数人不愿意成为别人工作的仲裁者。相比批评，我们应把反馈视为一种评价信息，也就是校准和调整工作方法所需的数据。若将反馈视为一种必不可缺的信息，接受反馈和分享反馈就会变得容易一些。

如果我们想让团队成员提出问题和做出调整，那就提供绩效反馈，并将这种反馈视为有用的信息，而不是针对个人的判断。我十几岁的儿子乔希一再建议我更改智能手机的一项设置，而我对此一直置之不理。之后，他对我说："我的建议不是暗示你是个白痴，只是想给你提供一些重要的信息而已。"

习惯 5：把你欣赏的特质表达出来。我在调研采访中惊奇地发现，许多管理者能清楚而富有激情地说出他们最欣赏和最不欣赏的员工行为，但他们从未与员工沟通过相关问题。在采访结束时，许多管理者下定决心，要与员工分享这些见解。各位管理者，如果你想让员工为你和他人减轻工作负担，那就养成习惯，专门把你欣赏的行为挑出来进行表扬。

当某人的行为让你的工作变得更轻松时，你可以说："如果你能这么做，那么这件事对我来说就容易多了。"例如，"如果你能在转发一连串冗长邮件时附上一条总结信息，我就能更快地给出回应""如果你能在失误时自嘲，那么别人在失误时就更容易释怀，并快速从中汲取教训"，或者"如果你能帮助遇到困难的同事，我就比较容易抵挡住诱惑，不去插手和接管他们的工作"。你可以创建一份简单的《"你"的用户指南》，让大家知道可以通过什么方式去帮助你更高效地工作，从而方便他们为你提供最适合的指导和支持。

伊莉斯·诺达（Elise Noorda）是一支由 300 人组成的青年交响乐团和唱诗班的团长，这个团队来自内华达州拉斯韦加斯，完全由志愿者负责运营。在一场演出的几周前，团队的气氛变得剑拔弩张。原来，团队中几位十几岁的青少年耍起了脾气，成年志愿者不知该如何应对，这让诺达的管理工作难上加难。原本让人快乐的工作，却让每个人倍感压力。一天晚上的排练结束后，诺达与成年志愿者见面，并与负责为晚间排练的团员提供茶歇餐饮的志愿者霍莉聊了几句。"霍莉，你做得很棒，"她说，"你不仅在10分钟内为300个人提供了食物，还让茶歇时间妙趣横生。你在茶歇时营造了一种富有趣味的气氛，有助于接下来的排练顺利进行。"下一次彩排是在万圣节，霍莉把茶歇的服务水准推上了一个新的台阶：准备了充满节日气氛的小食和装饰物，甚至还架起了一台烟雾机。这种轻松的气氛蔓延到彩排的方方面面。整个团队都被感染，并以霍莉为榜样，大家在接下来的彩排中鼓起干劲、克制脾气。诺达表示："我当着一群人的面告诉霍莉'嘿，我很赞赏你的做事方法'，由此产生的影响，波及我们工作的方方面面。"

如果管理者能够与团队成员及时进行私下沟通，有助于在瞬息万变的环境中及时指导团队成员。然而，对于远程工作的分散式团队来说，人们很容易忽视背景信息，偏离目标，或是被种种障碍阻拦。管理者可以提供以下基本条件，帮助团队成员在工作中发挥最大作用：

1. 背景信息。让团队成员认识到，他们的工作是一个更大目标的组成部分，从而为对话和小组会议确定基调。分享工作背后的意义，让人们知道自己的贡献为何重要。这种做法的作用，好比在路线图上标明"当前位置"的图标的作用。

2. 清晰阐述。当领导者无法进行快速对话以明确目标时，问题就会越来越大，最终导致员工把问题推给上级。想要帮助员工掌握主动权，你可以提供一个明确的工作说明书，并使用"乘法领导者"的领导方法，把51%的投票权交出去。

3. 鼓励协作。远程办公的员工通常要参加诸多线上会议，但缺乏与同事深入合作的机会，因此可以创建在线论坛，在论坛中解决棘手的问题，鼓励人们贡献最佳创意。

4. 建立联系。远程工作或许会让人感到孤单，因此你要有意建立联系，积累人脉资本，以备日后进行困难的对话或应对艰难的挑战。试试"先确认再开始"这一简单的方法，在员工会议上拿出一部分时间询问大家的状态，确保每个人在将自己视为员工之前，先将自己视为一个健全的人。你可以尝试用这些问题作为会议的开场："大家有什么感到自豪的成就吗？""当前有什么棘手的难题吗？"或者简单问一句："大家最近过得怎么样？"此外，如果你和员工不常见面，就很容易忽视对方工作和生活中发展顺利的事情。因此，你可以强调成就，给远程工作的员工加倍的积极反馈，从而突出感激和欣赏之情。

对一个团队来说，无论是在同一间办公室并肩协作还是跨越地区远程合作，如果管理者能打造出舒适与紧张兼备的双重条件，员工就敢于挺身而出，迎难而上，将工作坚持到底。再加上合适的培训方法，员工便能学得更快，变得更强，获得超越自己想象的成长。

培养"酵种型"员工

作为公司领导者或社会企业家，你或许习惯在团队中培养出一位超级明星，或是将某人确定为团队的"最有价值员工"。然而，想要建立一个更强大的团队，你需要问自己：怎样才能尽可能让更多的"最有价值球员"加入我的团队？我应该如何培养一个全员都能创造价值和发挥影响力的团队？接下来，我们将探讨打造一支"全明星"团队的策略，让团队中的每个人都能以自己的方式成为明星员工。他们虽然处于不同的岗位，拥有各自独特的技术性或功能性技能，但也可以深谙团结协作之道。具体的方法不是通过引进新人才，甚至无须领导者单独指导每位成员，而是通过调整整个团队的视野，让每个人都被热情感染。

还记得"钢锯"杰克·雷诺兹吗？我们在第 5 章中讲述过他的事例。这位职业美式橄榄球运动员，会在比赛日全副武装地去吃早餐，做好随时比赛的准备。他设立的高标准很有感染力，也让队友深受影响。在比尔·坎贝尔奖杯峰会上发言时，名人堂的后卫罗尼·洛特回忆了他第一次见到雷诺兹的情景。

这是他们来到旧金山 49 人队训练营的第一天。洛特是南加州大学的新秀，在首轮选秀中被选中。"钢锯"雷诺兹虽然打职业橄榄球已经有十几年之久，但在旧金山 49 人队中还是新手。洛特回忆道："我就坐在他旁边，朝他看过去，发现他带了 100 支铅笔，而且每支都削得很尖。我心想：'这家伙是什么来头？'"这时，教练比尔·沃尔什（Bill Walsh）走了进来，站在球队队员前面，向洛特致意，并宣布："我们终于拿到了首轮选秀权，洛特已经和我们签了合同。"球队对这位备受期待的新秀表示欢迎。沃尔什继续进行讲话，他表示："现在，大家要开始做笔记了。"

洛特被搞得措手不及，因为他没有带笔记本。他转向"钢锯"雷诺兹，问道："能借我一支铅笔和几张纸吗？"

"钢锯"雷诺兹摇了摇头，看着洛特说："不行。"

"别开玩笑了，伙计。你有 100 支铅笔呢，分我一支吧。"

"不行。""钢锯"雷诺兹继续说道，"你知道吗？我热爱这项运动，几乎为之付出了一切。如果你想和我一起打比赛，最好把准备工作做好。"

这件事深深地触动了洛特。40 年后，洛特仍然记得"钢锯"雷诺兹的话，不但记得他当时说话的语气，还记得他说的话给作为球队新秀的自己带来的震撼。洛特强调道："那一刻让我明白，需要时刻做好准备，靠自己去争取荣誉。成为伟大的球员需要付出艰辛，需要将灵魂全部投入比赛中。"

在那个赛季，旧金山49人队第一次赢得了"超级碗"。对于洛特来说，这一切始于一个感染力十足的时刻。一位伟大球员的思维能够感染到另一位伟大的球员，追求卓越的热情会在整个球队中蔓延。

不难想象，管理者自然想要复制明星员工的思维模型。回想一下前文中阿曼达·罗斯特的上级说过的话："如果我能为她建一尊雕像，立在销售楼层的中央，像一座灯塔一样为大家照亮晋升销售主管的道路，我肯定愿意这么做。"如何在整个团队中传播积极的思维、行动或能量？组建一支"全明星"团队，有点像制作酸面包的过程（这是一种旧金山由来已久的习俗）。烘烤这种气味浓重、充满气孔的面包，需要用到酵种。所谓酵种，指的是可以在面粉和水中生长和生活的细菌（旧金山酸面包使用的细菌叫作旧金山乳杆菌，可以代代相传，稍加努力，也可以在野外培养）。将酵种保存在温暖的环境中，经常加入新鲜的面粉和水，酵种便会生长和传播。

同样，想要复制思维或行动，你也需要"酵种型"员工，也就是那些可以作为榜样和催化剂的人。就像酸面包酵种一样，这个人可以被精心培养出来，也可以被移至别处。在一个温暖但不酷热的环境中，让"酵种型"员工与富有潜力的普通员工密切接触，提供适当的支持和辅导，明星员工的思维就会蔓延开来。最终，每个人都会像面团一样发酵成长。

在怀斯曼集团的团队中，我也观察到了这种态势。当劳伦·汉考克作为数据科学家加入我们的研究团队时，我可以看出，她是一位有天赋的分析师。一切由她经手的项目都得到了完善，变得更加严谨和易懂。对于数据驱动的决策，她拥有一种很有感染力的热情。通过与她的密切合作，我发现她的天赋不止于此。她不仅提高了工作的严谨性，而且没有增加工作的复杂度。与她合作总是能改善我的思维模式，让我的工作变得更加容易，这不仅因为她分担了我的工作，还因为她能够通过简单的方法做出合理的决定。这是一种必须得到广泛传播的天赋。

在一次公司会议上，我阐述了汉考克是如何改进研究工作的，并提出了一个简单的建议：如果大家正在做可以从更科学或系统的方法中受益的事情，那就与汉考克合作吧。所有团队成员都开始争取与汉考克合作，不是为了让她帮忙完成工作，而是让她帮忙理清思路，以便找到解决问题的正确方法。负责市场营销的杰森请她帮忙设计一份重要的市场调查问卷。汉考克设计的调查问卷不仅有助于人们反馈出更加科学合理的答案，也让杰森对以前没有考虑过的问题有了深刻的思考。负责科研实践的卡特琳娜总是盯着电子表格，试图从数据中总结规律，并且打算用手动整理数据的笨方法进行分析。这时，她突然想到汉考克过去曾经用系统方法处理过类似的问题。于是，她打电话给汉考克，问她能不能把方法教给她。在纽约度假的汉考克当时正在一家餐馆用餐，她很高兴听到卡特琳娜的请求，于是走出餐馆，给她讲解了 Excel 的函数用法。2019 年，经济因新冠疫情的来袭开始停滞，汉考克主持了一场关于宏观经济学和经济衰退基本知识的研讨会，让团队中的每个人都能理解经济报告。接下来，她与科研实践主管一起建立场景、规划模型，方便这些主管在不明朗的形势下更加自信地做出明智的决策。汉考克不仅为团队贡献了才华，还将才华传播开，改善了所有人的思维。我们在数据驱动思维领域的工作变得更有成效，工作量也有所减少。

将明星员工作为"酵种"之所以有效，是因为人类天生是有利行为的观察者和复制者。"社会学习理论"是斯坦福大学心理学家阿尔伯特·班杜拉（Albert Bandura）建立的一个模型，解释了如何在工作组织和家庭等社会单元之间复制行为。通过观察因果动态，我们不必亲自体验或通过试错建模，就能获得大量的行为知识。当然，想要复制行为，需要具备一定的条件。第一，学习者必须注意到行为模型的基本特征。第二，他们要将行为记在脑中。班杜拉写道："相比那些单纯观察的人，将行为模型转化为文字、简洁标签或生动图像的观察者，能够更好地进行学习和记忆。"第三，学习者需要具备复制行为的各种技能。第四，新的行为必须得到领导者的认可和巩固。

一旦找到了具有正确思维的"酵种型"员工，并让他们与其他成员接触，这些人的部分思维和行动便会自然而然地传播开来。这是因为，同事会将他们的行为和实践效果看在眼中。例如，她带领团队，在没有人要求的情况下组建了一个小组，解决了一个问题。上级对她的积极主动进行了公开赞赏。然而，我们是否能够加速这些思维和行动的传播速度呢？根据社会科学和流行病学的研究，我在表7-2中列举了6种策略，助力明星员工积极行动的传播。

表 7-2　在团队中促进明星员工积极行动传播的策略

策略	具体行动
为之命名	将一种行动与特定的词语或生动的意象联系起来，便于回忆和探讨。本书中的明星员工思维模型的 5 大关键要素，旨在提供令人印象深刻的标签和便于团队探讨的通用词汇。你也可以进行个性化调整，使用能让团队产生共鸣的语言
唤起注意	在某种行为正在发生的过程中，吸引大家关注。突显明星员工行为，强调有助于塑造组织文化的积极行为，但要声明积极行为不等于积极结果
增加接触	在人们近距离工作或频繁接触时，行为会传播得更快。鼓励明星员工和其他人一起工作。在线上工作环境中，增加视频交流的时长和由此展开的协作
加强易学性	在突显明星员工行为时，重点关注那些最易学习且不依赖额外技能或途径的行为
进行压力测试	危机能够提供有力的教育机会，因此在重压之下，你要为大家树立榜样，展示理想的思维和行动模型。正如美国海岸警卫队前海军上将萨德·艾伦（Thad Allen）所说："作为领导者，你的价值在风险和危机面前才最能彰显，因为在这时，团队有机会看到你如何面对压力，并从中学习经验。"
宣传推动	你可以通过表示认可来强化明星员工行为，对于一开始达不到理想效果的正确行为，也要表示认可

通过精心策划，管理者可以刺激和加速积极行为在整个团队或组织中的传播。但遗憾的是，从行为光谱的另一端来看，消极行为几乎无须经过推动就能扩散。正如马克·吐温所说："在真相还在穿鞋的时候，谎言就早已传遍了半个世界。"我们目前还不清楚谎言的"脚力"是否真能胜过真相，但是，包括发表在《哈佛商业评论》上的一项研究在内的数项文献都表明，在工作场所，消极行为往往要比积极行为更易传播。其中一个原因是，消极行为通常更容易复制，在实践的过程中往往阻力最小。正如耶鲁大学讲师佐伊·钱斯（Zoe Chance）的解释："想要预测行为，最准确的标准是其难易程度，而不是价格、质量、舒适度、欲望或满意度。简而言之，越容易的事

情，人们去做的可能性就越大。"

想要建立一支"全明星"团队，你需要做的不仅仅是促进明星员工行为的传播，还要努力遏制消极行为（见表7-3）。下表列举了5个遏制消极行为的策略。

表7-3 在团队中遏制消极行为的策略

策略	具体行为
为之命名	将一种行为与特定的词语或生动的意象联系起来，以便回忆和探讨。为典型贡献者和贡献不足者的行为和问题贴上标签，有助于定义和讨论这些限制人们发展的行为
清晰阐述	在突出某些例子时，对行为进行具体说明，但不一定要指出当事者的名字。讨论这种行为如何影响结果，如何阻碍团队服务客户、解决问题或应对机遇。让大家识别警告信号，告知他们如何避免这种行为，以及应该用什么行为来代替
唤起注意	为团队成员提供一种自我评估的方法，判断是否需要采取纠正性措施
加以控制	如果某人是传播坏习惯的源头，那就不要让这种人成为超级传播者。与团队成员讨论问题行为，帮助他们消除消极行为影响
进行遏制	你可以突显消极行为的消极后果，让大家看到消极行为的恶果

加快积极行为的传播，遏制消极行为的扩散，这样的做法有助于打造"全明星"团队。所有的体育迷都知道，"全明星"球队虽然会斩获胜利，但不会永远不败。同样，尽管理想的"酵种型"员工可以在团队中产生广泛的积极效果，但他们的影响力或许并不会长久。让我们再次回到制作酸面包的过程上来。酸面包酵种是一种发面介质，具有在某个阶段呈指数级增长的特性。早晨走进厨房，发现酵种已经从容器溢出，蔓延到整个厨房的工作台上，吞噬了眼前的一切，相信每位制作酸面包的面包师都有过这样的体验。因此，面包师经常会丢弃部分酵种，因为手中的酵种已经够用。

随着明星员工的成长，他们需要在更大的舞台上发挥能力。你可能需要让这些人拥抱新机会，让他们的思维和行动在另一个团队（即合适的环境）中传播。然而，明星员工仍会继续产生影响。明星员工离开之后留下的不是漏洞，而是更多的"酵种型"员工。

发挥文化的力量，打造高价值工作方式

随着明星员工的不断"发酵"，你就能构建出更加强大的团队。你创造出的是一种文化，是一套关于如何完成工作的规范和价值观。文化会蔓延在水中，渗透到空气中，在明星员工离开团队后仍能长时间持续存在。

这样的文化可以催生明星员工思维。这种文化充满了冒险精神，是主动性和责任感的有效结合，兼具冒险的勇气和致力于完成工作的坚持。人们将具备学习和创新所需的信心，同时具备能够适应不断变化的目标的敏捷。组织中的全员团结一心，有能力解决困难，面对模棱两可的局势时追求发展的机会。这种文化虽然强大，但同时也重视服务心态，不是任人奴役，而是乐于帮助同事，以及建立良好的客户关系。

作为管理者，你该如何创造出一种文化，不仅能够培养明星员工，还要有助于培养明星员工的高价值工作方式？除此之外，你该如何创造条件，让每个人都能通过有意义的方式贡献自己独特的能力？

重视多样化人才

创造让人人都能发挥最大价值的组织文化，是管理者的基本任务。管理者想要做到这一点，第一步就是重视每位员工的能力。如果每位员工都有价值，并且都能发挥重要的作用，这样的团队会是什么样子？在这样的团队中，每位管理者都可以运用凯文医生的领导方法。身为急诊科医生的他、坚信照顾患者的每位成员（包括主治医生、实习医师、护士和患者自己）都是医疗保健团队的重要组成部分，团队中任何人的想法都有拯救患者的可能。被凯利医生领导的每个人，都对这一点深有感触。团队中一位资历较浅的成员说："大家都愿意提出自己的想法，因为很明显，我们的贡献很重要，也很受欢迎。"当员工觉得自己受到尊敬和重视时，便会产生一种归属感，与组织文化的联系会更加紧密，贡献的能力也会有所增加。如果你想要打造一支"全明星"团队，那就打造一支多元化的团队，营造出人人都能发挥天赋的环境，然后对大家的工作进行统筹，从而得到最佳效果。

突显被忽视的明星员工

众所周知，在大多数组织中，竞争环境并不公平。某些群体的人员在工作中总是处于不利地位。然而有越来越多的研究表明，利用多样化人才的多元共融组织具有更大的竞争优势。管理者面临着一个选择：要么继续投资同一批专业人士，默认选择那些思维和行动与他们大同小异的团队成员，要么主动寻找那些遭受偏见、被忽视的明星员工。管理者可以利用明星员工准则，有意识别和对抗工作场所中的偏见和歧视。

首先，管理者可以分享那些能够指引人们产生价值和发挥影响的方法，还可以将不成文的规则摆到明处，包括如何完成任务，如何建立声誉，特别是组织内部的运作方式。将隐性规则和体系阐明后，管理者就能方便大家更好地利用人际网络获取重要信息和完成关键任务。

其次，管理者可以采取措施，确保琼·C. 威廉姆斯（Joan C. Williams）和玛丽娜·穆尔瑟普（Marina Multhaup）所说的"管理公司的风光工作"得到更加均衡的分配。针对管理者的研究显示，"所有种族的女性都表示自己承担了更多的办公室杂务，而女性和有色人种（无论性别）都表示，得到风光工作的机会较少"。如果一些人总被要求承担幕后工作，他们的贡献可能会被人忽视，影响力也会被低估。如果能将备受瞩目的任务更加平均地分配给所有有志于成为领导者的员工，这些人将会对工作更加投入，组织也能从现有人才库中更加充分地挖掘隐藏人才。

最后，对于那些可能正在对抗组织结构中的偏见的人，管理者还可以为他们创造获得成功的必要条件。你可能还记得，我们提到过，虽然我们通常将预算和人员数量看作管理者获得成功的必要条件，但人们需要的，是从管理者那里获得关键的信息、指导和支持。为确保人人都具备成功的必要条件，你可以尝试本章末尾"管理者自我修炼"专栏中列出的以下做法：超越职责，关注需求；挺身而出，适时后退；预见问题，坚持到底；寻求反馈，做出调整共同担责，轻松工作。

提供反馈的方法也值得专门加以探讨。一些研究表明，弱势群体成员得到的指导往往少于同事。例如，女性收到的反馈往往较少，反馈的具体程度和可行程度也较低，且较容易得到不准确的绩效反馈，即传递信息的人会用积极的个人评价来遮掩消极的绩效评价。如果缺乏绩效信息，弱势群体成员便更难做到有的放矢，更容易成为被忽视的明星员工。

科琳·普利切特（Colleen Pritchett）是美国赫式公司（Hexcel Corporation）美洲航空航天和全球纤维业务部门的经理，这家公司是航空航天和工业市场先进复合材料领域的佼佼者。她领导着一个拥有数千名员工的组织，包揽一切工作职能，包括研发、供应链、制造、销售、管理等等。和大多数公司一样，有些职能自然会处于镁光灯下，而她和她的管理团队会特别留心各个部门的杰出工作成果，尤其关注那些幕后的工作人员。当供应链团队感到被人低估时，销售副总裁与他们举行了一次圆桌会议，告诉他们："我认可你们的工作。我对大家心怀感激，我们的客户也一样。"在此之后，他还就重要销售问题向供应链团队征求了意见。

同样，普利切特也一直在寻找那些没有得到认可的明星员工。一旦发现这样的员工，她便会发邮件告知对方，她看到了他们在工作中取得的成绩，并将邮件群发给管理团队的其他成员，让赞扬的声音传到各处。员工大会也提供了一个表彰无名英雄的机会，让这些无名英雄得到同事的赞赏和尊重，同时也能推动被表彰的行为得到他人的关注和效仿。

各位管理者，请打造出一种有益于人人做出最大贡献的组织文化，并关注幕后，寻找无名英雄，确保他们得到关注和倾听，并庆祝他们的成就。作为管理者，要突显不被关注的贡献者，特别是那些在组织体系内缺乏权力的人，放大那些微弱的声音。当管理者领导远程工作的人员或团队时，更要进一步突显多元共融文化。

明星员工工作技巧

领导多元共融的会议

作为管理者，要召开有助于确保每个人的想法都得到倾听、每个人的贡献都得到关注的会议。

1. 加速推进。提前发送会议议程和需要讨论的问题，让人们有时间整理自己的想法。

2. 向每个人致意。在会议开始时，向在场的每个人致意。

3. 向大家提问。在征求意见时，向每个人提出问题。在每个人轮流发言之前，不要让任何人重复发言。

4. 交出优先权。如果有两个人都想在团队会议上进行讨论，把优先权交给更安静、职位更低、工作地点或所在时区较为偏远、使用非母语交流的一方，或是未得到充分关注的群体中的一员。

团结凝聚成员

缺乏团结的多样性环境充斥着各种杂音，有可能导致混乱的局面。拥有共同价值观、朝着共同目标努力的多样性团队更容易成功。

罗伯特·泽米吉斯（Robert Zemeckis）是一位执导过 45 部电影的美国电影导演，在南加州大学演讲时，他被问到自己最喜欢的电影是哪部。他的回答是《阿甘正传》（*Forrest Gump*）。被问起原因时，他解释道："因为其他的电影都千篇一律。"拿到这部电影的剧本时，泽米吉斯很快就发现，这个关于维系生活纽带的故事没有遵循任何典型的情节设置，打破了电影制作的所有规则，但仍深深吸引着他。和数以百万计的观众一样，他也被阿甘的精神折服。阿甘虽然是一个普通的人，但最终实现了非凡的壮举，得以与伟大人物和领袖会面。这部电影由汤姆·汉克斯（Tom Hanks）、莎莉·菲尔德（Sally Field）、罗宾·赖特（Robin Wright）、加里·西尼斯（Gary Sinise）和麦凯尔泰·威廉姆森（Mykelti Williamson）主演。片中，这位由汉克斯扮演的与他同名的主人公，让观众心生一切皆有可能的希望，正如饰演阿甘母亲的菲尔德所说："你能掌握人生，只需伸出手去努力争取。"并非所有人都喜欢这部电影，从总体来说，观众的反响两极分化严重。然而在创作这部电影的艺术团队之中，却完全不存在这样的现象。

当所有人都在向同一个目标奋进，把他们与生俱来的天赋用在手头最重要的工作上时，那会是怎样一种情景？这时，人们会感到自己得到了赏识，渴望迎接新的挑战，无论是挺身而出领导大家，还是服从别人的领导，都能心甘情愿。人们能够交出出色的成果，且环境也有利于产出成果。当才华横溢的人才能够尽最大努力朝着同一目标努力时，奇迹便会绽放。

管理者自我修炼 IMPACT PLAYERS ◉ ┈┈┈┈┈┈┈┈┈┈

本专栏概述了一套指导实践，有助于管理者在团队中培养明星员工的思维和行动。本专栏按明星员工的 5 大关键要素排序，提供了各种建议，涉及多元共融的领导方式，以及如何最大程度发挥包括远程工作团队在内的所有团队的贡献和影响。

要素 1：超越职责，关注需求

培养服务思维。工作重塑[①]是一种鼓励员工融入自己所扮演的角

[①] 一种由个人驱动的工作设计方法，指员工积极主动地重新构建工作，改变工作特征，使之更好地符合个人的需求、目标和技能。——译者注

色的方法，也可以用来帮助员工对工作进行重新规划，将行为与更高的目标联系起来。你可以通过以下问题，帮助团队成员培养服务思维：

- 谁能从你的工作中受益？
- 如果你的工作没有完成，这些人的生活或工作会受到怎样的影响？
- 这些人会在哪些方面受益？这对更大的集体有什么好处？

你可以在艾美·瑞斯尼斯基（Amy Wrzesniewski）的作品或者汤姆·拉思（Tom Rath）的著作《人生最重要的问题》（*Life's Great Question*）中找到更多的资料。

突显某种价值。明确某种对你而言特别重要的领导或组织文化价值，比如透明度，将这种价值提升到神圣的地位，也就是你愿意为捍卫这种价值而战的程度。让大家知道，这种价值为何对你和公司有重要意义。例如"必须面对残酷的现实，才能做出正确的决定"。

提供背景信息。提醒大家当前的工作或谈话为何是整体目标的一个组成部分。解释你在做的事情及其重要性。你可以把背景信息想象成路线图上的"当前位置"图标。

分享目标。与其告诉人们该做什么，不如描述出最为关键的成效。描述内容包括：

- 成功是什么样子的？
- 完成后的工作是什么样子的？
- 什么事情不能做？

识别机会。辨别哪些事情只是在理论上具有重要意义。以识别野外鸟类指南上的图片为例，这种技能虽然令人印象深刻，但并不实用。要像观鸟大师教会人们在野外识别正在飞行且看不清晰的鸟类一样，你也要帮助人们识别重要的机会。你要在实战中发现"制胜事项"，帮助大家了解当下的重点。

给予许可。给予员工正式的许可，让他们有信心超越正式划定的工作界限。这种许可就像发给徒步旅行者的许可证一样，让他们在独自冒险进入危险的偏僻地区之前，向当局登记并报备目的地。你要与员工就以下两个问题达成一致：

- 员工的发展方向。
- 员工需要持续做好的核心工作。

你也可以告知员工，某个问题会因他们独特的能力或视角而更容易解决，这个问题"刻着他们的名字"，以此鼓励员工勇敢站出来，发挥领导作用。

要素 2：挺身而出，适时后退

关注大家能控制的事情。想要帮助大家强化自己有能力改善现状的信念，你可以让他们更清楚地看到自己可以控制或发挥影响的事情。面临挫折或挑战的时候，你可以提出以下这些具有指导意义的问题，例如：

- 在这种情况下，什么是你能控制的？
- 什么是你无法控制的？
- 你在哪些领域虽然不能完全控制，但可以发挥一些影响力？
- 想要改变现状，最有效的方法是什么？

除此之外，你还可以在员工大会上使用明星员工思维模型，确保团队的对话集中在如何解决团队影响范围内的问题，而不要将会议演变成一场充满指责和抱怨的发泄大会。

鼓励员工行使选择权。在你的团队中鼓励员工自告奋勇和发挥主人翁精神，允许员工主动参与由其他人领导的项目，而不只是消极等待被任命或被选中才参与进去。让他们主动行使选择权，选择自己能够做出最大贡献的领域，以此增强他们主动领导和争取他人支持的积极性。

任命团队成员。我曾经乘坐过一架微型飞机，在中美洲的两座偏僻岛屿之间飞行。起飞之前，唯一的飞行员转向身后的 4 位乘客，进行了必要的安全说明，然后一本正经地宣布："如果你们在飞行过程中看到任何异常或令人担忧的情况，请一定告诉我。"大家笑了起来，但飞行员一脸严肃，这时，我们才意识到自己被任命为副驾驶。在飞行过程中，我们一直保持着警惕。同样，你也可以通过任命你的团队成员，让他们保持警惕，做好担任领导职责的准备，甚至在必要的时候行使"公民逮捕"①的权利。

扩充与会人员名单。 在担任福特汽车公司的首席执行官时，艾伦·穆拉利（Alan Mulally）带领这家曾陷入困境的汽车制造公司进行了一场大规模变革。他提出要求，让每位高层管理者在重要高层管理者会议上邀请一位级别较低的经理或员工作为嘉宾，因为有旁观者在场，有助于鼓励执行团队做到完全透明。此外，这种做法还能在整家公司打造出更多理解业务目标的管理者。你可以邀请低级别贡献者参与重要讨论，从而扩充与会人员的名单。在会议中，这些人或许只能担任沉默的旁观者，但他们从中获得的视角将使其在日后具备领导者的风范，而不仅仅满足于旁观。

为主动行动者提供豁免权。 当团队成员主动行动时，犯错误、打破规则，或是采取与你不同的做事方法在所难免。如果你对此加以纠正或许能够改善工作，但可能降低他们下一次主动行动的积极性。你可以忽略负责人的轻微违规，朝着正确的方向对他们进行循循善诱，将注意力放在追求进步而不是力求完美上。

要素3：预见问题，坚持到底

回忆展现韧性的时刻。 研究表明，挫折的经历（无论在童年、个人生活还是职场中）有助于个人在未来变得更有韧性。你可以帮助人们回忆起这些经历，并思考曾经用过的方法可以如何应用于当前的难题，从而帮助他们有效地应对新的挑战。通过以下问题来建立"心理肌肉记忆"：

● 你过去遇到过哪些类似的挑战？

● 为了克服这些挑战，你采取了哪些行动？

---

① 英美法律体系中非警察公民逮捕犯罪嫌疑人的行为。——译者注

- 哪些策略或战术可以帮你应对当前的挑战？

将障碍重新定义为挑战。你可以尝试斯多葛学派的一种叫作"反转障碍"的做法。让团队成员从挑战中找出所有的消极因素，然后再把这些消极因素颠倒过来，转换视角，将消极因素重新打造成积极因素。比如，一位蛮不讲理的客户，也可以为我们提供一次熟悉项目范围管理[①]的机会。

定义"制胜事项"。你不要给出详细的工作指示，而是确保团队成员明白自己的基本工作。当你分配任务时，请清楚说明任务的 3 大要素，分别是：

- 绩效标准——怎样算把工作漂亮完成。
- 终点线——怎样算把工作完成。
- 界限——哪些不属于工作范畴。

专注于终点线。根据海蒂·格兰特的说法："伟大的管理者会提醒员工关注成果，并避免给予达到阶段性目标的员工过度的表扬或奖励，从而培养出能够保证完成工作的员工。"鼓励虽然重要，但为了保持团队的积极性，请你把赞美留给出色且能彻底完成工作的员工。此外，你可以为员工获得里程碑式的成就喝彩，但要关注还需进行的工作，而不只是关注已经完成的部分。

学会让路。当员工奋力越过终点线时，管理者往往会进行干预，协助员工克服障碍。然而，换一种方式或许更有效。正如组织心理学家库尔特·卢因（Kurt Lewin）所说，减少约束力，往往能带来更大的收益。而且，阻碍人们前进的最大因素，往往是太多的管理干预，也就是过多的指导、信息和反馈。与其推动员工前进，不妨尝试让路。你可能会发现，少了过度管理，员工反倒可以走得更快、更远。

要素 4：寻求反馈，做出调整

建立信任。管理者通过表达对团队成员的信任，能够增强团队成

[①] 指监视项目和产品范围的状态以及控制范围基准变更的过程。——译者注

员的自信，提高他们的学习和适应能力，打开彼此反馈的通道。你可以通过以下形式表达信任，除了语言表述之外，委派给每个人的责任中也包含着你的信任：

- 我相信你：我相信你的正直和诚信。
- 我对你有信心：我相信你的技能和学习能力。
- 我相信你会为我着想：我相信你是善意的。
- 我相信你能处理好这个问题：我相信你具备学习和适应的能力。

给出反馈。充分提供反馈，是管理者工作的重要组成部分。为了让人们更容易接受反馈，你应把反馈视为高效完成工作所需的有用信息，而不是表示批评或赞扬的个人绩效评估。正如金·斯科特（Kim Scott）在他的著作《绝对坦率》（*Radical Candor*）中所说，如果你的反馈对象知道你是为了他们好，他们便可能接受严苛的反馈。请你进行坦率而直接的表达，这是因为绝对坦率的反馈才是最好的反馈。请利用《绝对坦率》中的以下建议，来提供直接而有益的反馈：

- 明确你打算如何提供帮助，并表明提供帮助的意图。
- 明确哪些方法是行得通的，哪些是行不通的。
- 抱着诚意建立一种始终如一的行为模式，花一点时间单独与直接向你汇报的每个人相处，建立起一种充满信任的关系。
- 主动征求他人的批评意见，但你在提出批评之前要先表达赞美。
- 征求和接受批评意见时的态度对建立信任还是摧毁信任非常重要。

重拾信心。信心一旦失去，就很难重新建立。几年前，我和母亲合作了一个项目。在过程中遇到一个非常艰难的时刻，她的信心动摇了，变得不愿再继续做决定。当然，我知道她非常有能力，完全能够应对这些挑战，因此我打电话给她，帮她调整心态。我坚定地表达了对她的信心，坚信她有能力取得成功。她很感激我的努力，但回答：

"你不能给我信心。只有我自己才能给自己信心。"这话没错，我们无法给别人信心。然而我们可以创造条件，帮助别人重拾信心。你可以调整工作范围，打造出一系列成果，从而铺就一条通往成功的道路：

- 从能轻松取得成果的小块具体工作任务开始。
- 庆祝这些成果，但不要过度。
- 附加一项更具挑战性的任务。
- 不断扩大工作的范围和复杂性，让大家的信心逐渐与未来工作的规模和复杂度相匹配。

要素 5：共同担责，轻松工作

邀请其他人加入。你可以利用自己的影响力或相对特权，为他人打造归属感。事实上，你或许能够利用自己与众不同的个性打破刻板印象，从而给予他人归属感。《哈佛商业评论》上的一篇文章指出，那些能够扮演公正盟友角色的管理者和同事不仅增加了职场的包容度，还能减少职场排挤所造成的伤害。除此之外，管理者还可以探讨每个人的天赋，帮助每位团队成员认识到自己对整个团队的重要性。你可以每次只将关注重点放在一位团队成员的身上，邀请其他人描述他们眼中这个人具备的才华。

赞美助攻成员。如果你想让团队成员积极主动地互相帮助，那就把提供帮助的人视为英雄。在体育比赛中，助攻指的是运动员在协助进球时做出的贡献（这会被记录在官方统计数据中）。因此，你不要只表扬那些进球的选手（例如那些完成大笔销售额或发布新品的人），同时也要赞美那些为他们的成功奠定基础的助攻选手。

不要容忍糟糕行为。史蒂夫·格鲁纳特（Steve Gruenert）和托德·威特克尔（Todd Whitaker）认为："任何组织的文化，都是由管理者所能容忍的最糟糕的行为定义的。"管理者如果容忍高维护成本的行为，就等于在整个团队中培养了这种行为。如果你想要打造一个低维护成本的团队，那就定义出利于协作的行为，拒绝接受高维护成本行为，或重新引导这些行为的方向。请你不要纵容那些抱怨同事的人，而是要求他们开诚布公地解决问题。如果有人给你发了一封冗长啰唆的电子邮件，那就让他重发一封简短的电子邮件；如果有人在发表演讲时滔滔不绝，那就让他先讲重点，只在有人提出要求时再讲细节；如果有人在会议上占了主导位置，请你让他们少用些筹码，以便让其他同事也有机会打出自己的筹码。

乘法领导实践方法

《成为乘法领导者：如何帮助员工成就卓越》中的一些领导实践方法，可以帮助你在团队中打造出明星员工思维模型，并营造一个人人都能做出最大贡献的环境：

- 交出 51% 的投票权。为了鼓励他人承担起主动权，你可以让当事人在具体的项目或问题上拥有较多投票权。

- 交回主动权。如果有人提出在你能力范围中的问题，你可以扮演教练的角色，而不要充当问题的解决者。如果有人确实需要帮助，你可以参与进来，做出贡献，但之后要明确地把主动权交还回去。

- 大方地讨论你的错误。如果能向大家坦白你犯过的错误以及从中学到的经验，对方也会更坦然地承认自己的错误并从中吸取教训。

- 为犯错留出空间。明确定义出哪些工作领域可以冒险，哪些领域的风险太高、不能容忍失败，为人们创造出一个可以大胆尝试的安全空间。

- 识别天赋。想让你的团队成员发挥出最好的水平，就要找出他们的天赋，即能够轻松自如地做好的事情。你可以与团队成员进行讨论，确定如何在最关键的工作中更好地利用大家与生俱来的天赋。

**思维模型
实战策略**

IMPACT
PLAYERS

本章是为了那些想要建立"全明星"团队的管理者创作的，概述了管理者如何建立一支让人人都能做出最大贡献的团队，以及如何打造一种文化，让团队在明星员工离开后仍能产生卓越成效。本章还涵盖了以下策略，教你如何打造、发掘和突显被忽视的明星员工的文化。

为团队招纳更多的明星员工。明星员工思维模型的某些思维和行动较难通过指导获得，因此，你应该在招募中关注应聘者的思维，并集中精力指导那些更加易学的思维和行动。行为面试法或心理测试可以帮助你识别具有明星员工思维的人才，并发掘他们在过往工作中表现出的典型行动。

营造舒适与紧张兼备的氛围。最优秀的管理者会营造出一种舒适与紧张兼备的氛围，这是因为安全感和挑战兼备的环境对团队成员的绩效和成长最为有益。

培养"酵种型"员工。想要打造一支"全明星"团队，管理者可以加快传播明星员工的思维和行动，减缓消极行为的扩散。

发挥文化的力量，打造高价值工作方式。依照明星员工的道德观建立团队，有助于更加全面地塑造重视责任、敏捷、协作、勇气、服务、包容、主动性、创新、学习和绩效的组织文化。

IMPACT PLAYERS

How to Take the Lead, Play Bigger, and Multiply Your Impact

结　语

化机遇为成就，
在工作中发挥最大潜能

我们无法改变手中的牌，只能改变出牌的方式。

——兰迪·波许（Randy Pausch）[①]

大家可能还记得，凯伦·卡普兰加入希尔·霍利迪广告公司的时候，本想找一份可以在完成法学院课程时兼顾的轻松差事。当她得到接待员的工作时，公司创始人却告诉她，她要肩负起公司的形象大使和代言人的责任。就在那时，她意识到了这份工作的重要性。因此，她决定成为"前台的首席执行官"。从那以后，她会自告奋勇地接受每一个机会，并自觉负起首席执行官的责任。30 年后的今天，身为希尔·霍利迪广告公司首席执行官的她，拥有了为其他人提供类似机会的能力。

还记得保罗·巴特本德吗？他是来自巴西圣利奥波尔杜的思爱普软件架构师，深谙耐心聆听客户需求的重要性。在同理心的驱使下，他设计出满足客户需求的应用程序，其贴合度堪比剪裁精细的西装。就这样，最关键的任务自然而然地被交到了他的手中。他的上级库普里奇表示："人人都说，遇

[①] 美国科学家，卡内基梅隆大学计算机科学、人机交互及设计学教授，2008 年因胰腺癌去世，著有《最后的演讲》（*The Last Lecture*）等。——译者注

事一定要找巴特本德。"的确，他的工作将他带到了世界各地，从伦敦到悉尼，从印度到沙特阿拉伯。巴特本德承认："一个机会带来了另一个机会，这些机会让我有幸周游世界。我曾在加拿大班夫国家公园神奇的落基山脉工作，也在阿根廷乡下品尝过世界上最美味的牛排。"巴特本德之所以能够接手充满成就感的工作，就是因为他建立了善于完成艰难工作的声誉。

如果你还能回想起引言的内容，那么可能还记得手术技术师阿诺德·"乔乔"·米拉多尔。米拉多尔总能提供外科医生最需要的器械。在手术过程中，其他手术技术师只需提供医生口述的器械即可，但米拉多尔却会观察外科医生的双手，预测他们下一步的行动，并在对方提出需求之前预测需求。他非常真诚地提出建议，博得外科医生发自内心的感激。米拉多尔对自己的工作了如指掌，因此，外科医生也会征求他的意见。他承认："没错，当外科医生询问我的意见并希望我加入他们的团队时，我的确感到很荣幸。"米拉多尔的上级不断接到各个外科医生团队的请求，坚持指定米拉多尔加入他们的团队。这个问题最终得到了解决，因为大家都认识到，进行最复杂手术的团队才是真正需要米拉多尔的团队。米拉多尔为何会如此抢手？这是因为他不仅置身于手术室中，还会在手术过程中全身心投入。通过全身心的投入，我们可以发挥出更大的作用，产生更深远的影响。

费城76人队前首席执行官斯科特·奥尼尔想找一个词来形容詹克·雷诺兹，他说："不该用'激情'这个词来形容他，或许该用某个表示全身心投入的含义的词，意指'我和你在一起，我在你身边，有情况发生时，我挡在你前面；当你摔倒时，我站在你身后。我会尽心尽力'。那个词形容的，就是他的特质。"

在高贡献环境中，人们会最大限度地调动自己的思维，尽最大的努力工作。每个人的智慧都得到了充分利用，团队中的每个人都能贡献价值。这是一种人们全身心投入的环境，有利于大家全身心地投入或参与到事业之中。文森特·凡·高这样描述这种状态："我在寻觅，我在奋斗，我全心全意地投入其中。"传奇美式足球运动员凯文·格林（Kevin Greene）是美国国家橄榄球联盟历史上擒杀次数排名第三的球员，他的教练表示，格林"会调动身体中的每一个细胞，投入比赛之中"。诺贝尔物理学奖和化学奖得主玛丽·居里在给弟弟的信中写道："我只有一个遗憾，那就是日子太短，时间流逝得太快。"她在生命的最后一刻哀叹道："没有了实验室，我真不知道自己能否活下去。"

在回忆因癌症而提前终止的人生时，毕马威（KPMG）前董事长兼首席执行官尤金·奥凯利（Eugene O'Kelly）表示："衡量一个人对工作投入度的标准不是看一个人愿意放弃的时间，而是看他愿意投入多少精力。"全身心投入并不等于精疲力竭，把体力、精力、资源和力量悉数耗尽。在野心勃勃的组织中，人们受到高强度工作的驱使、推动、刺激，常常被弄得身心俱疲。在高贡献型组织中，人们拥有做出最大贡献的机会，并能迅速地全身心投入。这二者的区别就在于能动性和选择权。在前一种组织中，人们需要靠管理者提出要求；在后一种组织中，人们可以自主地做贡献。**当管理者打造出有利于人们全身心投入地做出贡献的环境时，工作便不仅仅是一项差事，甚至不仅仅是一种事业，而是一种展现最完整自我的充满喜悦的表达方式。**

在一个人们可以全身心投入的环境中，才华不会被榨干，而会得到充分利用。这种环境，可以通过重视影响力的贡献者和善于激发他人潜能的管理者来实现。明星员工和"乘法领导者"是一种强大的组合，因为每个人的贡献和价值都可以实现成倍增长。如果个人能够做到自我管理，就给予了管理者进行真正管理工作的机会。这是一个在现代职场中很有意义的命题。如今，大多数专业人士希望产生影响，而不仅仅是挣一份薪水；他们希望得到指导，而不是接受管理。坦白来说，已经没有哪位管理者会把管人当作乐趣了。

如果你是一位有志成为管理者的员工，明星员工思维模型就是你通往管理者的道路。用这种模型思考和工作，你便会成为别人眼中的管理者，当领导机遇出现时，你自然会被选中。对于那些不想成为管理者的人，书中讨论的思维模型也将助你发挥更大的影响。你的想法会被人倾听，你在工作时也会更具感染力。作为明星员工的你，将发挥出意义重大的作用。

各位管理者，建立一支"全明星"团队，是从普通管理者转型为卓越管理者的通行证。当你不再需要填补那些普通员工留下的空缺时，成为一名优秀的管理者就会变得更加容易。你可以重新找回沉着冷静，通过清晰的视野和沉着冷静的态度，履行自己的职责。这也是你将组织推向新高度的方式。此外，这种方法还能帮助你提升自己的领导力。对于那些渴望成为"乘法领导者"的人来说，建立"全明星"团队，会让你事半功倍。

明星员工的职业道路可能会带来更大的收益，然而，真正的奖赏可能是更好的工作体验、更多的选择、更大的乐趣以及更深刻的满足感。的确，全力以赴的最佳理由或许仅仅是为了体验本身。美国国家橄榄球联盟名人堂后卫迈克·辛格利泰里（Mike Singletary）曾提出这样一个问题："你知道我最喜欢比赛的哪一部分吗？那就是参与比赛的机会本身。"

在电影《阿甘正传》的开场，一根羽毛从天而降，在微风中翻滚摇曳。人生就像这羽毛一样，充满了不确定性，大多数职业也是如此。而机遇，也如同风中的羽毛。汤姆·汉克斯在总结这部电影传达的信息时表示："我们的命运，取决于我们如何处理生活中的偶然因素……这根（羽毛）可以落在任何地方，却偏偏落在了你的脚下。"那么，我们该如何面对生活中的偶然性呢？是视为威胁，还是抓住随之而来的机遇？阿甘的母亲告诉他："我偏偏笃信，人的命运是由自己决定的。"根据对明星员工的研究，我也逐渐深刻地认识到了这一点。

尽管所有人都有自己的价值，并在工作中竭尽所能，但是，总有一部分人能让自己比其他人更有价值。他们能够打开格局，找到需求并满足需求，将不确定性和模棱两可的情况转化为机会。他们会发掘服务对象关注的重点，并将其转化为自己的重点。他们能够带头领队，也能完成任务。他们行动敏捷，很快就能适应环境，让他人的工作变得轻松。

那么，你的格局有多大呢？正如玛丽安娜·威廉姆森（Marianne Williamson）[①] 所说："你渺小的作为无法为这个世界带来益处。"你能发挥最大价值的领域在哪里？生活赐予你的使命又是什么？

如果你想要有所作为，那就环顾四周，看看有什么需要你关注的地方。利用你的激情和使命，找到做出贡献的方式，发挥潜力，打开格局，加倍实现影响力。

---

① 美国作家，代表作为《发现真爱》（*A Return to Love*）。——译者注

建立不断增长的个人声誉

我们找到了 170 位管理者（从一线管理者到资深高层管理者），通过询问他们团队中的成员，总结了会对声誉造成折损的 15 项因素。

折损声誉的因素

1. 将问题交给上级处理，而不是提供解决方案。
2. 等待上级安排工作。
3. 让上级督促自己完成任务。
4. 忽略大局。
5. 不断询问上级自己下一次升职或加薪的事宜。
6. 发送啰唆冗长的邮件。
7. 说同事的坏话，制造混乱、冲突和矛盾。
8. 在最后关头汇报坏消息，让上级猝不及防。

9. 要求管理者重新考虑已经做好的决定。

10. 对信息和事实的另一面视而不见。

11. 推卸责任。

12. 当面同意，背后反对。

13. 告知上级某件事不属于你的工作范围。

14. 得到上级的反馈后仍一意孤行。

15. 开会迟到，一心多用，打断他人发言。

积累声誉的因素

以下是 15 项积累声誉的因素（见表 A1-1）。

表 A1-1　积累声誉的因素

明星员工实践方法	超越职责，关注需求	挺身而出，适时后退	预见问题，坚持到底	寻求反馈，做出调整	共同担责，轻松工作
1. 无须要求就主动做事		√			
2. 预见问题并制定解决方案	√				
3. 帮助队友					√
4. 额外多做一点工作			√		
5. 保持好奇心，提出好问题				√	
6. 寻求反馈				√	
7. 承认错误并迅速改正				√	
8. 带来正能量，享受工作，逗大家开怀大笑					√
9. 自己发现问题	√				
10. 在没有人提醒的情况下完成工作			√		
11. 配合上级					√
12. 乐于改变，勇于冒险				√	
13. 开门见山，直言不讳					√
14. 做好功课，有备而来					√
15. 为上级和团队增光					√

明星员工思维模型中的常见问题

问：我想在工作中发挥更大的影响力，但有点不知所措。我该从哪里起步呢？

你应该先弄清楚自己目前所处的位置。相关的测试可以帮助你了解自己是否正在产生影响，并确定需要采取什么行动来提高自己的感召力和影响力。然而，不要止步于自我评估，而是要与你的利益相关者进行对话，获得他们的反馈和指导，看看哪些思维和行动是你目前的优势，哪些则需要你有的放矢地进行加强。

除此之外，如果能将注意力放在最易学的思维和行动上，你的努力可能会产生更好的效果（见表 A2-1）。

专注于这些思维和行动，能帮助你快速制胜并拥有势能。但是，如果你想要获得更持久的进步，还应打磨作为明星员工思维模型基础的关键技能。

如果你还不知道从哪里起步，可以尝试一下由两部分组成的简单构想训练。面对最为混乱或让人措手不及的情况，寻找两个因素：第三方的反馈

（例如，你的上级、客户或合作者）和贡献价值的机会。一旦看清利益相关者的需求，一切就会豁然开朗。

表 A2-1　最易学的思维和行动

最易学的思维	最易学的行动
成长型思维	寻求反馈
归属感	提供帮助
主动性	影响他人
韧性	心怀大局

问：需要掌握几个关键要素，才能被视为明星员工？

在我们的研究中，根据管理者给出的信息，明星员工通常在 3 ～ 4 个关键要素上表现出色（平均为 3.17 个），但他们在 5 大关键要素中并不存在重大缺陷。你虽然不需要在全部要素上表现出色，但在其中一项关键要素上存在严重缺陷，就会影响你的其他表现。例如，你可以想一想那些维护成本高昂且不易共事的杰出领导者、坚持完成工作者和学习者，人们会规避与这种人一起共事，这些人很快就会被排挤到边缘。他们的优势将得不到充分利用，反而会因暴露出弱点而逐渐被人忽视。

以上数据体现出的信息验证了我们总结出的一个原则：我们无须在每件事上都出类拔萃，但不能在某一件事上一塌糊涂。以下行为有利于帮助我们建立起明星员工的声誉：

1. 在明星员工思维模型的 5 大关键要素中有 3 项表现出色，构建牢固的基础。
2. 把其中一项开发成引人瞩目的强项，让它成为帮你建立声誉的要素。
3. 不要展露任何贡献不足者行为。

问：明星员工思维模型是可以培养，还是有些人天生就具备？

"领导者是天生的还是后天培养的？"这个问题大家可能都听过。同样的问题也适用于明星员工。他们是否天生就具备这些思维？是在家里观察父母工作时学到的吗？是在工作中总结的，由导师教授的，还是在学校习得的？

当然，有些人在起跑线上的确先人一步。例如，扎克·卡普兰亲眼看见母亲从一名接待员起步，快速学习、不断进步、承担责任，最终成为首席执行官。然而，卡普兰在整个高中时期都很害羞内敛，超越职责和挺身而出是他在工作中学会的思维。菲奥娜·苏在职业生涯之始便具备韧性和毅力，然而，一些来自外界的严苛反馈却指出她虽然头脑聪明，但做事鲁莽冒失。收到这些消极反馈后，她才开始培养同理心和学会站在同事的角度看问题。软件工程师珀斯·瓦西奈在职业之始一味专注于自己的工作，后来，他接到了一个处理复杂的跨产品故障的任务。他因上传代码而破坏了一个更大的代码集，引来产品架构师的严厉批评，其中不乏一些尖酸刻薄的话，直到这时，他才开始真正考虑自己工作所带来的广泛影响。

是的，有些人的确很早便具备了明星员工思维。他们可能有优秀的榜样、导师、管理者或有利的环境，但只要你有心开始，什么时候都不算晚。请你务必从最易学的思维和行动开始，为自己的成功做好铺垫。

问：明星员工思维模型会造成工作上瘾或工作过劳吗？

在我们的研究中，明星员工具备很强的职业道德，但这种职业道德不等于工作上瘾，也就是不等于不知停歇地强迫性工作。本书中提到的每位明星员工都找到了属于自己的工作与生活之间的平衡。有些人比同事工作时间长得多，而另一些人的工作时长则不及同事。然而对于工作，所有明星员工都比其他人做得更加极致和有的放矢。说他们更加极致，指的是他们能够全心全意、精力充沛地面对工作；说他们有的放矢，指的是他们对工作方式进行了大量的思考。

一些人可能会把掌握明星员工思维模型作为更努力、更持续工作的理由，或者要求其他人也这么做，从而造成工作过劳。想要增加影响力，你并不一定需要更加努力地工作。事实上，你可以把这二者反过来看，那些有影响力和感召力的人之所以想要更努力地工作，是因为他们能从工作中获得巨大的成就感。

如果你想做出最大的贡献，那就不要只是更努力地工作；相反，要努力去做那些更有价值、更具感召力的工作，并将你的影响力最大化。如果你对工作时间有严格的限制，那就在限定时间内尽可能勤奋地工作。把这两种方法结合起来，你就能够避免工作过劳，这是因为，你的工作会给你注入能量，而不是耗损能量。

问：如果我的组织或管理层不重视明星员工思维模型，该怎么办？

每个组织都有自己独特的文化和价值观。成为明星员工的意义之一，就在于发现组织、利益相关者以及管理者所重视的东西。如果这本书中的明星员工思维模型的 5 大关键要素得不到管理者的重视，那就找出对方重视什么。你不妨向管理者提问：你看重什么？与你一起共事的时候，有哪些注意事项？记住，若能按照组织重视的议程工作，并采取为管理者创造最大价值的工作方法，你便能赢得尊重和增加感召力，从而更好地贡献自己的价值。

如果能够创造一个符合你价值观的环境，那就留下来，助力塑造出一个让其他人也能茁壮成长的环境。如果你上级的价值观存在问题，那就尽早离开吧。

但是，不要只顾着寻找合适的公司或职位，而是要寻找一位相比名利更注重影响力的管理者。如果无法引发变革，那就读一读修订版的《成为乘法领导者：如何帮助员工成就卓越》，看看书中给出的策略。无论如何，你都不要选择身体待在公司、心理上却不作为的做法。

问：我想和团队分享明星员工思维模型，具体该怎么做？

大多数管理者希望与团队分享这本书中的理念和见解。如果你也准备这样做，请采取一种对话而非布道的方法。若管理者只是通过电子邮件群发观点，一定会招致团队成员的不满和反对。比如，读完这本书的早期版本后，一家初创公司的首席执行官满腔热情地给全公司发了一封电子邮件，列举了明星员工在公司获得成功的 5 种做法。员工不明白这封邮件背后的目的，而那些工作最努力的人并没有认为自己受到了表扬，反而觉得自己的努力未得到赏识。同样，管理者用明星员工思维模型给人贴标签的做法，也会阻碍团队成员学习的积极性。

如果管理者想激发团队成员的兴趣并打造持续的影响力，那就选择分享想法，而不是把想法强加给他们。你可以发起一场对话，比如在你的团队中展开一场关于书籍的讨论。你在讨论明星员工思维模型的时候，把这作为一种可以经常使用的思考方式，但不要对个人进行归类。你要鼓励员工向内挖掘，想想为何自己付出了努力却没能成为明星员工。把那些看似有效但会削弱影响力的陷阱找出来，并加以讨论。你可以把明星员工思维模型看作需要持续坚持才能带来改变的习惯，但要知道，对于那些因为缺乏能动性和掌控力而觉得明星员工思维模型遥不可及的人来说，这只会让他们望洋兴叹。最重要的是，请切记，作为管理者，致力于自我反省和自我意识，与致力于团队发展和团队进步同样重要。

除了在团队中探讨，你还可以通过明星员工思维模型设置合理的期望，允许成员偏离较为传统的工作方式。你要在工作开始时寻找拐点，例如新员工入职、项目启动或部门间调动。此外，你也可以将明星员工思维模型纳入招聘标准、领导模式、人才发展计划和多元共融的语境之中。

问：明星员工是否类似于一般意义上的超级明星（例如被公认为"超级开发人员"的程序员，或被称为"猎象人"①的销售人员）？

这些优秀的特质属于那些非常有才华的顶尖人士，他们的生产力要比同级高出许多。这类成员或许非常有价值，但他们有价值的原因与明星员工有所不同。与这些超级明星合作或许需要付出相应的代价，因为尽管他们能够带来成果，却可能非常难以共事、抗拒反馈，甚至影响团队合作。即便如此，许多组织仍然愿意聘用这类人，因为他们非常擅长做好自己的工作。出于同样的原因，即使在许多知名组织中，贬损员工的经理也能被人容忍。

尽管这种类型的贡献者确实存在并提供了价值，但需要注意的是，在我

① 流行术语，用来描述以大公司或大客户为目标销售商品或服务，以及瞄准大公司进行收购的销售人员。——译者注

们与管理者的访谈中，得到赞美的所有个人都不属于这类人。他们不是自命不凡的人，也不是独行侠。他们都是有才华和感召力的贡献者，也深谙团队协作之道。除此之外，大多数人会为整个团队增光添彩。

全明星球队和冠军球队之间存在区别。越来越多的研究表明，一支善于合作的团队可以战胜一群有天赋的个人。例如，著名人力资源思想领袖戴维·尤里奇（Dave Ulrich）就写道："我们（RBL 集团和密歇根大学）的研究发现，组织的能力对经营成果的影响是个人能力的 4 倍。例如，一个人人善于合作的团队，要比不善于合作但每位成员都是明星员工的团队表现得更好。"

成为孤独的巨星或许是超级天才的成功之路，但是，明星员工不仅为集体增加力量，也为其他团队成员树立了榜样。

问：明星员工是否等于高绩效员工？

并非如此。我们的研究并非将高绩效员工和低绩效员工放在一起比较。我们的研究对象包括从事高价值、高影响力工作的人，也包括聪明、有能力但贡献价值和影响力较低的人。许多人在工作中表现出色，但没能产生重大影响。同样，贡献不足的概念也与业绩不佳不同。一个人表现不佳的原因有很多，可能是能力不足、不够努力，也可能是高效工作的状态被一些情有可原的状况（可以来自组织，也可以来自个人）干扰。总而言之，我们的目的并不是了解为什么有些人的表现糟糕，而是了解为什么聪明能干的人会做出低于水平的贡献。

问：为什么你只关注顶级贡献者和典型贡献者之间的区别？为什么不关注研究中的贡献不足者呢？

我们的研究关注 3 种人做出的贡献：

1. 顶级贡献者：具有特殊价值和影响力的人。
2. 典型贡献者：聪明、有才华，但工作表现中规中矩，不太出色的人。

3. 贡献不足者：虽然聪明、有才华，但工作表现低于自身能力的人。

在这本书中，我选择把重点放在前两类人的区别上，因为我相信，理解"卓越"和"普通"之间的区别，能为大多数人带来收获。此外，导致人们贡献不足的思维方式往往比较复杂，可能需要通过更深层次的心理治疗才能化解。

未来，属于终身学习者

我们正在亲历前所未有的变革——互联网改变了信息传递的方式，指数级技术快速发展并颠覆商业世界，人工智能正在侵占越来越多的人类领地。

面对这些变化，我们需要问自己：未来需要什么样的人才？

答案是，成为终身学习者。终身学习意味着永不停歇地追求全面的知识结构、强大的逻辑思考能力和敏锐的感知力。这是一种能够在不断变化中随时重建、更新认知体系的能力。阅读，无疑是帮助我们提高这种能力的最佳途径。

在充满不确定性的时代，答案并不总是简单地出现在书本之中。"读万卷书"不仅要亲自阅读、广泛阅读，也需要我们深入探索好书的内部世界，让知识不再局限于书本之中。

湛庐阅读 App: 与最聪明的人共同进化

我们现在推出全新的湛庐阅读 App，它将成为您在书本之外，践行终身学习的场所。

- 不用考虑"读什么"。这里汇集了湛庐所有纸质书、电子书、有声书和各种阅读服务。
- 可以学习"怎么读"。我们提供包括课程、精读班和讲书在内的全方位阅读解决方案。
- 谁来领读？您能最先了解到作者、译者、专家等大咖的前沿洞见，他们是高质量思想的源泉。
- 与谁共读？您将加入优秀的读者和终身学习者的行列，他们对阅读和学习具有持久的热情和源源不断的动力。

在湛庐阅读 App 首页，编辑为您精选了经典书目和优质音视频内容，每天早、中、晚更新，满足您不间断的阅读需求。

【特别专题】【主题书单】【人物特写】等原创专栏，提供专业、深度的解读和选书参考，回应社会议题，是您了解湛庐近千位重要作者思想的独家渠道。

在每本图书的详情页，您将通过深度导读栏目【专家视点】【深度访谈】和【书评】读懂、读透一本好书。

通过这个不设限的学习平台，您在任何时间、任何地点都能获得有价值的思想，并通过阅读实现终身学习。我们邀您共建一个与最聪明的人共同进化的社区，使其成为先进思想交汇的聚集地，这正是我们的使命和价值所在。

CHEERS

湛庐阅读 App
使用指南

读什么
- 纸质书
- 电子书
- 有声书

与谁共读
- 主题书单
- 特别专题
- 人物特写
- 日更专栏
- 编辑推荐

怎么读
- 课程
- 精读班
- 讲书
- 测一测
- 参考文献
- 图片资料

谁来领读
- 专家视点
- 深度访谈
- 书评
- 精彩视频

HERE COMES EVERYBODY

下载湛庐阅读 App
一站获取阅读服务

图书在版编目（CIP）数据

明星员工的思维模型 /（美）莉兹·怀斯曼
(Liz Wiseman) 著；靳婷婷译 . -- 杭州：浙江教育出
版社，2025. 3. -- ISBN 978-7-5722-9549-2

Ⅰ. F272.92

中国国家版本馆 CIP 数据核字第 2025YW5789 号

浙 江 省 版 权 局
著作权合同登记号
图字：11-2022-196号

上架指导：职场 / 管理

本书法律顾问　北京市盈科律师事务所　崔爽律师

明星员工的思维模型
MINGXING YUANGONG DE SIWEI MOXING

［美］莉兹·怀斯曼（Liz Wiseman）　著

靳婷婷　译

责任编辑：操婷婷

美术编辑：韩　波

责任校对：王晨儿

责任印务：陈　沁

封面设计：ablackcover.com

出版发行：浙江教育出版社（杭州市环城北路 177 号）

印　　刷：天津中印联印务有限公司

开　　本：	710mm ×965mm 1/16		**插　　页：**	1
印　　张：	20		**字　　数：**	275 千字
版　　次：	2025 年 3 月第 1 版		**印　　次：**	2025 年 3 月第 1 次印刷
书　　号：	ISBN 978-7-5722-9549-2		**定　　价：**	129.90 元

如发现印装质量问题，影响阅读，请致电 010-56676359 联系调换。